# 戦後日本の教育構造と力学

## 「教育」トライアングル神話の悲惨

河野員博

東信堂

## まえがき

　教育がおかしいとの議論は、いつの世にもある。ただ戦後もとうに半世紀を過ぎて、そのおかしさに質的変化が現われているとの思いがある。私の30年以上に及ぶ大学教員としての実体験でも、近年気になることは保護者のことである。もとより初等・中等教育では随分前からモンスター・ペアレンツとして問題化していることなのだが、ここではその高等教育版の話である。子弟の学業に絡む他愛もない事案に、すぐ保護者が反応してくることが多くなった。自分のところだけかと思いきや、某有名大学でもそうらしいと知った（児美川孝一郎、『「親活」の非ススメ』、徳間書店、2013）。保護者の反応も、①大学生が保護者に泣きつくパターン、②大学生の思いをよそに親が独り歩きするパターン、これら二通りがあるようだ。親子で世代の差はあるものの、どちらも子として親として成熟していないことでは共通している。高度経済成長期以後の約40年で、一世代は経過している。当時の子どもは親となっている勘定である。いわゆる大衆消費至上主義社会の到来が子どもを変え、その子どもが親となり更にその子どもを変えていく。その社会構造的負の連鎖が教育の場で無視できなくなったと言えば言い過ぎだろうか。いじめ、不登校、校内暴力、高校中退、学級崩壊などの教育病理も、同じ構図の中にある。かくして初等・中等・高等教育の問題は、実は社会が作り出している構造的問題なのである。

　今一つ、高等教育と社会との接続部分でおかしなことがあって、これも高度経済成長期以後むしろ事態は深刻化している。それは雇用者側と大学側との「思惑ミスマッチ」である。例えば企業が学生に求めるのは、①コミュニケーション能力、②基礎学力、③社会的常識、これらがいつもトップ３であって、専門知識はほとんど問われない。専門知識は職場で身に着けさせると割り切っているからである。であれば、大学では一般教養やリベラルアーツ教育をもっと重視すべきである。しかし新制大学発足時の理念はおろか、

大学紛争後の一般教養改革ブームも一時のあだ花、1991年の大学設置基準大綱化を契機に専門教育シフトが怒涛の流れとなり、今や一般教養教育は風前の灯である。しかもその専門教育ですら、日本的就職活動スケジュールによってズタズタに浸食されているのが現状である。不思議なことに、このように形骸化した高等教育ではあるが、(一般労働市場とは異なり)大学新卒労働市場は有効求人倍率において基本的に良好であり、海外に比べ若者の失業率は極めて低く、多くの学生が整然と社会に吸収されていく。もちろん好不況次第で就職率は大きく変動するが、それを左右するのは個々の学生の学習成果ではなく、学生にとって不可抗力に近い景気動向なのである。では大学はいったい何をするところなのか、何を以て社会への橋渡しを行っているのか、杳(よう)として知れない。この不可解な現象の背後には、新卒定期一括採用という日本的雇用慣行があると見て間違いは無かろう。日本の教育問題のカギを握るのは、そもそも労働市場問題なのである。

　本書は以上のような思いから、これまで書き連ねてきた拙文を編集したアンソロジーである。先ず著者の認識と大いに共鳴するところのあるウォルフレンに着目し、その教育論を序章で取り上げた。第1章以下は便宜的に3部構成とし、第1部では教育病理の現象と分析を扱い、第2部では近現代史を舞台に教育の要諦に迫り、第3部では教育を科学することの意味を考察してみた。このような性格の書を上梓すること自体、浅学菲才の自分には相応しくないとの自覚もないではない。しかしそれと知りつつ、何か形に表したいとの気持ちもある。もとより個々の論文は、必ずしも切り込みが十分でない憾れ無しとしない。また論文の初出時がかなり以前に遡るものもあるが、むしろそのタイムスパンが本書の狙いにはプラスと考えた。種々思いは交錯するが、奥の深い教育を様々な角度から、やや批判的に光を当て、教育を駆動しているメカニズムの一端に触れたい、この念願がいささかなりともかなえられていればと思う次第である。

# 戦後日本の教育構造と力学──「教育」トライアングル神話の悲惨──

## 目　次

まえがき ………………………………………………………………… i

序　章　ウォルフレンの日本教育論 ………………………………… 3
　1　はじめに ………………………………………………………… 3
　2　リビジョニストとしてのウォルフレン ……………………… 5
　3　日本の権力構造 ………………………………………………… 8
　4　〈システム〉に仕える教育制度 ……………………………… 11
　5　おわりに ……………………………………………………… 17

## 第1部　教育と病理　　　　　　　　　　　　　　　　　　27

解説（27）

### 第1章　日本の教育問題 …………………………………………… 29
　1　はじめに ……………………………………………………… 29
　2　大卒者にみられる若者の就職事情 ………………………… 30
　3　科学理論の社会学 …………………………………………… 32
　4　カリキュラムから見た戦後新制大学の軌跡 ……………… 34
　5　日本の教育の何が問題なのか？ …………………………… 37
　6　おわりに ……………………………………………………… 41

### 第2章　学級崩壊と学力低下 ……………………………………… 42
　1　教育崩壊への視点 …………………………………………… 42
　2　学級崩壊 ……………………………………………………… 43
　3　学力低下 ……………………………………………………… 47
　4　教育崩壊を生み出す構造 …………………………………… 51

## 第3章　世代論から見た教育 ………………………… 55
1 　はじめに ……………………………………………… 55
2 　青年と世代論 ………………………………………… 56
3 　世代のメカニズム …………………………………… 58
4 　まとめ ………………………………………………… 62

## 第4章　教育論争のリアル …………………………… 67
1 　教育の何が問題か …………………………………… 67
2 　教育政策をめぐる動向 ……………………………… 71
3 　教育論争の構図 ……………………………………… 75
4 　教育論の本質と教育政策の可能性 ………………… 81

コラム1　書評　久冨善之著『現代教育の社会過程分析』 ……………… 88
コラム2　書評　市川昭午監修『日本の教育』〔全6巻〕 ………………… 91
コラム3　書評　若林敬子著『学校統廃合の社会学的研究』 …………… 95

# 第2部　教育と歴史　　　99

解説 (99)

## 第5章　2・26事件に見る世代論的考察 …………… 101
1 　はじめに ……………………………………………… 101
2 　青年将校運動 ………………………………………… 102
3 　事件発生の要因 ……………………………………… 105
4 　不可解な蹶起行動 …………………………………… 110
5 　青年としての蹶起将校 ……………………………… 115

## 第6章　日本占領とGHQ知日家群像 ……………… 120
1 　はじめに ……………………………………………… 120
2 　戦前滞日経験の有無 ………………………………… 121
3 　占領体験の影響 ……………………………………… 126

## 第7章　大学一般教育の戦後史 ……………………………… 130
1　戦後の高等教育改革と一般教育の導入 …………………… 130
2　一般教育導入を巡る構図 …………………………………… 133
3　一般教育形骸化の源流 ……………………………………… 142

## 第8章　高校多様化と教育政策の迷走 ……………………… 149
1　はじめに ……………………………………………………… 149
2　高度経済成長と高校多様化政策 …………………………… 149
3　教育政策の力学と帰趨 ……………………………………… 164
4　おわりに ……………………………………………………… 175

コラム4　地方短大の生き残り条件 ……………………………… 180
コラム5　書評　阿部美哉著『大学の経営戦略』……………… 186
コラム6　書評　清水義弘著『短大に明日はあるか』………… 189

## 第3部　教育と科学　193

解説（193）

## 第9章　科学批判への社会学的視座 ………………………… 195
1　背景 …………………………………………………………… 195
2　何が問われるのか …………………………………………… 195
3　科学史及び哲学からの衝撃 ………………………………… 197
4　社会学における認識革命 …………………………………… 198
5　批判の方向 …………………………………………………… 200

## 第10章　教育社会学のミクロ理論とマクロ理論 …………… 204
1　はじめに ……………………………………………………… 204
2　代表的な理論 ………………………………………………… 204
3　ミクロとマクロの理論的統合へ …………………………… 208
4　教育社会学における統合化 ………………………………… 211
5　おわりに ……………………………………………………… 213

## 第11章　R.コリンズの教育社会学理論 ……………………… 217
　　1　はじめに ……………………………………………… 217
　　2　コリンズ理論における教育社会学の位置 …………… 218
　　3　教育社会学理論におけるコリンズの位置 …………… 222
　　4　おわりに ……………………………………………… 226

## 第12章　科学社会学の日本的導入と展開 …………………… 229
　　1　はじめに ……………………………………………… 229
　　2　科学社会学の出自 …………………………………… 230
　　3　科学社会学をめぐる日本的特質 ……………………… 233
　　4　科学社会学の成果 …………………………………… 235

**コラム7　教育科学論争** ………………………………………… 243

**あとがき** …………………………………………………………… 249

**事項索引** …………………………………………………………… 252
**人名索引** …………………………………………………………… 260

# 戦後日本の教育構造と力学
―― 「教育」トライアングル神話の悲惨 ――

# 序章　ウォルフレンの日本教育論

## 1　はじめに

　K.v.ウォルフレンの日本教育論を見ていく前に、様々なファクターからなる歴史に運命的に翻弄されつつも、戦前から今日までの激動期を辿ってきた日本の歴史を批判的に振り返っておこう。そのことは、ウォルフレンの視点と大いに重なるからである。

　戦前の日本においては、政界・財界の腐敗を契機としつつ、結果として軍部の独裁を許し、あれよあれよと言う間に国家を挙げての戦争に突入していった。社会が混迷を極める時、常に英雄待望論が沸々と起こり、独裁者や武力を有する軍部が台頭するのは歴史の常である。大正デモクラシーでみられた民主主義の萌芽はいとも簡単に封殺され、国民の幸福よりも国家の大義という考え方で覆い尽くされた暗い時代が戦前期を貫いた。

　第2次世界大戦後は、一転して占領軍の間接統治の下に、民主主義国家日本の建設に向かって国家の再建が始動した。日本国憲法の精神に則り、近代的で民主主義的な制度が構築され、アメリカナイズされた生活への憧れもあり、国民の復興への意識は順調に高められたかに見えた。しかしその一方で、戦勝国アメリカへの軍事的、経済的、そして文化的依存は日本の歴史上かつてなく緊密の度を増していった。国家の独立、空前絶後の高度経済成長、成長が故の貿易摩擦、バブルとその崩壊、そして今日の新自由主義路線などのすべてが、実はアメリカとの関係なくしてはありえなかった事である。

　では戦後日本は、民主主義国家としての成長を本当に成し遂げてきたのか？　確かに形としてのアメリカナイズは十分すぎるほどに実現できたかのようであるが、その精神たるや「自由と無責任」の跳梁跋扈に象徴されるよ

うに、むしろ民主主義の形骸化を突っ走ってきたかのようである。よく言われるのは、日本は民主主義を自分の手で勝ち取った歴史がなく、外国から接木のように与えられたに過ぎない、だから地に足が着いていない薄っぺらな民主主義なのだ、という理解である。また一神教の歴史や文化がなく、しいて言えば多神教的で原理原則を苦手とし、理屈よりもその場の雰囲気で行動しやすい、とも指摘される。

精神的バックボーンを欠いた民主主義は、単なるエゴの衝突でしかない。アメリカが戦後の日本を精神的な骨抜きに仕立て上げよう（つまり戦争が出来ないように）としたとは、よく言われる話である。そこまでではないにしても、日本をアメリカナイズさせようとしたのは、まぎれもない事実である（パンと牛乳の給食、留学生の積極的受け入れ、アメリカ版ホームドラマの放映、等々……）。しかしながら日本には、精神的にそれを受容し、たとえ日本的にアレンジするとしても十分消化するだけの土壌が育っていなかった。

かくして、民主主義を自由の謳歌とばかり都合良く利用することで通してきたのが戦後日本である、という言い方もできるであろう。しかしこれは、確実に国民の劣化につながる。「自由と責任」と「自由と無責任」のどちらが良いかを考えれば一目瞭然である。E.フロムの著書『自由からの逃走』[1]が指摘しているように、自由であることは本質的に危なっかしさと表裏一体なのである。

教育にかこつけていえば、どうなるか。戦後日本の建設の最初の当事者は、もちろん戦前生まれの人達である。その子どもたちに相当するのが団塊世代である。苦労した戦前派は、団塊世代の子育てにあえて言えば失敗した。苦労させたくないと言う思いが、とりあえず豊かになった時代の後押しもあり甘やかしという結果になった。先頃まで日本を背負ってきた団塊世代は、戦後民主主義の「あだ花」と見られなくもない。その団塊世代の子、そしてそのまた子がすでにこの世に生を受けている。「あだ花」の負の連鎖である。

今、日本はグローバル化の流れに巻き込まれている。アメリカもヨーロッパもアジアも、皆そうである。アメリカにしても、最終的には日本のためにではなく、国益で動いている。日本がこの激動の世界で生き抜くためには、日本的な精神土壌を見据えつつも、それでもなお民主主義の精神を国民各層

が理解し実行する気概を持たねばならない。残念ながら、ここに来て政治家も官僚も国民も皆がそのとるべき進路を見出せない状態に思える。一人のオランダ人ジャーナリストであるウォルフレンは、外国人としてこの日本の憂うべき状況に忌憚のない声を発し続けている。ここでは彼の議論のうち、アカデミズムでほとんど無視されている彼の日本教育論を取り上げてみたい。

## 2　リビジョニストとしてのウォルフレン

　それまでの日本論に対し一転して厳しい眼差しを向ける論者、つまりリビジョニスト[2]の一人として突如躍り出たウォルフレンのキャリアを確認しておこう。彼は1941年にオランダで生まれ、1960年に18歳でオランダ有数のエリート高校を卒業後、アルバイトで貯めた100ドルと80ドイツ・マルクを手に世界行脚の旅に出た。中東からインド、東南アジアを巡りながら英語教師や旅行記の寄稿などで約2年間をすごし、東京オリンピックを2年後に控えた1962年に神戸で日本上陸を果たした。

　来日後は、英会話教師のかたわらドキュメンタリー映画の製作、英語学習本の執筆などを手掛け、また近隣アジア諸国にも頻繁に出かけた。すでにこの頃から、彼特有のジャーナリストとしての感覚は社会の矛盾に鋭い視線を向け始めていた。例えば、オリンピック直前の東京の様子は、彼にはむしろ「宗教のようにGNPを奉る日本の縮図」に映ったようであるし、大企業の陰で貧困にあえぐ下請け・孫請け工場の現実からは権力構造のリアルを突き付けられることにもなった[3]。

　1972年、母国オランダの日刊紙NRCハンデルスブラットの東アジア特派員となり、日本以外にもベトナム戦争、インドの混乱、フィリピン革命などの取材で精力的な活躍をみせた。そして1982年から1983年にかけては、日本外国特派員協会会長でもあった。彼は既にこの頃から日米経済摩擦の行方に関心を抱き、その流れで日本の政治経済のユニークな性格を分析する作業に取り組む。その一つの成果が、1987年冬季号のアメリカ外交専門誌『フォーリン・アフェアーズ』掲載の「ジャパン・プロブレム（日本問題）」であった[4]。この論壇デビューともいえる論文をきっかけに、さらに一躍彼

の名を高からしめた著書が『日本/権力構造の謎』[5]である。その文庫新版のカバー紹介によれば、「日本における権力の行使のされ方に焦点をあて、政治、ビジネス、教育等あらゆる側面からこの国を動かす特異な力学を徹底的に分析」したのが本書であり、今日に至っても彼の活動の原点でもあり続けている。もともと彼の狙いは、この書を英語で刊行することにより、世界に向けて知られざる日本を発信する意図であったのだが、その後の一連の旺盛な著作は専ら日本人向けの刊行となっている[6]。さらに1997年からは母国のアムステルダム大学・政治経済制度比較論教授に招聘され、日蘭を行き来しつつ、日本と日本を取り巻く国際情勢に対する熱い思いを著作や講演活動に注いでいる。現在は、ジャーナリストであり同大学名誉教授でもある。

ところでウォルフレンが生まれた当時、オランダはナチス・ドイツの占領下であり、レジスタンス運動に身を投じていた父からは、不当なナチス傀儡政府に対する反逆精神を植え付けられて育った。それに加え持ち前の能力と飽くなき好奇心が、長ずるに及んで彼に反骨のジャーナリスト気質を培ったことは特筆しておいて良いであろう。その彼にとって、何事にも「仕方がない」とつぶやくだけの異国の人々、つまり不思議な国・日本に住まう普通の人々の生きざまは、何とも哀れに思えたようである。一人の欧州人にそう感じさせた理由は日本古来の伝統的な文化のせいなのか、それとも政治的な何かが関係している為なのか、彼の分析のメスはまさにこの問題に容赦なく切り込まれていく。

このようなフォルフレンであるが、彼がリビジョニストとして日本を見つめ直す以前の日本論は、一般的にはどうであったのか。これに関しては、多くの文献が類型化を試み、流れを整理している[7]。ここでは、できるだけそれらを簡単に確認しておこう。日本論は、もちろん戦後の産物である。その嚆矢は、何と言ってもR.ベネディクトの『菊と刀』[8]であろう。ベネディクト自身は来日した経験は皆無であるものの、第2次大戦中からの対日占領政策の一環で日本研究に携わり、「恥の文化」としての「異様な国」日本を浮かび上がらせた。いわば素朴な文化人類学的日本論ではあるが、現在にも通じる傑作である。その後、高度経済成長期を迎え1968年にはGNP自由世界第2位となり、敗戦国日本が経済力で世界を驚かす「驚異の国」となるにおよ

び、J.C.アベグレンの『日本の経営』[9]、H.カーンの『超大国・日本の挑戦』[10]、E.ヴォーゲルの『ジャパン・アズ・ナンバーワン』[11]などが次々と著される。それらにおいては、日本的慣行や日本人の在り方などに対して讃嘆、礼賛、称賛の肯定的日本社会論が展開された。

　しかし1980年代になると日米間の貿易摩擦、特にアメリカの対日貿易赤字が増大し、その原因を専ら日本の不公正で閉鎖的な市場経済にあるとし、「異質な国」が強調されるに至る。この動きは当然それまでの日本観に反省を迫り、西欧先進国の流儀が通用しない国として「日本見直し論」(リビジョナリズム)のターゲットに仕立て上げられることとなる。そこに登場したのが、いわゆるリビジョニスト4人組である。それらは、『通産省と日本の奇跡』[12]の著者C.ジョンソン、『日米逆転』[13]の著者C.プレストウィッツ、『日本封じ込め』[14]の著者J.ファローズ、そして『日本/権力構造の謎』の著者K.v.ウォルフレンである。彼らリビジョニストに共通する見方については、石澤がコンパクトに示している[15]。一つには、従来からの日本論、とりわけアメリカからの日本への評価は、日本が経済大国となったにもかかわらず依然として終戦直後の「上から目線的なもの」であり続けており、日本の実力を見誤っているとするものである。最早、「日本は12歳」(D.マッカーサー)ではないというわけである。もう一つは、日本の政治経済制度がそもそも欧米型のものとは異なっており、異なった資本主義ルールで市場参加していることの不合理はしっかりと認識されねばならない、というものである。

　そこでは明らかに、これまでとは一転して否定的日本社会論が展開され、肯定的日本社会論が前提の日本の政策当局にとって、それは歓迎されざる論調と映ったのは間違いがない。そして注目しておきたいのは、これらリビジョニスト4人組の中で、ウォルフレンを除く3人はアメリカ人であるという点である。対日経済摩擦当事国のアメリカ人が日本見直し論を説くのは自然であるが、オランダ国籍のウォルフレンはなぜなのか。そこに単なる国益や偏見でものを言うのではなく、一人のジャーナリストとして本質に迫るウォルフレンの誠実さを感じ取ると言えば、言い過ぎだろうか。

### 3 日本の権力構造

　ではリビジョニスト・ウォルフレンは、日本をどのように見つめているのか、そして日本教育の問題の核心をどこに求めているのか、これらについて眺めてみよう。ここでは先ず、外国人による日本理解の上での重大なコミュニケーション・ギャップとなっている二つの虚構 (fiction)[16]、そしてそれはウォルフレンにとってのキイワードでもあるのだが、それらを解き明かすことで日本の権力構造の謎に迫ってみよう。

　一つ目の虚構は、日本が主権国家である、と言う虚構である。ウォルフレンによれば、日本には欧米的な意味での責任ある政府が存在していない。存在しているのは、政界・官界・財界を中心とした「責任無きもたれあい構造」であり、それを彼は〈システム〉と呼ぶ。しかしこの〈システム〉は、一見、国家のような顔をしているが、「頂点の無いピラミッド」でもある。政・官・財の周辺にも、これらに連なるものとして、例えば農協、警察、マスコミ、教育機関、労働組合、さらにはヤクザなどの暴力組織に至るまでが層をなして影響力を行使しており、「責任無きもたれあい構造」をしっかりと支えている。しかし、どれ一つとして決定的な支配力は無く、相互に牽制し合っているだけである。そしてこれらの各層が〈システム〉内に抱き込まれ、「システムに仕える高度に政治化された存在」になっている。システムに反抗する者は、牙を抜かれ抱き込まれ、システム内で機能するよう適応・同化させられる。このような実態であるため、他国は〈システム〉の誰を相手にしたら良いかを容易に知ることが出来ない。

　二つ目の虚構は、日本が欧米的な意味での市場経済国家である、と言う虚構である。実際、「日本について書いた欧米人に共通にみられる間違いは、市場の機能を過大視しすぎるということ[17]」とウォルフレンが記述するように、日本の市場では必ずしも自由な経済活動が行われているわけではない。では旧ソビエト型の中央統制的共産主義経済なのかと言えば、もちろんそうではない。そこでウォルフレンは、欧米型でもなく共産主義型でもない第3の政治経済類型が存在するとして、C.ジョンソンが類型化した「発展志向型国家経済」こそが日本市場を表すものだと言う。そしてこのタイプの経済

パワーの源泉は、何と言っても〈システム〉有力メンバーである官僚と財界の緊密な協力体制だと指摘している。そこでは後発資本主義国家の宿命とはいえ、官僚主導のもとでメーカーや企業の利益が優先され[18]、消費者や国民生活は軽視されつつ、強力に世界市場に打って出る成長産業・保護拡大経済政策が展開され、世にいう敵対的貿易によって世界の市場秩序を破壊することになる。

　ウォルフレンは、これらの虚構が機能する中でとりわけ枢要な役割を担っているのが官僚であると見ており、その歴史的な経緯についても独特な説明を行っている。先ず徳川幕府崩壊とともに明治国家の樹立を図るに際して、それまで久しく儀礼的な地位にあった天皇に家父長的地位（主権）が与えられ、天皇制国体イデオロギーのもとに家族的国家体制が構築された。もちろんこれは、当時の薩長藩閥政府による寡頭政治を正当化し、有効に機能させるための「アイデア」（ウォルフレン）であった。しかし事実上、天皇にアカウンタビリティ（政治的説明責任）は無く、「実際の権力は総理大臣以下の閣僚、政治家、軍部、官僚機構などが握り、これらの勢力は自らの行動を天皇の意思に沿ったものであるという風に説明[19]」したのである。その際、特にウォルフレンが注目する人物が、山県有朋である。山県は首相、内務大臣、枢密院議長、陸軍大将等を歴任した稀代の権謀術数家であるが、とりわけ政党を嫌悪していたことでも有名である。国家の安泰、秩序維持の大義のためには、民意を反映するとはいえ言論を弄ぶ政党の存在は目障りでしかなかった[20]。そこで山県は、実質的な権力基盤装置としての官僚機構に期待し、一貫して官僚政治の維持に傾注したのである[21]。

　第2次大戦後、天皇主権は国民主権に移行したことによって、天皇の御心を忠実に実行する藩閥・軍閥・官僚政治体制は瓦解した。そして新たに国会を舞台に、主権ある国民の意思に沿う政治が行われることになった。もちろんそこでは議院内閣制のもとで政党政治が民主的に期待されるところであるが、戦後の政党の消長、紆余曲折、変遷を見ても分かるように、イデオロギーや派閥による政党間・政党内抗争が絶えることはなく、概して政治家のイメージは良くない。ところが、一般的に官僚のイメージはニュートラルであり、彼らは国家のために「無私無欲の動機で動かされ」、「利己的で堕落し

た政治家とは違い中立である」、と多くの日本人は思い込んでいる[22]。その意味するところは、戦前期に官僚の忠誠心を評価していた「山県の遺産[23]」が、戦後に至っても強力に残り続けていることの証左なのである。しかし、官僚の実態は本当にそれに値するものなのか、ウォルフレンの指摘は続く。

　ウォルフレンは日本の官僚の優秀さを認めてはいるものの、戦後になっても行政組織上の問題を依然内包していると見る。一つには、官僚は選挙で選ばれることの無い一般職公務員であって、その職務上の責任を民意によって問われることは一切無い。またウォルフレン言うところの〈システム〉のいずれからも、チェックを受けることは無い。省庁間で省益をめぐって牽制し合うことはあってもそれは例外であり、政治家が官僚の人事権を差配行使することも事実上無い[24]。二つ目に、官僚は明治以来〈システム〉の暗黙の了解である富国、今風に言えば産業発展・経済成長を優先事項として政策化する傾向を持つ。消費者よりも生産者保護にシフトした政策体質は、公害問題や薬害エイズ事件の例を待つまでも無く、官僚に特有のものである[25]。三つ目に、戦前からの流れを継承して、特に「社会統制官僚」（ウォルフレン）と呼ばれる官僚には社会を管理・統制したいとする根強い体質が垣間見える。中でも、旧内務省から分かれた厚生労働省、法務省、文部科学省などの諸官庁には、職務上の性格もありその傾向を今でも強く感じさせる[26]。

　このような官僚は、戦前にもまして戦後は一段と隠然たる権力を持つことになる。戦前においては、藩閥政治家や元老、軍部が実質的な権力を行使していたこともあり、天皇の形式的意思のもとで忠勤する官僚であった。戦後になると、主権在民の建前から国民の意思に沿うパブリック・サーバント（公僕）とされるものの、選挙で選ばれた政治家が官僚を十分コントロール出来ない状態が作られるようになると[27]、もともと〈システム〉に中核的存在が欠けているという脆弱性もあり、官僚の野放し的権力行使が徐々に目立つようになる。そしてその際の官僚特有の武器が、いわゆる行政上の裁量権行使である。抽象的な法律を官僚の思惑で自由に解釈し、それによって実質的な政治指導力を発揮し、関係業界を思い通りに動かせる力がここでいう裁量権である。

　そして日本の権力構造、その実態としての〈システム〉をまさに〈システ

ム〉あらしめている日本特有の背景が「超越的理念の欠如」であると、ウォルフレンは見る。日本においては、儒教、キリスト教、イスラム教などの超越的理念に基づく強固な戒律が欠如し、イデオロギー上、そして行動上のカメレオン化（その場に応じて無原則に対応）に寛容である。そのことは、〈システム〉を構成する政治家も官僚も、また巷の国民一般も同じである。従って日本においては、法律に必ずしも依らない非公式の仕組みの中で淫靡に権力が行使され、また受容されるという素地があることを意味し、とりわけ〈システム〉の有力構成要素である政治家、官僚、財界などの権力がそれとなく社会に侵襲するとき、「政治化された社会」が生まれる。ウォルフレンは、「日本の権力関係を理解する鍵は、権力関係が超越的概念の制約を受けないことだ[28]」と述べているが、そのような中での「政治化された社会」の危うさを懸念していると見るべきであろう。日本人に良く見られる微苦笑気味の「仕方がない[29]」は、曖昧模糊とした日本古来の伝統文化によるものではなく、「政治化された社会」の産物なのである。

## 4 〈システム〉に仕える教育制度

ウォルフレンは自らのホームページで、「日本の政治制度の力学、グローバル化と現代資本主義の理論と実践、基本的な経済概念の再検証を主なテーマとしている」と述べている[30]。確かに彼の著書の中には、教育をタイトルにしたものや教育を主題にしたものは無い[31]。彼の主たる関心は、あくまでも政治や経済を動かしている権力構造そのものにあるのであって、教育に関してはその視点から断片的に触れているに過ぎない。しかし教育を権力構造から派生する社会的ダイナミックス現象と捉える立場からは、ウォルフレンの教育論はむしろ注目に値する。

幸いなことにウォルフレンには、「現代日本の教育[32]」と題する短い書き物がある。これは著作ではなく、彼の教育観を披歴した短文である。そこでは、彼の日本権力構造論における教育の位置づけが端的に示されていて、本章にとっても極めて有益と思われる。その中から、彼の教育観のエッセンスを語る記述を紹介しておこう。ウォルフレンは教育の要諦を、潜在的能力の

「開発」と社会への「適応」とのバランスにあると述べた上で、日本では「『適応』のメタファーが明治時代に日本の教育制度を作り上げた人たちの頭の中を支配してしまい[33]」、「開発」とのバランスを保つ努力を怠り、いつも頼りにしてきたのが「適応」のメタファーであったと指摘する。そして、「今日の日本の教育制度は、いかなる意味でも日本国民の意思と英知の産物とは言えない。それはまさに権威主義的官僚が作り上げたものである[34]」と喝破している。作り上げられた日本の教育制度が現実に果たしている役割は、二つある。一つ目は、職業上の階層で誰がどこまで上り詰めるかを決める「ふるい」の役割である。もちろん多くの社会でそれは行われていることであるが、ウォルフレンにとって、日本ではそれが「過酷なまで機能している[35]」点が問題となる。二つ目は、社会秩序の維持を果たす役割である。これも個人の社会化の観点からは必要な機能ではあるが、過度の「適応」を伴った場合は子どもからの反発を招き、むしろ秩序維持への逆機能を結果させると、ウォルフレンは警告する。

　ウォルフレンの教育観によれば、教育制度は権力相互のもたれあい的〈システム〉を構成する要素の一つである。しかも「教育制度は、〈システム〉の中でも最も批判される要素である[36]」と厳しく断罪している。その理由について、彼の言葉から探ってみよう。例えば彼は、「日本の教育はひそかに、そうとはわからない形で〈システム〉に好意的なイデオロギーを教えている[37]」と述べ、「適応」と秩序維持機能に傾斜した学校教育制度の実態に触れ、それが〈システム〉の政治目的に役立っている構図は日本特有なものだと観察している[38]。さらにウォルフレンは、戦後・高度経済成長期における学校教育の人材輩出機能を否定的に見据えつつ、「1950年代以降、日本の学校は〈システム〉の道具そのものと化した[39]」とまで言う。既述したように、核となる中枢を欠いた〈システム〉内で巧みに作動する権力構造の網の目、そしてそれが醸し出す「政治化された社会」がウォルフレンのイメージ図である。この日本的図式である〈システム〉で教育が果たす、また期待されている役回りは、なんといっても社会の安定と秩序維持作用であろう[40]。

　では〈システム〉から日本の子どもや若者が求められている人物像は、ウォルフレンにはどう映っているのだろうか？　それは画一的、従順、服従、

忠誠等のキャラクターで示される、扱いやすい人間タイプである。なぜならそうした人間は、やがて〈システム〉内の諸要素で軋轢なく生き、働くことに適しているからである。そのためにも、「生徒は考えるのではなく、指示されれば繰り返すことはできても、関連づけることはできない膨大なバラバラな事実を蓄積することを教えられる[41]」のである。親たちも、子どもの精神的な成長を期待するというよりは、〈システム〉内に首尾よく参入できるよう有利な進学・就職が念頭にある。この場合確かにエリート校が有利ではあるが、それは一部の話であって、実際、「大企業はたいてい新人採用にあたって特定の能力を求めはしない。むしろ欲しいのは、集団に適応できる順応性である[42]」と語られることも多い。このようにウォルフレンにとっては、「就職までの教育システムの中で、政治的な言葉で自分の生き方を考えられないように馴らされている[43]」子どもや若者の情けない姿が浮かび上がってくる。それは皮肉にも、「政治化された社会」にどっぷりと浸かったまま、政治化された〈システム〉を感知できない姿でもある。

　子どもたちや若者をそうさせている社会的装置が、まぎれもなく学校教育制度である。もちろん理念や建前としては、個々の潜在能力の「開花」や個性ある成長、良き市民の育成などが、制度の目的としてあげられる。しかし初等、中等、高等教育を通じて、日本の学校教育が暗に目指してきたものはそうした個の発現よりも、むしろ〈システム〉の安定的稼働や〈システム〉の成長発展ではなかったか、ウォルフレンはそう言いたいようである。事実、ウォルフレンの目には、「不幸にして日本の教育システムは、産業界のお役にたつオーダーメイドの人材を果てしなく生産していく機械のような印象[44]」に映る。そしてそのような役回りを第一義としているかのような文部科学省は、一転して学校現場への指導・助言レベルでは過度に神経質な対応で終始しているというちぐはぐさである。ウォルフレンは言う。「教科書は国や教育委員会が管理しなければならないという固定観念、カリキュラムに創造性の時間を盛り込むことで社会の創造性を高めようという発想、しかも教師に厳しい規制を押し付け、現場の経験や知恵を生かす余地を奪っていながら、創造性を育もうという愚かしさ[45]」、これらはすべて〈システム〉の一翼を担う文部科学省、そして社会統制官僚でもある文部科学官僚の判断違

いなのである。

　ウォルフレンの見るところ、「文部省は、自己の存在目的については、明確な考えを先輩世代の役人から受け継いでいる。その組織としての記憶のなかでは、文部省は社会秩序の重要な維持機関でしかありえない[46]」と位置付けられる。その場合の先輩世代とは、恐らく内務省と連携し合っていた戦前期の文部官僚を想定しての物言いであろう。戦後、内務省は解体し、文部省権限の多くも地方教育委員会に移譲され、戦前期とは教育行政の仕組みは大きく様変わりしたのであるが、〈システム〉維持の大義のもとに存在する現在の文部科学省、そして個別の政策に落とされ稼働する学校教育制度は明治以来のものと本質的に変わらないのではないか、とウォルフレンは見る。

　実はウォルフレンは、戦後日本の社会科学の在り方について批判的な見方を随所に示している。彼の論調の骨子は、次のとおりである。戦後の社会科学は、明らかにアメリカで発達した行動科学的社会科学が主流となり、日本においてもそうである。しかしこのタイプの社会科学では「権力」作用に迫る発想や分析力が脆弱であり、また研究対象を数量化できるものに限定する、あるいは本質的に数量化困難なものを敢えて数量化する傾向があり、科学の中立性を謳いながら社会の現状維持に寄与する結果になっているという。社会現象の数量化と統計処理は、必ずしも客観的な社会科学を約束するものではないのであり、とりわけアナログ的要素による複雑な因果を特徴とする権力関係の分析には慎重を期する。しかしフォルフレンによれば、「西洋の社会科学は、権力というものの『汚い部分を消毒して無害化した』像のみを提示し、権力に付きまとう荒々しい側面や、権力の不可欠な一部である強圧などを無視しやすい[47]」のであり、日本の社会科学も数量化信仰の隘路に陥っていると見る。数量化手法を駆使するか否かはともかく、社会科学本来の在り方を願うウォルフレンの思いを、そこに感じとることが出来る。

　さらに彼の批判の矛先は、初等・中等教育とともに高等教育にも向けられる。一般に日本の教育制度の中では、「初等・中等教育に比べ高等教育に多くの問題」を抱えているというのが、ワールドワイドな常識となっている。確かに知的能力や学力面ではこの常識も妥当な判断かもしれないが、人間教育と言う観点からトータルに評価した場合、「初等・中等教育とともに高等

教育にも多くの問題」があるのではなかろうか。〈システム〉そのものが欠陥を抱えていると見立てるウォルフレンは、当然そう考えるはずである。

　その彼の日本の高等教育批判を確認し、また彼と同じ波長で論じるアメリカ人の日本論者の見方も紹介しておこう。先ずウォルフレンは、自ら日本の有名大学で教鞭をとった体験に基づき、大学に横溢する知的退嬰ムードを嘆き、次のように述べる。「日本の学生のもっとも際立った特徴は、一般的に見られる無感動だろうが、そのことを知ってもだれも驚きはしない[48]」と。いわば、日本の常識と言うわけである。日本人大学生が勉強しないことについては、ウォルフレン以外にも多くの指摘がある[49]。アメリカ人ジャーナリストでアジア滞在も長いスミスも、次のような鋭い見方をしている。「日本にいる人ならばだれでも知ることだが、いったん入学してしまうと、大方の学生はほとんど勉強しない。在学中にやり遂げたこととは無関係に、社会に出たあとの立場がほぼ決まっているためである。卒業後に入った会社が、彼らを『社会人』に変えるという仕上げの仕事をしてくれる[50]」。ここには、学校教育階梯が卒業後の職場との接続関係において、それが〈システム〉と強固にリンクしている様がうかがえる。

　さらにウォルフレンは大学生の無気力ぶりについて、大学で教える側の怠慢にも責任があるという。すなわち折角入学した大学には、「高校と同様、知力を育て拡げるという意味での教育はほとんど存在しない[51]」のであり、「大学に入ってからもほとんど意味のない大学教育を受ける。学ぶものはじつに少ない[52]」と、酷評している。そして教育者であると同時に学者・知識人でもある大学教師の様変わりを憂い、すでに1990年の時点で次のようにも述べている。「現代日本の知的状況がなぜ悪くなったのかと言えば、学者や知識人が、エスタブリッシュメントに近いところで仕事をしたり、本質論を避けた表層の記述しかしないようになったからです[53]」。ここに見られる彼の視点は、明治初期に官僚養成目的で大学が設立された経緯、つまり〈システム〉維持に貢献しがちな大学人の体質をうかがわせるものであり、時代の成り行きによって貢献度の多寡はあるとはいえ、正鵠を得ていると思われる[54]。日本の高等教育の教育・研究基盤が、もしそのような知的ムードに覆われているとするならば、事態は深刻である。

例えば日本の大学教育のカリキュラムが、世界標準的な尺度で見た場合、どのように捉えられるのか？　先に日本の社会科学の問題点に触れたところであるが、社会科学はその学問的特性からしても、社会の在りように対する科学的な批判力を養うところにレーゾンデートル（存在理由）がある。欧州はもとよりアメリカにおいても、この点は日本より徹底していると思われる。しかし戦後日本の大学変遷史において、カリキュラムにおける教養としての社会科学の位置づけは弱体化の一途に思われる[55]。日本関係の著書もあるアメリカ人国際エコノミストのウォロノフは、ワールドワイドな目線で次のように眺めている。「日本の教育では、社会科学は明らかに全般的にあまり重視されていない。社会科学には歴史学、政治学、地理学、社会学、倫理学などが含まれている。芸術や哲学、文学などもやはり軽視されている。ところがこうした科目は、社会の向上に役立つだけではなく、もっと本質的な意味できわめて重要なのである。これらを学ばなければ、社会における自分の位置あるいは役割りを理解することもできなければ、日本の外の広い世界に、理性的に対処することもできない[56]」。

　かくして日本の教育制度では、現実社会への接続の最終階梯である大学において、本来あるべき教育が十分なされない状況が常態化しつつ、一方で〈システム〉との関係は良好な順機能（eufunction）が維持できているという奇異な図式が作動している。このいかにも不思議な社会現象を、日本に滞在したこともあるアメリカ人ジャーナリストのラウチは、まことに分かり易く描写している。「アメリカでは、人は小学校で社会への適応を教えられ、ハイスクールで自主性を教えられ、大学では既成概念を疑うこと、ある意味で非社会的になることを教えられると言われている。日本の学校では、大学まで一貫して社会への適応が教えられる。人間の知識にとっては実に多大な損失だと言わざるを得ない[57]」。まさに、言いえて妙である。このように〈システム〉に奉仕する教育制度という見立ては、ウォルフレンの独壇場というよりも、日本を知る多くの外国人にとってはすでにしてコモンセンスなのである。ただ、〈システム〉を俯瞰する中で教育をよりビビッドに照射しようとした点においては、ウォルフレンの功績は大と言わねばならない。

## 5　おわりに

　ウォルフレンの教育を見つめる視線は、教育そのものを分析するのではなく、教育を包み込む構造、すなわち彼特有の言葉である〈システム〉を念頭に置きつつ、教育を稼働させている駆動軸を執拗に剔抉することにある。その場合、〈システム〉を説明するのは曖昧模糊とした文化論ではなく、あくまでも権力をめぐる政治構造力学である。彼の見る日本の〈システム〉は、多彩な権力要素で構成されながら中枢を欠いた鵺（ヌエ）のような存在として捉えられる。相互の権力要素が権力闘争を展開しながらも、一方で互いに支えあうことを暗黙の裡に行うという不思議な世界である。その最大の目的は、〈システム〉の維持である。ウォルフレンはその背景として、既述したような「山県の遺産」、すなわち社会の騒擾・混乱を極度に警戒した猜疑心の人物、山県有朋以来の国民不信を指摘している。第2次大戦以前はもちろん、戦後においても外形的な民主主義装置は整えられたものの、〈システム〉維持を第一義とするこの体制は隠然として命脈を保っている。

　そこで教育界の具体的な史実に即しながら、総括を行ってみよう。象徴的なのは旧教育基本法成立の歴史的経緯、そして新教育基本法成立時の不祥事である。先ず昭和22年3月31日公布・即日施行された旧教育基本法は、日本国憲法の精神に則り、平和で民主的な社会の建設と人格の完成を目指したものである。この旧教育基本法成立がGHQ主導であったのか、あるいは教育刷新委員会による日本人の創意によるものなのか、議論は分かれているが、占領下であったことからすればGHQの意向が無かったとは考えにくい[58]。問題は、成立の主導権云々よりもむしろ法案の中味である。仮にGHQ主導であっても、民主的な人間の育成を期して新たな教育指針が示されたことは、当時の状況下では画期的なことである。旧来の国家主義的教育を改革するため、リベラルで素朴な大ナタを振るったというのが、真相であろう。旧教育基本法策定・成立時にCIEの教育課長であったオアは、半世紀以上経過した1999年、その頃の思いを次のように述懐している。「個人の自由が尊重される、それはそれまでの日本とは全く違う世界でした。私たちは、その扉を開けたかったのです。そして一端扉を開いてしまえば、あとは日本人に任せる

だけだ、そう思ったのです[59]」。しかし法案に託したその思いは、その後どう花開いたのか。オアの言葉を借りれば、任せられた日本人は民主主義を体現できているのか。戦後70年となる現在、日本の教育は依然として混迷の中にあり、多くの日本人も教育に自信を失っているようである。それは、〈システム〉の存在がそうさせている部分が大きいのではないか。

　あれから60年を経過しようとする2006年、旧教育基本法改正のための内閣府主催「教育改革タウンミーティング」でやらせ・偽装工作事案が発覚した[60]。事の詳細は別に譲るとして、簡単に振り返っておこう。旧教育基本法改正のためのタウンミーティングが、小泉内閣では頻繁に行われていた。その際、法律改正に賛成する趣旨の質問依頼、一般県民に成りすました公務員の改正賛成意見陳述などの工作が用意周到に為されたわけであるが、問題はこの工作が文部科学省、内閣府、地方教育委員会の官僚ルートで画策実施された点である。さらに教育テーマ以外のタウンミーティングでも、同様なやらせ・偽装工作が陸続と明るみに出た。さすがに国会で取り上げられることとなり、同年12月、調査委員会の報告とともに政府（当時は安倍内閣）は責任を認め、事務次官を含む関係者の処分で一件落着となった。タウンミーティング方式はもともとアメリカ発祥であり、間接民主主義を補う直接民主主義の飽くまで前向きな試みである。小泉内閣でそれを真似たわけであるが、日本の〈システム〉に移植するとなぜか仕組みの性格が変わるというわけである。とりわけ教育基本法策定にかかわる非民主的な策謀が、しかも政府主導で行われたことは、一種ブラック・ユーモアですらある。このように教育基本法をめぐる半世紀の時を隔てた二つの出来事を見るとき、この国の民主主義の未成熟度がいかに根深いものであるかを知ると同時に、その根深さの依って来る源はやはりウォルフレン言うところの〈システム〉であると思わざるを得ない。更に言えば、すでに多くの国民がこのタウンミーティング事案を忘れ去っている事実こそが、〈システム〉がいかに有効に機能しているかの証左ともなるであろう。

　さて教育と〈システム〉との力関係を如実に示しているものの一つが、雇用労働慣行にかかわる問題である。多くの大学生は、いわゆる「新卒定期一括採用」慣行に従って、〈システム〉内のメンバーシップを得ていくわけで

あるが、この慣行が日本の教育制度を実質的に振り回しているとの見方は此の際強調して良いであろう。元文部科学省官僚の岡本も、「日本で『教育問題』と呼ばれているものの大部分は、実は『労働市場問題』だ[61]」という表現で、同趣旨のことを指摘している。新卒市場も含め欧米並みの雇用流動化を実現すれば、年齢主義・学齢主義・学歴主義・学校歴主義で硬直化した日本の教育制度に風穴を開けられるとの認識は、理屈では良く知られたことである。もちろん流動化すれば、欧米でありがちな若者の高失業率というリスクもある。しかし長寿社会になり、社会変動の加速化する時代、年齢や学歴にこだわることの弊害がむしろ大きいのではないか。個性の発達、自己実現、幸せなキャリア、これらを測る物差しはもっと柔軟であるはずである。にもかかわらず、戦後の高度経済成長期をピークとして、「新卒定期一括採用」慣行が終身雇用制度を軸に〈システム〉の成長戦略に組み込まれ厳として存在し続ける。そこでこの「新卒定期一括採用」慣行を維持する前提で、とりあえず就職協定等により高等教育の質的担保を模索してきたのが戦後の大学史でもあった。直近の動きとしては、2016年卒大学生から企業説明会や選考活動の解禁時期が旧来より3〜4か月繰り下げとなっている。これは安倍首相からの学業優先要請を受け、採用側の日本経団連が紳士協定とはいえ決めたものである。ところが、2015年3月に企業説明会解禁スケジュールであるはずの2016年卒大学生に対して、2014年6月、早くも実質的な就職活動がスタートしたという[62]。人材早期確保の名目で、早くも〈システム〉が動いたと見るべきであろう。このタイミングであれば、これまで以上に就職活動の長期化が予想され、学業優先に逆行することは必定である。しかし繰り返すようであるが、そうであったとしても、日本を動かしている〈システム〉には何ら不都合はない。ここにも、牢固として教育を抱え込む〈システム〉の存在を知ることになる。

　いじめ、不登校、校内暴力、中途退学、学級崩壊、学力低下などの教育病理がなぜ絶えないのか？　教育委員会がなぜ形骸化してきたのか？　大学生はなぜ勉強しないのか？　論文不祥事はなぜ続出するのか？　教師はなぜバーンアウトするのか？　2011年の福島原発事故の際に、文部科学省所管のSPEEDI（緊急時迅速放射能影響予測ネットワークシステム）がなぜ稼働しなかっ

たのか？　それぞれに特有の説明は可能であろうが、根底に横たわる中空国家・日本の〈システム〉を変えない限り事態の打開は有りそうもない、ウォルフレンはそう言いたいようである。

(注)

1　E.フロム、『自由からの逃走』(日高六郎訳)、創元社、1951。
2　リビジョニストの由来については次の文献。石澤靖治、『日本人論・日本論の系譜』、丸善ライブラリー、1997、94頁。
3　北之口太、「日本官僚システムの罪を世界に問う。K.V.ウォルフレン」『Asahi Shimbun Weekly AERA』、1996.12.9、65頁。
4　邦訳は次に掲載。『諸君!』、文芸春秋、1987年4月号、54-70頁。
5　原著タイトルは、The Enigma of Japanese Power (1989)で、邦訳は1990年に早川書房から刊行。その後、同社文庫新版として、1994年に刊行。
6　もちろん膨大な論文や記事の多くは、海外の英文誌・新聞にも寄稿されている。
7　代表的なものは、次のものなど。石澤靖治(前掲書)、村上勝敏(『外国人による戦後日本論、窓社、1997』)、青木保(『「日本文化論」の変容』、中公文庫、1999)、奥井智之(『日本問題』、中公新書、1994)
8　R.ベネディクト、『菊と刀』(長谷川松治訳)、社会思想社、1948。
9　J.C.アベグレン、『日本の経営』(占部都美訳)、ダイヤモンド社、1958。
10　H.カーン、『超大国日本の挑戦』(坂本二郎・風間禎三郎訳)、ダイヤモンド社、1970。
11　E.ヴォーゲル、『ジャパン・アズ・ナンバーワン』(広中和歌子・木本彰子訳)、TBSブリタニカ、1979。
12　C.ジョンソン、『通産省と日本の奇跡』(矢野俊比古監訳)、TBSブリタニカ、1982。
13　C.プレストウィッツ、『日米逆転』(國弘正雄訳)、ダイヤモンド社、1988。
14　J.ファローズ、『日本封じ込め』(大前正臣訳)、TBSブリタニカ、1989。
15　石澤、前掲書、95-96頁。
16　K.v.ウォルフレン、『日本/権力構造の謎(上)(文庫新版)』(篠原勝訳)、早川書房、1994、47頁。
17　K.vウォルフレン、同上書、50頁。
18　K.v.ウォルフレン、『人間を幸福にしない日本というシステム(新訳決定版)』(鈴木主税訳)、新潮社、159-160頁。
19　K.v.ウォルフレン、「『大嘗祭』と虚構の政治」(『現代』、講談社、1990年12月号)、110-111頁。
20　山県有朋にとって、国を危うくする自由民権思想は徹底して排除すべきものであり、そのための人間不信も尋常ではなかった。その様子は、松本清張の『象徴の設計』(文春文庫、2003)で克明に描かれている。
21　事実、戦前期を通じて内政における内務省の影響力は絶大であり、学校教育ですら内務官僚の統制下に置かれていたと言っても過言ではない。
22　K.v.ウォルフレン、『日本の知識人へ』(西岡公・篠原勝・中村保男訳)、窓社、1995、

37頁。
23　K.v. ウォルフレン、『日本という国をあなたのものにするために』(藤井清美訳)、角川書店、2001、136-139頁。
24　K.v. ウォルフレン、『なぜ日本人は日本を愛せないのか』(大原進訳)、毎日新聞社、1998、280頁。
25　K.v. ウォルフレン、『日本/権力構造の謎 (下) (文庫新版)』(篠原勝訳)、早川書房、1994、264頁。
26　K.v. ウォルフレン、『人間を幸福にしない日本というシステム (新訳決定版)』(鈴木主税訳)、新潮社、108頁。
27　その理由としては、政治家は任期制もあり身分的に不安定である点、それと比較して官僚の専門知識が政治家を圧倒する点、社会が複雑化し政策課題が錯綜することに政治家が対応しきれない点、などがあげられよう。その結果としてよく引き合いに出されるのが、議員立法の少なさに見られる政治家の官僚依存である。
28　K.v. ウォルフレン、『日本/権力構造の謎 (下) (文庫新版)』(篠原勝訳)、早川書房、1994、40頁。
29　改革派知事として名を馳せた浅野史郎・前宮城県知事は、「どうせ、○○なんてそんなもんだ」と何かにつけ最初から諦め基調の人を「もんだの人々」と呼んでいたとのことである。(『毎日新聞』、2006年11月18日) ウォルフレン言うところの「しかたがない」も同類である。
30　http://www.wolferen.jp/
31　ただし1990年代を中心とした幾つかの著書の中で、日本の教育に触れている。中でも記述が多いのは、次の書である。『日本/権力構造の謎 (上) (下)』、『人間を幸福にしない日本というシステム』、『なぜ日本人は日本を愛せないのか』、『日本という国をあなたのものにするために』、『怒れ! 日本の中流階級』(鈴木主税訳、毎日新聞社、1999)
32　K.v. ウォルフレン、「現代日本の教育」(佐伯胖ほか編『岩波講座・現代の教育・教育への告発』、岩波書店、1998)、273-281頁。
33　同上書、276頁。
34　同上書、277頁。
35　同上書、278頁。
36　K.v. ウォルフレン、『日本/権力構造の謎 (上) (文庫新版)』(篠原勝訳)、早川書房、1994、203頁。
37　K.v. ウォルフレン、同上書、194頁。
38　K.v. ウォルフレン、『日本の知識人へ』(西岡公・篠原勝・中村保男訳)、窓社、1995、124頁。
39　K.v. ウォルフレン、『怒れ! 日本の中流階級』(鈴木主税訳)、毎日新聞社、1999、212頁。
40　『日本/権力構造の謎 (上)』の第4章で、「〈システム〉に従う教育制度」という1項目を設けていることでも、それが知れる。
41　P. スミス、『日本人だけが知らない日本のカラクリ』(森山尚美訳)、新潮社、2000、94頁。

42　K.v. ウォルフレン、『怒れ！日本の中流階級』(鈴木主税訳)、毎日新聞社、1999、193-194頁。
43　K.v. ウォルフレン、同上書、249頁。
44　K.v. ウォルフレン、『なぜ日本人は日本を愛せないのか』(大原進訳)、毎日新聞社、1998、126頁。
45　K.v. ウォルフレン、『日本という国をあなたのものにするために』(藤井清美訳)、角川書店、2001、225-226頁。
46　K.v. ウォルフレン、『なぜ日本人は日本を愛せないのか』(大原進訳)、毎日新聞社、1998、224頁。
47　K.v. ウォルフレン、「真の政治論議をもてない国ニッポン」(『中央公論』、中央公論社、1990.3月号)、85頁。
48　K.v. ウォルフレン、『日本/権力構造の謎（下）（文庫新版）』(篠原勝訳)、早川書房、1994、29頁。
49　辻太一朗、『なぜ日本の大学生は、世界で一番勉強しないのか？』東洋経済新報社、2013。最近の国立教育政策研究所の調査結果でも、「大学生の勉強離れ鮮明」との傾向が明らかになった（『日本経済新聞』、2014年5月26日朝刊）。
50　P. スミス、前掲書、105頁。
51　K.v. ウォルフレン、『日本/権力構造の謎（下）（文庫新版）』(篠原勝訳)、早川書房、1994、29頁。
52　K.v. ウォルフレン、『日本をどうする！？』(篠原勝訳)、早川書房、1991、112頁。
53　K.v. ウォルフレン、「インタビュー・政治の中枢に巣食う巨大な空洞」(『朝日ジャーナル』、朝日新聞社、1990年8月3日号)、94頁。ウォルフレンは、同様な手厳しい指摘を別の個所でも行っている。「日本の権力者は磁石にたとえられる。不安な人びとをひきつける磁石だ。あれほど多くの大学教授が審議会の委員になりたがるのはなぜか？　国家政策の策定に力を貸しているのだと自分には言い聞かせているものの、実際には官僚のしもべに身をやつしているのである。」(K.v. ウォルフレン、『支配者を支配せよ』(大原進訳)、毎日新聞社、1996、文献6、100-101頁。)
54　K.v. ウォルフレン、『怒れ！日本の中流階級』(鈴木主税訳)、毎日新聞社、1999、191頁。
55　とりわけ一般教育における形骸化は著しく、1991年の大学設置基準大綱化以降はそれが加速している。
56　J. ウォロノフ、『これでも日本はNo.1か？』(竹村健一訳)、TBSブリタニカ、1990、117頁。
57　J. ラウチ、『THE OUTNATION』(近藤純夫訳)、経済界、1992、249頁。
58　法案作成に関して、日本人メンバーによる教育刷新委員会がリードしたとの見解が通説であるが、GHQ内のCIEが関与する連絡委員会（Steering Committee）の存在と影響力も無視できない。(H. レイ、「占領下の教育改革」明星大学戦後教育史研究センター編『戦後教育改革通史』、明星大学出版部、1993)
59　M. オア、NHKテレビ番組でのインタビュー発言から。(「戦後教育の原点はこうして生まれた」、1999年8月15日放映)
60　これについては、ウィキペディア（Wikipedia）が、「タウンミーティング　小泉内

閣の国民対話」と言う項目で詳細を示している。http://ja.wikipedia.org/wiki/
61 岡本薫、『日本を滅ぼす教育論議』、講談社、2006、149頁。
62 『日本経済新聞』2014年5月30日（朝刊）の記事。見出しは「大学3年　就活もう号砲」である。人手不足の基調ではあるものの、学業優先への配慮は思いのほか少ない。

## 参考文献

1. K.v. ウォルフレン、「日本問題」『諸君!』、文芸春秋社、1987年4月号。
2. K.v. ウォルフレン、「なぜ私の分析が気に入らないのか」『月刊Asahi』、1990年5月号。
3. K.v. ウォルフレン、「大嘗祭と虚構の政治」『現代』、1990年12月号。
4. K.v. ウォルフレン、「インタビュー・政治の中枢に巣食う巨大な空洞」『朝日ジャーナル』、1990年8月3日号。
5. K.v. ウォルフレン、「真の政治論議をもてない国ニッポン」『中央公論』、3月号、1990。
6. K.v. ウォルフレン、『日本をどうする!?』、早川書房、1991。
7. K.v. ウォルフレン、『日本/権力構造の謎（上）(下)（文庫新版）』（篠原勝訳）、早川書房、1994。
8. K.v. ウォルフレン、『民は愚かに保て』、小学館、1994。
9. K.v. ウォルフレン、『人間を幸福にしない日本というシステム（新訳決定版）』（鈴木主税訳）、新潮社
10. K.v. ウォルフレン、『日本の知識人へ』（西岡公・篠原勝・中村保男訳）、窓社、1995
11. K.v. ウォルフレン、「惰眠政治家と暴走官僚をどう変えるか」『週刊ポスト』、1995年6月2日号。
12. K.v. ウォルフレン、「国民を幸福にしない官僚・政治家がのさばる日本の不幸」『週刊現代』、1995年3月18日号。
13. K.v. ウォルフレン、『支配者を支配せよ』（大原進訳）、毎日新聞社、1996。
14. K.v. ウォルフレン、『なぜ日本人は日本を愛せないのか』（大原進訳）、毎日新聞社、1998。
15. K.v. ウォルフレン、「現代日本の教育」（佐伯胖ほか編『岩波講座・現代の教育・教育への告発』、岩波書店、1998)。
16. K.v. ウォルフレン、『怒れ!日本の中流階級』（鈴木主税訳）、毎日新聞社、1999。
17. K.v. ウォルフレン、『アメリカを幸福にし世界を不幸にする不条理な仕組み』（福島範昌訳）、ダイヤモンド社、2000。
18. K.v. ウォルフレン、『日本という国をあなたのものにするために』（藤井清美訳）、角川書店、2001。
19. K.v. ウォルフレン、『怪傑ウォルフレンの「日本ワイド劇場」』（藤井清美訳）、プレジデント社、2001。
20. K.v. ウォルフレン、『ウォルフレン教授のやさしい日本経済』（藤井清美訳）、ダイヤモンド社、2001。
21. K.v. ウォルフレン、『ブッシュ/世界を壊した権力の真実』（藤井清美訳）、PHP研究所、2003。
22. K.v. ウォルフレン、『アメリカからの「独立」が日本人を幸福にする』、実業之日本社、

2003。
23. K.v. ウォルフレン、『世界の明日が決する日』(川上純子訳)、角川書店、2004。
24. K.v. ウォルフレン、『世界が日本を認める日』(藤井清美訳)、PHP研究所、2005。
25. K.v. ウォルフレン、『もう一つの鎖国』(井上実訳)、角川書店、2006。
26. K.v. ウォルフレン、『日本人だけが知らないアメリカ「世界支配」の終わり』(井上実訳)、徳間書店、2007。
27. K.v. ウォルフレン、『アメリカとともに沈みゆく自由世界』(井上実訳)、徳間書店、2010。
28. K.v. ウォルフレン、「日本政治再生を巡る権力闘争の謎」『中央公論』、4月号、2010。
29. K.v. ウォルフレン、「アメリカに甘える時代は終わった(前)」『文芸春秋』、4月号、2011。
30. K.v. ウォルフレン、「アメリカに甘える時代は終わった(後)」『文芸春秋』、5月号、2011。
31. K.v. ウォルフレン、『誰が小沢一郎を殺すのか?』(井上実訳)、角川書店、2011。
32. K.v. ウォルフレン、『日本を追い込む5つの罠』(井上実訳)、角川書店、2012。
33. K.v. ウォルフレン、『いまだ人間を幸福にしない日本というシステム』(井上実訳)、角川書店、2012。
34. K.v. ウォルフレン、「官僚だけではない、変化を望まぬエリート層が日本を悪くしている」『SAPIO』、小学館、2012年11月号。
35. K.v. ウォルフレン、「2013年版・人間を幸福にしない日本というシステム」『週刊ポスト』、小学館、2013年1月1/11日号。
36. K.v. ウォルフレン・森永卓郎、『年収300万円時代・日本人のための幸福論』、ダイヤモンド社、2005。
37. K.v. ウォルフレン・B.フルフォード、『幸せを奪われた「働き蟻国家」日本』、徳間書店、2006。
38. K.v. ウォルフレン・大下英治、『この国はまだ大丈夫か』、青志社、2012。
39. K.v. ウォルフレン・孫崎享、『独立の思考』(井上実訳)、角川学芸出版、2013。
40. K.v. ウォルフレン・孫崎享(対談)、「米国の属国『ニッポン』の正体」『サンデー毎日』、2013年6月9日号。
41. K.v.ウォルフレン・M.ファクラー(対談)、「世界から無視される安倍政権」『週刊ポスト』、2013年3月1日号。
42. 青木保、『「日本文化論」の変容』、中央公論社、1999。
43. J.C.アベグレン、『日本の経営』(占部都美訳)、ダイヤモンド社、1958。
44. 石澤靖治、『日本人論・日本論の系譜』、丸善ライブラリー、1997。
45. J.ウォロノフ、『これでも日本はNo.1か?』(竹村健一訳)、TBSブリタニカ、1990。
46. E.ヴォーゲル、『ジャパン・アズ・ナンバーワン』(広中和歌子・木本彰子訳)、TBSブリタニカ、1979。
47. 岡本薫、『日本を滅ぼす教育論議』、講談社、2006。
48. 小沢一郎、『日本改造計画』、講談社、1993。
49. H.カーン、『超大国日本の挑戦』(坂本二郎・風間禎三郎訳)、ダイヤモンド社、1970。
50. 坂本秀夫・山本廣三(編)、『文部省の研究』、三一書房、1992。

51. C. ジョンソン、『通産省と日本の奇跡』（矢野俊比古監訳）、TBS ブリタニカ、1982。
52. J. シルバースティン、『アメリカ人から見た日本人』、ごま書房、1997。
53. P. スミス、『日本人だけが知らない日本のカラクリ』（森山尚美訳）、新潮社、2000。
54. 関曠野（編）、『ウォルフレンを読む』、窓社、1996。
55. 霍見芳浩・K.v. ウォルフレン（対談）、「『政治中枢不在の国ニッポン』を嗤う」『プレジデント』、プレジデント社、1989年3月号。
56. P. デール、「日本的独自性の神話」『中央公論』、中央公論社、1987年11月号。
57. 寺脇研、『文部科学省』、中央公論新社、2013。
58. R. トーマス、『歪んだ大国・日本』（謝世輝訳）、原書房、1990。
59. J. ファローズ、『日本封じ込め』（大前正臣訳）、TBS ブリタニカ、1989。
60. 福井英雄、「ウォルフレン『日本/権力構造の謎』を読む」『立命館法学』241号、1995年3月号。
61. 福島政裕、「日本異質論研究----大論争」『東海大学紀要・政治経済学部』第42号、2010。
62. 福田泰雄、「政・官・財の癒着と国民生活」『一橋大学研究年報・経済学研究』43、2001。
63. C. ブレストウィッツ、『日米逆転』（國弘正雄訳）、ダイヤモンド社、1988。
64. E. フロム、『自由からの逃走』（日高六郎訳）、創元社、1951。
65. R. ベネディクト、『菊と刀』（長谷川松治訳）、社会思想社、1948。
66. H. ベフ、『イデオロギーとしての日本文化論』、思想の科学社、1987。
67. I. ホール、『知の鎖国』、毎日新聞社、1998。
68. A. ボストン、『日本人は鰯の群れ』、光人社、2001。
69. A. ミラー、『日本、よいしがらみ悪いしがらみ』、日本経済新聞社、2002。
70. 村上勝敏、『外国人による戦後日本論』、窓社、1997。
71. 森本忠夫、「『日本問題』と天皇機関説」『諸君!』、文芸春秋社、1987年8月号。
72. J. ラウチ、『THE OUTNATION』（近藤純夫訳）、経済界、1992。
73. H. レイ、「占領下の教育改革」（明星大学戦後教育史研究センター編『戦後教育改革通史』、明星大学出版部、1993）。
74. 記事、「「日本叩き」4人衆のここがおかしい」『週刊ポスト』、小学館、1989年12月15日号。
75. K.v. ウォルフレンへのインタビュー記事、「天皇の立場をあくまでもあいまいにしたい人々がいる」『NEWSWEEK』、1990年11月29日号。
76. K.v. ウォルフレンへのインタビュー記事、「日本権力構造とジャーナリズム」『潮』、潮出版社、1996年4月号。
77. 小沢一郎・K.v. ウォルフレン（対談）「『人間を幸福にしない』日本の政治を大いに語る」『サンデー毎日』、毎日新聞社、1996年10月6日号。
78. 北之口太、「日本官僚システムの罪を世界に問う。K.V. ウォルフレン」『Asahi Shimbun Weekly AERA』、1996年12月9日号。
79. 國弘正雄・K.v. ウォルフレン（対談）「日本の官僚を斬る!」『週刊金曜日』、金曜日社、1997年3月7日号。
80. 細川護熙・K.v. ウォルフレン（対談）「現代の『大化の改新』や『明治維新』を断行す

べきだ」『サンデー毎日』、毎日新聞社、1997年1月5/12日号。
81. 中曾根康弘・K.v. ウォルフレン（対談）「行革の次は、民主主義の基本として『憲法改正』が必要だ」『サンデー毎日』、毎日新聞社、1997年1月19日号。
82. K.v. ウォルフレンへのインタビュー記事、「憲法を改正しても軍国主義は復活しない」『サンデー毎日』、毎日新聞社、1998年10月17日号。
83. K.v. ウォルフレンへのインタビュー記事、「日本に真の首相は誕生するのか」『本の旅人』、角川書店、2001年8月号。

# 第1部　教育と病理

〔解説〕

　第1部は教育と病理というテーマで、現代日本が抱えているトレンディーな教育問題に切り込んでみた。子どもを取り巻く環境は想定以上の速さで変化しつつあり、大人や社会、教育関係者ですら状況の推移に追いつけないでいる。そのことによる構造的なギャップは、教育のさまざまな局面で軋みを生じさせている。ここではそれらの病理の中から、筆者の関心を引く幾つかを取り上げてみた。

　第1章では、①大卒者の就職事情、②社会学的アプローチから見た科学的営為、③カリキュラムにみる戦後新制大学の軌跡、④日本の教育問題の根源、についてそれぞれざっくばらんに問題点を指摘してみた。①は就職ミスマッチがなぜ起きるのか、②は論文盗用や研究費不正にみられる背景、③は大学一般教育の形骸化、④は教育現場で頻発する「勘違い」事案、これらを筆者の日頃の思いを込めてストレートに迫ってみた。それぞれは一見、個別に現れているかのようであるが、根底のところでは相互につながっている教育病理という認識である。なお①は拙著『現代若者の就業行動』(学文社、2004)で、②は拙著『科学理論の社会学』(学文社、2009)と本書・第9章で、③は本書・第7章でより詳しく論じている。

　第2章では、いささか過激な表現ではあるが教育崩壊を取り上げた。教育崩壊は、時期的にはいずれもゆとり教育の真っただ中、とりわけバブル経済崩壊後の1990年代あたりから世間で注目されだした現象である。教育の崩壊とはいえ、それは社会全体の構造的な歪みから派生してきているのであり、教育の世界だけの自律的メカニズムの産物ではない。ここではその教育崩壊を学級崩壊と学力低下の2大病理に限定して、それぞれの背景と現実を明らかにし、少子化という人口動態的な要素や教育政策にみる制度的要因、更には先の見えない時代状況の中で子どもたちが前向きになれない構図の存在を確認する。

　第3章では、世代論の捉え方を分析する。まず共通の時代体験に基づく運命共

同体的な人間の括りが、個の成長に影響を及ぼすとともに社会変革の契機にもなり得ることを確認する。さらに教育論から言えば、大人と若者の生物学的年齢差だけでなく、体験した時代の違いが微妙に両者の関係に影響を与えていることを示す。とりわけ社会変化が急であれば、世代間の葛藤はそれだけ鋭く現われるのであり、それは教育が必然的にはらむ攪乱要因でもある。例えば親子の関係、教師と子どもの関係における世代格差要因が、各種の教育病理を誘発している可能性も指摘できる。

　第4章では、学校現場を舞台にした教育論争のうち、ゆとりか学力かの論争に焦点を当て、教育論争の奥の深さを改めて確認した。一般的には、ゆとり派は現実社会のダイナミズムを軽視した理想論の傾向があり、学力派は数量化データ依存の抽象論で説明する傾向がある。ここでは4人の教育論者を俎上に上げたが、それぞれに独特の教育観を披歴するものの、必ずしも絶対的な説得力を持つわけではない。むしろ問題の本質は、子どもや教師や学校や保護者などを取り巻く1970年代以降の社会変動にあるのであり、教育論争というよりもポスト産業社会の「あるべき社会論争」が根底にあるとみるべきである。

# 第1章　日本の教育問題

## 1　はじめに

　筆者は教育社会学系のキャリアを持つものであるが、もともと社会学全般に関心があり、その流れで政治、経済、その他諸々の社会現象に対しても注視をしている。例えば医学・医療の世界での進歩が著しく、専門細分化が極度に進行しつつある現在、「病気は直したが病人は死んだ」的なブラック・ジョークも囁かれている。そんな中、社会現象を扱う研究の世界でも対象の複雑性が近年ますます昂進し、対象へのアプローチの妥当性確保も困難を極めているのが実情ではなかろうか。

　学問研究は本来独自な理屈で展開されるニュートラルな世界であるべきだが、社会科学など社会現象を俎上にのせる研究においては、社会の発展に資するという暗黙の理念と研究姿勢が無関係ではあり得ない。例えば、各種社会政策と個別学問が適正な関係を持つことはむしろ好ましい。ただ周知のように今日の我が国が置かれている状況は、これまでのパラダイムでは理解しきれないほどの変革にさらされており、現実の社会政策も混迷する政治的な流れの渦中にある。そのことから当然に、関係する学問も分析手法の精緻さは求められるものの、「木を見て森を見ず」的な隘路に陥り、事の真相をむしろ把握しきれないトリビアリズムに堕しかねない。そんな懸念を感じながら、以下では最近気になる幾つかをざっくりとかつ大胆に考えてみようと思う。

## 2　大卒者にみられる若者の就職事情

　多くの大学生にとって、年度により多少のブレはあるものの、リーマン・ショック以降の就職状況は厳しいものがある。私自身の学生時代を振り返ってみても、20歳前後に就職やその後の人生についてそれほど現実的な思いを馳せることが出来るはずもないし、多少出来たとしても観念的で、それ以上は時の運命が結末をつけてくれたとも言える。思うに、個々の学生が切り開く道には、自らの力では抗しがたいほどの関門が幾重にも待ち構えているのではなかろうか。
　そこで周期的にやってくるこの危機を、マスコミ等は「就職氷河期」などとネーミングし、その時々の個別具体な分析に躍起となるわけである。例えば、「就職や労働に鈍感な学生に問題がある」「景気循環のサイクルがもたらした不可抗力だ」「採用側と学生側のミスマッチが根底にある」『ゆとり教育』のせいで若者の質低下が背景に……」さらには「政府の若者政策の無策にも責任の一端」などなどである。それぞれは事態の一端を突いていることには間違いはなく、それなりの理解も可能だし、その事に関心のある向きには納得であろう。しかしこれらの視点のいずれもが、事の本質を抉り出しているかと問えば、否であろう。特に日本の若者が現在直面している就職の厳しさには、日本社会が置かれている構造的な立ち位置とそこから派生する諸問題が通奏低音として流れている。
　第1には東西冷戦の終結以降、加速化した経済のグローバル化が指摘できる。それに輪をかけたのがネット環境の膨大なる網目構築であろう。この動きは間違いなく国内産業のあり方を、根底から覆したといっても過言ではない。新自由主義に席巻された先進国のかじ取りは、確かにこのグローバル化にアクセルをきかせたが、経済のグローバル化自体はもとより不可逆的なトレンドである。T.フリードマンが『フラット化する世界』[1]で描く通りである。すなわち、より安い労働力を求めての海外生産への依存傾向である。正規職員を前提とした終身雇用制の下で、しかも国内労働力の調達リソースとしての新卒学生は、今日すでに往年の輝きは失われつつある。
　第2には、文明の特性としての絶えざる技術革新が指摘できよう。OA化

やME化などといわれて久しいビジネス・スタイルの変貌であるが、まさに情報化社会、知価社会、脱産業社会が現実のものとなっている今日、産業の現場はハイ・コンテンツを操る一部の有能者とマニュアルチックなノーマル・レイバーに動かされる普通の人たちに分化しつつある。1次、2次、3次産業が適度に分散していた往時であれば、それぞれにふさわしい職業がグラデーションの如く若者に用意されていたし、多少の運も手伝ってそのいずれかに落ち着いたものである。ところが圧倒的な3次産業優位の時代に突入し、さらに仕事に求められる能力分布がハイ・レベル層向け職種とその他大勢向け職種とに自然分化を見せ始める。このうち後者の部分は、営業など対人的な関わりを主とする仕事、あるいはプログラム・ソフトで決められた単純な仕事に収斂していくと思われる。

　第3のポイントは、就職市場に輩出される学生の数と中身である。進学それ自体は個人の意思である。しかしその意思を背後から煽るのは、見えざる社会からのパワーでもある。青春のひと時をモラトリアムとしてエンジョイしたい気持ち、子どもや学生気分から抜けきれないことによる消極的選択、より良い就職を得るための大卒資格願望、身内や周りからの眼差しと他人指向型進学、などはその例である。その結果、今や大学・短大の進学率は約56％（平成24年）に達している。あのバブル期の進学率は40パーセント程度である。ただしバブル期に比べ今は18歳人口がかなり減少しているので、絶対数においてそれほどの差はない。受け入れ枠としての就職先数も、大企業と中小企業のトータルでこの間それほどの変動も無い。にもかかわらずなぜ厳しいのか、である。それは進学率の上昇分が、従来なら大学進学しなかった層に相当し、この学生層が就職に難儀している構図である。というよりもこの増加分も含めて多くの学生が、求人倍率1.0以下の大企業に集中するというミスマッチが問題であろう。

　かくして職を求める大卒者と、彼（彼女）らの能力と希望にマッチした職とのアンバランス状態が、構造的に生み出されていることをわれわれは知るべきである[2]。多くの先進諸国では、もともと若者の失業率は20％、30％であったりする。これに対し日本のように新卒労働市場が一般労働市場とは別に用意され、失業率10％程度に抑えられているのは特殊である。その意味

でも今後一層フラット化する状況下では、大卒者の就職事情は、更にタイトで厳しくなるといえよう。文科省や財界筋が推し進めるキャリア教育の掛け声は、それを見越した動きであることは言うを待たない[3]。

## 3　科学理論の社会学

　科学という場合、人文科学、社会科学、自然科学という分類が一般的である。科学全体を対象にすると話が大きくなり過ぎるので、ここでは先ず人文科学や社会科学についてその存在被拘束性を考えてみる。科学的な手法のイメージは客観的で公正な取り組みが担保されており、そこから得られる結果は誰をも納得させるというものであろう。もちろん多少の方法論上の不手際や結果への異論は付き物であるが、それはよりベターな科学的手法で克服することが想定されており、その累積が科学の進歩であり真理に至る道とされる。

　しかし社会現象などのアナログ的対象を腑分けする社会科学などの場合、そのような楽天的で単純な科学的営為が現実に行われているのだろうか。答えは程度問題でもあるが、行われている場合もあるが、そうとは言い切れない場合も多々あるというべきであろう。人が人を裁くことの難しさがあるように、科学者が自らをも包含する人間の行為を分析するには根源的な難しさが付きまとう。恐らく、人間は意思を有するし、希望や絶望から無縁ではない存在だからであろう。科学者が何かを研究する場合も、確実に特定の動機があるはずである。M.ウェーバー風にいえば、価値判断が介在するわけである。かくして社会科学においては、価値判断を前提にしながらも客観的で公正な科学をいかにして実践するかが最大の課題となる。M.ウェーバーがこの課題に挑戦し、価値自由論や理念型概念を駆使して社会科学の客観性担保に腐心したのは周知のことである。

　この問題がそう簡単でないことは、同じ対象を相手にしつつも全く別な科学的手法で別な結論を得ることがあるからである。マルクス経済学と近代経済学の例はまさにそれであろう。前者は科学的社会主義から導かれるものであるし、後者は高等数学を駆使しての経済分析の実例である。いずれも経済

現象の分析には違いないのであるが、立論から分析結果に至るまでの両者の異質性は良く知られたところである。他の例であるが、かつて昭和30年代、教育科学論争という教育研究者の間での一大論争があった。論争の当事者は教育史研究会に拠る学者グループ、教育科学研究会に拠る学者グループであるが、そこに教育社会学の研究者が加わって熾烈な教育科学論を戦わせたのである[4]。奇妙なのは、論敵3者のうち1者は他の2者を同類項とみなしている3すくみ構図が伺える点である。結局この論争は、イデオロギーや人間的感情にひきずられ、議論として十分かみあうことなく自然終息を迎えたという後味の悪いものであった。現在でも似たようなことは多々あり、例えば時の政府の政策を推進する立場の研究もあれば、それに異を唱える研究もあり、国会の委員会での参考人意見陳述などはその好例であろう。では主張の違いは奈辺にあるかと問えば、かなりの確度で人間臭い理由が紛れ込んでいると思われる。もちろんそのこと自体を非難は出来ないし、むしろ研究プロセスに首尾よく、つまり科学的に洗練された形で取り込むことを求めたのがかのM.ウェーバーであった。人間の織り成す社会現象相手の社会科学とは、そういうものである。あえて注意すべきは、科学者たる者はそのことへの自覚が肝要だし、そのタガが外れると科学の名を借りたイデオロギーに堕する危険性であろう。その意味で、科学とイデオロギーは紙一重なのかもしれない。

　では自然科学を含めて、さらにこの問題はどう捉えることができるのか。新聞報道によると、大阪大学の医学系研究室が過去判明しただけでも550万円相当の科研費等の流用を行っており、実態としては少なくとも10年以上前から繰り返されていたという[5]。多少遡るが何といっても世間の耳目を引いたのは、2006年から2007年にかけての早稲田大学理系某教授（当時）による億単位の研究費不正流用である。本人は当時の国の科学政策トップレベル関係会議の有識者委員でもあったというからびっくりである。金額の大きさもあって、この種の研究費不正流用がマスコミに取り上げられることが多いが、一方で科学者が手を染める別の不正行為に、いわゆるミスコンダクトというものがあり、悪質さの点では不正流用に劣らない。ミスコンダクトとは、一般にねつ造、改ざん、盗用の3つを指す。最近はそれらにアカデミック・ハラスメントが微妙にからんで、科学者の行為らしからぬ複雑な様相を

呈しているともいう。ミスコンダクトの範疇には入らないが、それに類する研究上の不正行為もある。例えば、不適切なオーサーシップ、論文の多重投稿、研究費申請時の意図的歪曲、レフリーシステムにおける地位悪用、などなど多様な手口が横行している。こうした実態は、私などが若い頃は余り知ることも無かったように記憶するが、近年は不正に対する世間の厳しさもあってか、あちこちの報道発表で知ることとなり、科学者も人の子との妙な認識を新たにしているところである。

　研究の客観性、公正さ、価値からの自由に人並み以上の自覚があり、良識ある行動に徹していると思われる科学者にして、なぜこのようなマナー違反が続出するのであろうか。容易に想像できることは、近年著しく変容した教育・研究環境の厳しさという背景である。ありていにいえば、18歳人口逓減による大学経営の逼迫とポスト削減の中で、とりわけ研究を期待されてきた有力大学等で一層の成果主義的傾向を強め、結果として多くの研究者は研究の継続実施やプロモーションに資するべく、業績の積み増しを求められている図式である。まさに、「パブリッシュ・オア・ペリッシュ」という切実なるラット・レースが展開している。もっと俗っぽい表現をすれば、なりふり構わない研究スタイルが今や珍しくないわけであり、皮肉にも科学研究という舞台ではあるが、研究者の人間らしさが垣間見える昨今である[6]。

## 4　カリキュラムから見た戦後新制大学の軌跡

　『週刊・エコノミスト』(特集・娘、息子を通わせたい大学)に、次のような記述があった[7]。すなわち国立大学外国人某講師は、「米国やドイツ、スイスでも学生を指導してきたが、日本ほど学生の意欲が低く、質問に来ないところはない」という。今更という向きも多かろうが、現実は現実として認めざるを得ない。ただしこのことの責任を学生にのみ求めるのは、酷である。たいそうな言い方をすれば、戦後半世紀以上かけて社会がそうさせた部分も否定できないからである。

　少し歴史を遡るが、新制大学は昭和24年にスタートした。制度としては世界でも稀にみる単線系のシンプルな教育制度の一環であり、なによりもす

べての若者に開かれた高等教育機関という素晴らしい理念の体現物でもあった。ただ占領下のことでもあり、旧制の教育制度から新制のそれへ移行すること、さらに新制大学をどう構築していくかは時間的余裕もないこともあり、様々な経緯があり難渋したのも事実である。詳細な流れはおくとして、ここでは大筋を確認しておく。

先ず指摘すべきは、戦後教育制度に大きな影響を与えたとされる『アメリカ教育使節団（第1次）報告書』であるが、そこでは新制大学については一般教育の必要性は説くものの、履修年限など詳細な記述はない。新制度を6-3-3-4とし、特に高等教育部分を4年と方向づけたのは南原繁を長とする日本側教育家委員会であり、正式決定は昭和21年12月の教育刷新委員会・総会であった。つまり旧制の6-5-3-3を6-3-3-4と改変し、トータル17年から16年への1年減とするわけである。ここで注目すべきは、高等教育を構成する一般教育部分と専門教育部分である。旧制では一般教育を3年間の旧制高校などが担っていたが、これを2年に圧縮し新制の4年の一部に繰り入れ、さらに旧制の専門教育は旧制大学で3年であったものを、2年に圧縮して新制の4年の一部に繰り入れたことである。要約すれば、6年間の高等教育を4年間に短縮するという荒業を行った。

更に指摘すべきは、圧縮された新制4年間のカリキュラムをどうするかである。ここで辣腕をふるったのが、GHQ内のCIE（民間情報教育局）である。CIEはアメリカの大学に特有なリベラルアーツの思想を念頭に、新制の4年間は基本的に一般教育の充実を期するべくカリキュラム編成を強力に指導した。当時その舞台となったのが大学基準協会であり、そこでCIEスタッフと日本側大学関係者がカリキュラム構成を協議したわけであるが、実質的にはCIE主導であったことは間違いない。すなわち卒業要件124単位のうち、人文・社会・自然の3系列各12単位計36単位の一般教育均等履修を前半2年間で行うなどは、この段階で決まったのである。その後履修基準の多少の改訂はあったものの、平成3年の大学設置基準大綱化での一般教育の「制度的消滅」まで、戦後大学のカリキュラムの大枠を規定し続けたのである。

そこで戦後高等教育のカリキュラムの何が問題であったのか、である。いくつか列挙してみよう。第1に、旧制6年が新制4年に圧縮されたことで、

結果的に今日の高等教育の不完全燃焼が作られてしまった。旧制時の進学率5％程度というエリート学生ならともかく、その後の大衆化した平均的大学生にはカリキュラム的にも負担となったことは否めない。しかしこの問題に関して、当時懸念視された形跡は見られない。

第2に、上記とも関係することであるが、大学一般教育についてのイメージが日本側には希薄であったことと、当時のCIEに対しての力関係から多くを言えず、結果として一般教育の位置づけが曖昧なままスタートしてしまった不運がある。言い方を変えれば、CIEはアメリカ流の「基本リベラルアーツ＋若干の専門性（実質上の専門は大学院で）」を期待していた節がある一方で、日本側はとりあえずの一般教育導入と従前からの専門教育充実との抱き合わせをあくまで模索していたのである。

第3に、この日本側による大学教育への期待は、独立後まもなく財界筋からも専門教育の充実を求める各種提言・声明・申し入れなどもあり、教育政策的にも遅々とではあるが実現を見ることとなる。カリキュラム改革としては、例えば専門教育の一般教育への食い込み、いわゆる前倒しとなって現れる。そのあおりが、一般教育を軽視する風潮を更に加速することとなった。

第4に、その財界など経済界からの専門性への期待すら、実は1960年代後半の大学紛争を契機として、大学教育全般への失望の形で次第に期待薄となっていった。もちろん紛争は一つのきっかけであったのであり、進学率のアップによる大衆化した大学生の質の低下、折からの技術革新が学部レベルの専門性を物足りなくさせてきた現実、これらとの複合作用で学部専門教育の価値が問われ始めたのであった。もとより、さりとてこの動きが一般教育の見直しや充実に向かうはずもなかった。

第5に、戦後の高度経済成長期に慣行として定着した終身雇用制度のもとで、即戦力ではなく潜在的能力を買う新卒定期一括採用スタイルが当たり前となり、大学での「学習成果」ではなく大学への「入学力」を競い合う企業間学生争奪戦がヒットアップした。かろうじて存在した就職協定はいつしか形骸化し、専門教育が始まったばかりの3年次生から就職活動に奔走する「日本的キャンパス狂騒曲」が展開される。かくして大学のカリキュラムは、一般教育も専門教育も一種の草刈り場と化し、「向学心無き就職本位学生」

によって食い荒らされる姿を露呈している。

　こうしてみると、戦後の一般教育に託されたはずの本来の精神は、学内外の利害関係や種々の雑音の中でいつしか失われ、連れて専門教育の意味すらも軽視される動きと相まって、高等教育それ自体の存在理由が今厳しく問われている。占領下に構想が練られたとはいえ、大学院教育とのパッケージを前提とした4年間のリベラルアーツ教育というアメリカン・モデルに対し、あくまで4年間での一般・専門教育にすべてを凝縮しようとした日本的試みは、壮大なるカリキュラム実験にしては高い代償を払うはめになった感がする。1990年代からの大学院重点化政策、今世紀に入っての職業型大学院創設なども、社会の受け皿との接合にすこぶる難があり、先の見通しが立たない状況である。大学生の質低下については、近年さすがに初年次教育の徹底が叫ばれつつあるものの、日本社会における高等教育への根源的反省が無ければ、単なる彌縫策にとどまるであろう。

## 5　日本の教育の何が問題なのか？

　誰しも子として、親として、人生の先輩後輩として、場合により教師として、教えたり教えられたりする可能性が高い。ゆえに教育論は百花繚乱、喧々諤々、尽きない議論の応酬となりやすい。そうした教育論特有の或る意味散漫になりやすい特性は仕方ないとしても、その時々の社会的背景や時代の風潮の影響を受け、教育論議が時としてバランスを欠く枝葉末節論を招来するのは残念である。そのことはともかく、今の日本の教育に問題が多々あるとしたら、その根本原因はどこに求められるのか、本音バージョンでこの問題を考えてみよう。

　教育を語るときには、教育に関わる様々なファクターについて、個別具体から考えてみるのも良いであろう。先ず学校教育についてである。いじめ、不登校、校内暴力、中途退学、学力低下、学級崩壊のいわゆる教育病理が問題視される際、学校の責任が強く問われる傾向がある。例えば某公立高校生が深夜人身交通事故を起こしたことに関し、学校長がマスコミの面前でひたすら謝罪するようなシーンがあった。校長や学校に責任の一端があるとして

も、どこか違和感を覚えるのは私だけではないであろう。今、学校教育はこの種のナイーブさによって、教育現場が大変難しくなっている。すでに1990年代ころから小1プロブレムが囁かれ、当今は中1プロブレム（中1ギャップとも）まで表面化しているという。就学するまでに保護者の躾け教育が徹底していないため、小学校入学時点で学級崩壊まがいが生じることを小1プロブレムというのだが、そのつけは大きい。小学校で十分対応できないまま、中学、高校、大学と進学してしまうと、上の段階では最早手も足も出ない。義務教育の「義務」は、国や社会や保護者が子どもの教育機会を保証する「義務」なのであるが、子ども目線を大切にするトレンドのあまり、本来の教育が為されていないきらいがある。学習への構えの有無でいえば、高校も大学も実情は同じである。根っこは、学校以前の幼少期にあると見るのが至当である。少人数学級、ゆとり教育の是非、学力論争など確かに教育制度や学校教育固有の課題は多々あるのだが、それら学校の守備範囲では対応しきれない何かがあるように思える。

　学校教育といえば、現場で子どもに接する教師に触れないわけにはいかない。現在、幼稚園から高校までの教師は約100万人余りである。そのほとんどは、教育に情熱を抱き日々の教育実践に邁進している。日本の教師の働きぶりは世界標準からしても特殊であって、いわゆる教科の担当だけでなく、教科外（進路指導、生活指導、部活指導、その他雑用）の指導が盛りだくさんである。関わる時間配分でいえば、圧倒的に後者が多い。この仕事の大変さ・異常さは、決して軽く考えてはならない。教師稼業を難しくさせている一つに、保護者対応がある。現場の校長から聞かされる内輪話に、「保護者の学歴が高くなり、教師が保護者から『上から目線』で見られてやりにくい」というのがある。戦後もある時期までは、教師は地域や保護者から一目置かれる存在であり、連動して子どもからも慕われ尊敬のまなざしで見られていた。教えの関係には、そのような信頼関係が不可欠である。今や教師と子どもや保護者との間に、そのような麗しい人間関係は期待しにくいご時世である。教師は教育サービスを提供し、子どもはそれを消費する「冷ややかで対等な」関係が現場を覆っているかのようであり、なによりもそうした関係がクレーマーやモンスターを生み出している。近年の教員採用試験では、この難儀な

関係に直面しても壊れない教師が求められているという。分からないわけではないが、どこか筋が違うように思える。加えて教員免許更新制の導入[8]や教員の資質向上策が模索されているが、教育現場にそうした問題をかかえたままでは、いかなる制度を接ぎ木しても首尾よく機能しないであろう。

　一方、教育委員会も戦後教育の制度的産物であり、アメリカ流地方分権教育の象徴として機能するはずであった。しかし昭和31年に教育委員の公選制が任命制になり、その後は形骸化の一途といってよい経過である。巷間報道されているように現在の教育委員の在り方からすると、任命制の意義はどこにあったのかとさえ思う。教育委員会も都道府県（政令市）と市町村に分かれて重層化し、教師の採用は都道府県教委、給与は3分の2が都道府県で3分の1が国からの支出、身分は市町村教委職員（公立義務教育）と複雑に入り組んでいる。しかも自民党長期政権のもとで地方分権が本旨とは言え、実態は文部科学省の下部組織であり国策マシーンと化したとすれば、戦後教育の民主化装置というにはおこがましい状況である。数年前大分県教委で発覚した採用・昇進に絡む不祥事が、こうした教育委員会制度の奥の深さを物語っている。というのも、これら事案は教員個人の責任もさることながら、制度に根差す根本問題を抜きには理解できないからである。

　では文部科学省はどうなのかであるが、戦後文部省廃止の危機にもかかわらず存続し続け今日に至っているのはともかく、戦後民主教育の落とし子である者にとっても正直あまりイメージは良いものではない。例えば戦後初期の文部大臣が民間の学者系であったものの、自民党長期政権下で政治家の指定席となり、日教組対策という当面の事情もあったであろうが、教育に政治が関わってきたのがこれまでの歴史ではなかったか。旧教育基本法で「教育は不当な支配に服することなく」と明記されていたが、昭和20年代の逆コース、高度経済成長期の財界寄り政策、臨時教育審議会以降の新自由主義路線、そして教育基本法改正へと経過する中で、政権与党主導のもと着実に教育政策を具現化してきた。もとより政策官庁としての文科省の立場もあり、政治との距離が微妙である事情も理解できるが、教育基本法改正の審議過程で発覚した「タウンミーティングやらせ事件」に文科省職員ほか政府職員も関与していた事実は、あらためて政治と教育を考えさせる一件であった。

言うまでもないが、文科省は地方教育委員会に対して指導・助言・援助の権限しかない。いわばアドバイザーに留まるわけであるが、実質的には強力な行政指導で政策実現を推進する権力関係にある。政策の多くは前向きな意味ある政策であるにしても、教育の地方分権の趣旨からすれば文部科学行政のスタンスに疑問無しとはしない。アメリカにもドイツにも、日本の文部科学省に相当する国レベルの役所は実質上存在しない。キャッチアップ型の教育が最早役目を終わったとするならば、文科省的組織機構を問い直し、次代の教育に真に役立つあり方を模索する時期であろう。

　最後に家庭について語ろう。子どもの教育に最も影響を及ぼすファクターは身近な家庭である。「三つ子の魂百までも」という諺は単に昔の話ではなく、今も厳然として通用する人間の知恵である。特に就学前の幼児期にどのような教育環境に置かれるかは、多分に運命的な出会いもあるが、その後の成長過程を方向づける大きな意味を持つ。先に示した小１プロブレム問題は、今様家庭教育の機能不全がもたらした負の産物に他ならない。近年の顕著な動きに、母子世帯の増加がある。もちろん昔もあったが、今はその８割が離婚によるものであり、50年前は５割であったことからすれば随分と増えたものである。しかも離婚の低年齢化で子どもの年齢も幼児期のケースが多くなる。女性の社会進出という背景も指摘できないわけではないが、子どもにとっての欠損家庭は強制的に与えられた環境でしかない。そして離婚原因が親の勝手であったり、そもそも結婚の契機が「出来ちゃった結婚」であったり、親たる自覚が伴わないままの子育てという感じが否めない。母子家庭や父子家庭だけでなく、両親がそろっている家庭においても、子どもの教育に十分な配慮が為されているとは思えない。直感であるが、戦後団塊世代が親になる過程で「自由」の良さを体感・体現出来たのは良いが、一方でカウンターパートたる「責任」の大切さをついぞ実感・理解することなく、節操無く育て上げた子たちが今の子たち、そのまた子たちである。学校で教師が子どもを叱ると、「パパやママにも叱られたことが無いのに……」と納得のいかない表情だそうである。まさに、甘やかしの極致である。にもかかわらず子どもの不始末は、プライベート・タイムでの不始末も含めてなぜか学校や教師が矢面になるばかりで、保護者が表に出ることはほとんどない。世の中

がそういう対応で済ませている限り、この国の教育は良くならないであろう。

## 6　おわりに

　ゆでガエル理論というものがある。熱いお湯にカエルを入れると驚いて飛び跳ねる。ところが常温の水に入れ、徐々に熱していくとその水温に慣れていく。そして熱湯になったときには、もはや跳躍する力を失い飛び上がることができずにゆで上がってしまうという話である[9]。世界がフラット化し、グローバル化し続ける現在、この未曾有の局面を正しく見つめることが何よりも求められている。しかし現実には、前世紀以来の旧来型対応のままぬるま湯的に遣り過ごそうとしているのが今の日本社会の姿に思える。世界の競争力ランキング、一人当たりGDP値などにみる日本の国力凋落は激しい。せめてゆでガエルにならぬよう、早い手当が必要であろう。

（注）
1　T. フリードマン、『フラット化する社会（上下）』（伏見威蕃訳）、日本経済新聞出版社、2006。
2　同様な認識として次を参照。本田由紀、「『シューカツ』という理不尽」『UP』平成22年8月号、東京大学出版会、pp.1-6.
3　この項に関しては次を参照。拙著、『現代若者の就業行動』、学文社、2004。
4　拙稿、「教育科学論争」『教職研修・戦後教育の論争点』、教育開発研究所、1994。本書・コラム7に収録。
5　朝日新聞（朝刊）平成22年8月18日付。
6　この項に関しては次を参照。拙著、『科学理論の社会学』、学文社、2009。
7　『週刊・エコノミスト』、毎日新聞社、平成22年8月31日号。
8　諸外国でも例を見ないこの制度については、次を参照。喜多明人・三浦孝啓編、『「免許更新制」では教師は育たない』岩波書店、2010。
9　http://www.skg.co.jp/reports/bymonthly/words08.htm

# 第2章　学級崩壊と学力低下

## 1　教育崩壊への視点

　今、日本の教育が批判にさらされている。家庭でのしつけ不在や甘やかし子育て、地域社会の教育力低下はもとより、学校教育自体にも学級崩壊や学力低下など様々な問題状況が指摘されている。もちろんこれらは、ひとつひとつの問題としてそれぞれ分析可能ではある。しかし社会が複合化しボーダーレス化した現在、個々の問題だけを断片的に取り上げてみたところで、問題の本質はなかなか把握できない。とりわけ教育にかかわる問題は、社会のあらゆる要因と無関係ではなく、そして気付かないうちにそれら要因から影響を受けていることが多い。例えば戦後日本の政治状況、景気の浮き沈み、家族の変容、価値観の変化などが、子どもや親や教師はいうまでもなく、国民一人一人の教育観そのものを大きく変えてきたと思われる。

　ここでは以上のような認識のもとに敢えて学級崩壊と学力低下を取り上げ、日本の教育崩壊の様子を探ってみたい。学級崩壊はケースとしては決して多くはないものの、マスコミ等でセンセーショナルな話題としてひと頃よく登場していたし、今は学校崩壊という言葉もある。また学力低下も時代を映すホットなテーマではあるが、学力の定義とも絡んで実体は不透明ともいえる社会現象である。一般的に社会現象は、それが大きく問題化する前に何らかの兆候を見せることが多い。折しも今日、少なからずの国民の目に日本の教育のどこかがおかしい、つまり教育崩壊の兆候が感じられているのも事実である。そこで学級崩壊や学力低下の姿を垣間見ることにより、社会のより大きな流れとしての教育崩壊に迫ってみよう。

## 2 学級崩壊

### (1) 小学校の場合

　学級崩壊を実体に即して詳しく説明したものとしては、次の様な定義がある。それによると「学級がうまく機能しない状況」として、「子どもたちが教室内で勝手な行動をして教師の指導に従わず、授業が成立しないなど、集団教育という学校の機能が成立しない学級の状態が一定期間継続し、学級担任による通常の手法では問題解決できない状態に立ち至っている場合」を想定している[1]。この定義に基づき、実際に学級崩壊がどのような状況でどの程度現れているのか調査した結果を見てみよう。例えば東京都教育委員会の報告『小学校における学級経営にかかわる調査について』(平成12年7月)によれば、問題状況として次の様なケースがあげられている。それらは、①授業開始後も着席せずお喋りをしている、②担任が注意すると反抗する、③体育などの集合時刻に遅刻する、④担任が個別指導している間他の児童が学習以外のことを始める、などである。この調査では、こうしたケースに該当する学級は全学級の1.5%であり、少しでもそのような学級をかかえている学校は全学校の16.1%と報告されている。学級ベースでは一見して低い数値のようではあるが、学校ベースで見れば決して低いとは言えないし、事柄の性質上実体ははるかに裾野が広いと理解するほうが自然であろう。

　特に小学校段階での学級崩壊の特徴は、①発達段階の違いもあり低学年と高学年とでは現れ方に微妙な違いがある、②中学校の教科担任制と異なり学級担任制であることから現れ方が全方位的である、などがあげられる。**図1**は、学級崩壊が発生する様子を図式的に示したものである。集団行動に馴染めない子どもがイライラ感をつのらせ、それがストレスとなって教師や他の子どもへの拒否や攻撃反応となるメカニズムが読み取れる。こうした図式で生じる小学校の学級崩壊のうち、近年世間の注目を浴びているのが「小1プロブレム」という現象である。これは小学校1年生が入学式の場面をはじめとして、最初のクラスにおいても自己中心的な行動で集団としての秩序が保てない状態のことをいう。というより、学級形成そのものが入学当初から困難ともいえる異常事態である。小学校高学年の学級崩壊は、低学年から徐々

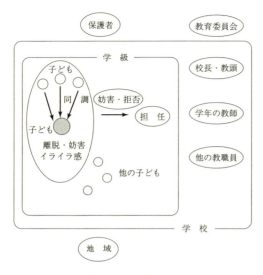

**図1　学級崩壊の概念図**

出所）東京都立教育研究所・研究報告書『子どもたちの揺れ動く心と学校のあり方』2000年3月、4頁。

にエスカレートしてきたと見られるのに対し、小1プロブレムのケースは幼児期からの問題を推測させるという意味で、昨今の学級崩壊の根の深さを伺わせる。

### (2) 中学校の場合

中学校の学級崩壊は、小学校の場合と異なり様々な要素が絡んでくるため実態把握が容易でない。先にも触れた通り中学校では教科担任制であるため、崩壊現象の現れ方が教科によって異なり、何を基準に学級崩壊と見なすかは必ずしも明確ではない。従って学級崩壊ではなく、授業崩壊という表現を使用する場合もある。また中学生ともなれば発達段階も進み、社会との接触範囲も拡大し、学校内の行動といえども外界からの影響を様々に受けた結果であるとも考えられる。しかしここでは、敢えて学級崩壊として包括的に眺めてみることにする。

表1は、東京都内の小・中学教師に行ったアンケート結果である。ここでは、実際に必ずしも自分のことではないが、自分の回りに授業ができない状態の教師が何割程度いるかを尋ねている。総じて小学校よりも、中学校のほうが教師にとって厳しい回答となっている。特に学級崩壊状態を経験してい

**表1　学級崩壊の程度と体験の度合い（小・中教師からの回答）** （割合）

|  | 小学校 | 中学校 |
| --- | --- | --- |
| 学級・授業のざわつき（なんとなく授業がうまくいかない） | 1.6割 | 3.1割 |
| 学級・授業の荒れ（生徒の気持ちが先生から離れる） | 1.2割 | 2.5割 |
| 学級・授業の崩壊（生徒が反発して授業が成り立たない） | 0.8割 | 1.4割 |

出所）深谷昌志編、『徹底解剖「学級の荒れ」』、学文社、2000年、92頁。

表2 学級崩壊の具体的状況（中学教師からの回答） (%)

| | とてもよくあてはまる | わりとあてはまる | 少しあてはまる | あまりあてはまらない | ぜんぜんあてはまらない |
|---|---|---|---|---|---|
| 1.授業中注意されてもおしゃべりを止めない。 | 57.8 | 29.2 | 10.6 | 1.2 | 1.3 |
| 2.先生の注意や叱責に反抗する。 | 49.0 | 29.8 | 12.7 | 6.2 | 2.5 |
| 3.授業中教室を出たり入ったりする。 | 44.7 | 28.7 | 15.8 | 6.9 | 3.9 |
| 4.先生の指示や質問を無視する。 | 43.5 | 30.2 | 15.5 | 7.4 | 3.5 |
| 5.机や教室の壁に落書きがあったり教室が汚い。 | 42.8 | 32.2 | 15.0 | 6.6 | 3.5 |
| 6.クラスにまとまりがない。 | 41.6 | 31.6 | 17.1 | 8.3 | 1.3 |
| 7.教室の後ろに寝転んだり座ったりしている。 | 35.6 | 24.3 | 18.5 | 11.1 | 9.9 |
| 8.授業が始まっても教科書を出さない。 | 39.1 | 36.6 | 19.3 | 3.9 | 1.2 |
| 9.先生が言ったことにあげあしをとる。 | 37.8 | 29.2 | 18.1 | 10.6 | 4.2 |
| 10.友だちの発言をなじったり笑ったりする。 | 36.4 | 27.1 | 23.8 | 9.7 | 3.1 |
| 11.先生を批判するグループがある。 | 34.9 | 30.8 | 20.2 | 11.0 | 3.1 |
| 12.あめ・ガムをこっそり食べている。 | 31.5 | 24.8 | 23.8 | 11.6 | 8.3 |
| 13.マンガや小説を読んでいる。 | 30.3 | 28.5 | 23.9 | 12.3 | 5.0 |
| 14.授業中ウォークマンなどで音楽を聴いている。 | 29.6 | 20.1 | 15.4 | 16.4 | 18.5 |
| 15.手紙や交換日記を書いている。 | 28.8 | 29.6 | 26.3 | 12.0 | 3.3 |
| 16.先生に対抗してクラスが一つにまとまっている。 | 14.3 | 14.9 | 24.4 | 29.0 | 17.4 |

出所）深谷昌志編、『徹底解剖「学級の荒れ」』、学文社、2000年、92頁。

ると思われる中学教師は、平均1.4割となっている。さらに**表2**は、学級が荒れているのはどういう状況なのかを中学教師に尋ねたものである。それによると、「授業中おしゃべりする」・「注意に反抗する」・「授業中うろつく」などが典型的な状況とされており、教師の権威が失われ授業の維持が最早困難な状態であることがわかる。かつて1970年代末から1980年代にかけ、一般に中学校では暴力事件という形での荒れが見られた。しかし今では、生徒がそれぞれ自分の世界に浸り切ることを先ず優先し、教師の権威低下もあって結果的に学級内がバラバラになっていることが確認できる。もちろん学級崩壊にまで至っているケースは、全体のごく一部である。しかし表1での回答のように、学級が何となく落ち着いていない状態はすでに3割程度見られ

るわけであり、中学段階での学級崩壊も一段と深刻になる気配を見せている。
　こうした中で文部科学省は、学校内で悪質な授業妨害など問題行動を起こす児童・生徒に対し、学校教育法第35条で「出席停止」処分の発動要件を明確化し、更なる厳しい対応で臨む姿勢を強めた。この方針の基本的考えには、他の児童・生徒の義務教育を受ける権利を保障することが狙いとしてあり、けだし当然といえよう。

### (3) その背景

　こうした学級崩壊は、どのような背景のもとに生じているのだろうか。先ず小学校について見てみよう。それを知る手がかりは、小学校の学級崩壊が話題となり始めた時期に求められる。尾木直樹はその時期を、1990年代の半ば頃としている[2]。もし小1プロブレムのような入学段階での学級崩壊が存在するとすれば、その原因は学校教育というよりも就学前教育や家庭教育にあるとするのも一つの見方である。ところで1990年代前半期に幼児期を過ごした子どもたちのほとんどは、幼児の主体的活動や自発的遊びを重視する自由保育のもとで育ってきた。この考え方は、平成元年から平成12年3月まで施行されてきた幼稚園教育要領に盛られているもので、確かに一つの教育論として有用ではあるものの、現実には自由の行き過ぎを招いたことは否定できない。すなわち、園児の自由奔放な行動を教師が理解し育てるという教育論は、ともすれば子どものわがままを助長することになりやすいし、そしてその弊害が小学校に持ち込まれるという理屈はありそうな話である。1990年代の半ば頃は、その自由保育で育った子どもたちが小学校へ入学する時期に他ならない[3]。さらに初等中等教育段階の学習指導要領が、昭和52年以降3度の改訂の中で、「ゆとりの教育」「新しい学力観」「生きる力」などのキャッチフレーズのもとに、全体として子どもの自主性を尊重するスタンスを取ってきたことも無視できない。いわゆる「ゆとり教育」路線である。特に小学校の現場でこの方針が着実に実施され、その負の副産物が学級崩壊であるとの見方も可能である。
　中学校の場合は、もちろん上に述べた小学校での背景と共通するケース、あるいは小学校での問題状況が進学とともに持ち越されたケース、として理

解できる。しかし、背景はそれだけではない。例えば1970年代半ばには高校進学率が90％代に達し、1980年代以降はほぼ高校全員入学に近い状況となっている。言い換えれば、中学生にとっての進学目標や学習への動機付けは、近年確実に希薄化していると見てよい。さらに文部省のゆとり教育路線が、結果として低学力の子どもを生み出すとすれば、時として彼（彼女）らは高校受験を前にして早くもアイデンティティ拡散という自己喪失状態に直面する。とりわけ都市部では国立・私立の中高一貫校が躍進台頭する一方で、公立中学の置かれた立場は微妙なものがある。つまり公立中学には、学力格差を含めたあらゆる多様性を受け入れざるを得ない宿命があり、その多様性がアイデンティティ拡散状況につながりやすい。そうした場合、ふとしたきっかけで学級崩壊が先鋭化することも十分有り得る。

とはいえ、学級崩壊の背景はこれらに尽きるものではない。興味深いのは、文部省と校長・PTA会長との間で学級崩壊の原因について大きな見解の相違が見られる点である。先に参照した文部省委嘱研究の報告によれば、学級崩壊を調査した結果、「ケースの7割が教師の指導力不足」と結論付けている。これに対し、公立小・中学校の校長・PTA会長に対するアンケート調査（「日本PTA全国協議会」のアンケート）によれば、学級崩壊の最大原因として「PTA会長の58.4％、校長の45.7％が家庭の教育力低下を上げ、指導力不足など教師側の問題とするのは1割程度にとどまった」と報告されている[4]。学級崩壊は、それだけ実体把握の難しい社会病理と言えよう。

## 3　学力低下

### (1) 高校の場合

学力低下という場合、何をもって学力と定義するのか、そして何を基準にして低下と判断するのか、実は教育関係者の間でも明確とは言いがたい。しかし近年多くの教育関係者が、子どもたちの学習態度や学習成果に対しきわめて憂慮しているのも事実である。ここでは先ず、高校でみられるそうした憂慮されるべき事態について眺めてみよう。

言うまでもなく、学力は基本的に積み重ねによって習得される。もし高校

での学力低下が問題であるとすれば、中学での学習状況も当然確認しておくべきであろう。中学での年間授業時間を国別比較（1998）した結果によると、科目全体で比較すると日本は各国平均より48時間少ない。また国数社理の基礎科目ごとでみても、いずれも各国平均より少ない[5]。この事態を「我が国の基礎学力の国際的劣位現象」と表現している場合もあるが、そのことの妥当性はともかく、かつて公立高校入試で驚くべき結果が報告されている。それは、1996年春の鹿児島県・公立高校入試での出来事であった。数学問題の1つで「1000 − 198 ＝」という簡単な設問に対し、受験者全体の7.9％、人数にして1486人が不正解であったというのである。当時このことは、「1000引く198ショック」として県の教育関係者の間で話題となった[6]。

　さらに高校教師に対する学習状況アンケート調査（進学情報誌『ビトウィーン』による調査）によれば、9割以上の高校教師が自校生徒の学習意欲が低下していると感じている[7]。　こうした雰囲気を裏づけたのが、苅谷剛彦らの調査である。それによれば、高校2年生の学習状況を1979年と1997年とで比較してみると、学校外での勉強時間（塾や予備校も含む）は減少傾向にあることが明白である。先ず1日平均では、1979年が97分の学習であるのに対し、1997年では72分に減少している。3時間以上学習した生徒は17％から8％に激減し、逆にまったく学習しない生徒は22％から35％へ増加している[8]。こうしてみると、学校内での学習意欲の低下に加えて、学校外での学習時間も低下しており、全般的な学力低下は避けられないようにも思える。

　しかしこのような調査結果や現場の実感にもかかわらず、当時の文部省の見解はむしろ逆である。すなわち学力を「生きる力」というように広い意味でとらえるならば、必ずしも低下したとは言えず、将来的にも憂慮される事態とまでは言えないと指摘している[9]。

### (2) 大学の場合

　大学生の学力低下については、高等教育の大衆化が進展するのと反比例するかのように、その深刻さが徐々に浮き彫りにされつつある。大手予備校である駿台予備学校の教育研究所が同校出身大学生にアンケートしたところ、次の様な結果となった[10]。すなわち大学1・2年生の基礎科目で「理解でき

ない」「ついていけない」とする学生が、文系の第2外国語で22％、経済・経営分野で12％、理系の数学分野で41％、物理分野で36％存在していたという。そして理系の数学分野で「理解できない」「ついていけない」と回答した学生に、どの程度理解できないかを尋ねたところ、29％が「ほとんど理解できない」、55％が「半分程度は理解できる」、14％が「理解できない個所がある程度」と答えている。さらにその原因を尋ねると、「自分の努力不足」が36％、「先生の教え方」が27％となっている。

　もちろんこうした学生側の反応は、教える側も同様に感じているわけであり、大学入試センターによる「全国学部長アンケート」や朝日新聞社の「全国学長アンケート」など多くの調査でも学力低下が指摘されているところである。事実、NHKのテレビ放送「クローズアップ現代」では、「大学の授業が成り立たない」をテーマに国立大学や私立大学での高校レベル補習授業を紹介していたほどである[11]。ちなみに文部科学省によると、この種の補習授業は全大学の46％で行われているという（2011年度調査）。

　確かに高校での学力低下でも触れたように、学生が大学入学以前の段階で基礎学力をつけるための努力を怠っていることは否めない。表3は、大学生に小学校の算数レベルの問題をテストした結果である。大学ごとの比率は、5問すべて正解であった学生の割合である。回答大学生の所属はいずれも文系学部ではあるが、Eを除いてすべて日本を代表する国立・私立のトップ校（文学部あるいはそれに類する学部）であることに注目したい。いわゆる偏差値が高いということのリアルな姿を、驚きをもって知るばかりである。しかもE大学回答者は下位大学とは言え、実は経済学部の学生なのである。経済学が数学的知識を必須とする分野であることを思えば、にわかには信じがたい結

表3　算数の問題と文系大学生の全問正解率

| 問題1　8分の7−5分の4＝ | 国立A難関大学生 | 90％ |
| 問題2　6分の1÷5分の7＝ | 国立B難関大学生 | 83％ |
| 問題3　9分の8−5分の1−3分の2＝ | 私立C難関大学生 | 70％ |
| 問題4　3×｛5＋（4−1）×2｝−5×（6−4÷2）＝ | 私立D難関大学生 | 66％ |
| 問題5　2÷0.25＝ | 私立E下位大学生 | 58％ |

出所）岡部恒治ほか『小数ができない大学生』東洋経済新報社、2000年、2-10頁。

果と言わざるを得ない。

　では学生たちを受け入れる側、つまり企業や社会の見方はどうであろうか。関係者の思いは深刻である。例えば日本の経済界を代表する経済団体連合会は、『グローバル化時代の人材育成について』(平成12年3月)と題する意見書を発表している。その中で大学教育の充実に触れ、次の様に述べている。「一方、大学生、大学院生の学力低下についての指摘も聞かれ、グローバル化時代の人材育成に支障をきたすことが懸念される。そこで、大学、大学院における教育の充実を図って学力向上につとめる必要がある」。そこには、否応なく人材の質が問われている現在、大学教育への危機感がストレートに込められているように思える。同様な観点から、産業界や学識経験者の集まりである地球産業文化研究所も、『学力の崩壊を食い止めるための、教育政策に関する緊急提言書』(平成12年10月)を発表している。またビジネスパーソン対象の有力週刊誌『日経ビジネス』も、「日本を蝕む学力崩壊」(平成12年6月5日号)を特集して世に警鐘を鳴らしている。そして平成12年11月、読売新聞社は『「教育改革」読売新聞社提言』と題して新聞紙上で異例のアピールを発表し、その中で「大学を学ぶ場に戻せ」と熱く訴えていたことも付け加えておこう。

### (3) その背景

　高校の学力低下と大学の学力低下は、もちろん共通する背景もあれば固有の背景もある。先ず共通するものとしては、やはり昭和52年の学習指導要領改訂にはじまるゆとり教育路線の影響は無視できない。すなわち授業時間数の削減、内容の精選や必修科目の減少、選択科目の増大が学校現場で着実に実行された結果、基礎知識の確実な習得というよりは基礎知識すらおぼつかない事態が現実となったようである。いわゆる学力は積み重ねによるところが大きいとすれば、中学・高校・大学と進むにつれその波紋は増すばかりである。もう一つの共通要因としては、少子化が上げられよう。義務教育の場合は、子どもの数に応じた学校統廃合が比較的容易である。しかし高校や大学の場合は、必ずしも柔軟に対応していない。子どもの減少に直面しても、むしろ存続する方向で経営努力が為されるのが普通である。特に大学などは、

逆に校数が増えている現状である。当然の結果として、高校入試や大学入試のハードルが非常に低くなってきている。これでは、学力向上への意欲が低下するのも無理はないとも言える。つまり教育の制度的な要因と人口学的な要因とが、学力低下を助長させる基本ベクトルを合成している。

では高校の学力低下に直接影響している要因は何か。先ず、大学入試制度の変化が指摘できる。すなわち1990年の現行大学入試センター試験発足以降、国・公・私立大学とも入試科目の削減を競ってきた事実がある。加えて入試の多様化の名のもとに推薦入試やAO入試枠が拡大されるなど、大学進学希望の生徒にとって入試負担の軽減にしか目が向かなくなった。その一方で進学しない生徒の中には、高校側の穏便な教育的配慮を逆手にとり学習しないことに無頓着な者も増えてきた。それどころか、気分としては「高校生をやっているのが何よりも楽[12]」というわけである。

一方で、大学の場合はある意味で明確である。先ず入試負担を軽減化してきたことのツケが1番目の要因、次に単位認定の形骸化により厳格な成績評価に欠けることが2番目の要因、さらに就活における企業の採用基準がきわめて不明朗で、特に大学での学習成果に対する企業側の無関心が3番目の要因として上げられる。1番目と2番目の要因は、大学サイドの努力で改善できる余地があるのに対し、3番目の要因はむしろ外部の要因である。しかし学力低下の最大かつ根本的な要因は、何と言っても企業を含めた社会の側が大学教育に余り期待しなくなったことにある。特に高度経済成長期以降、文系学生を中心に学部学科不問採用が当たり前となり、学生の専門的能力はほとんど顧みられてこなかった。ようやくにして現れた企業による学力危機感は、この意味でむしろ「自分たちの蒔いた種」であるかもしれない。

## 4　教育崩壊を生み出す構造

これまで見てきた学級崩壊や学力低下は、進みつつある教育崩壊現象の一つの断面でしかない。あえて言えば、ここで触れた断面は学校教育場面に即したケースであり、それ以外のケースについては残念ながら割愛せざるを得なかった。しかし冒頭でも述べたように、教育崩壊はすでに日本社会全体の

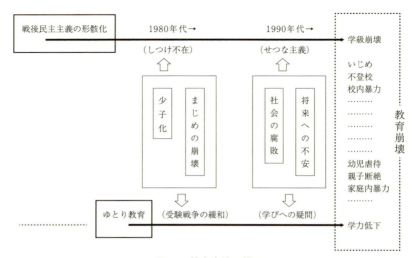

図2 教育崩壊の構図

社会病理現象となりつつある。つまり、構造的な動きとなっているのであり、一定の歴史的な流れの中で顕在化したものと見なければならない。そこで図2によりながら、教育崩壊の構図について今一度整理しておこう。

キイとなる要因は2つあり、第1は主として学級崩壊につながる戦後民主主義の形骸化であり、第2は主として学力低下を招いたゆとり教育の導入である。第1の要因から眺めてみよう。民主主義とは、端的に言えば「自由」と「責任」がセットになってこそ実現可能である。ところが戦後日本の民主主義は、「責任なき自由」ばかりが強調されるものに変形してしまった。これは、家庭教育においても同様である。すなわちしつけ不在という形の自由放任教育が横行したのである。このツケが無視できなくなったのは、特に1980年代以降である。つまり少子化による子ども減少が、学齢期児童の減少として直撃し始めた時期である。甘やかされた親子の癒着関係が日常化し、子どもにとって努力することの意味が失われていった。千石保が言うように、「まじめであること」の意味は若者だけでなく、次第に年端もいかぬ子どもの間でも「ダサイこと」に成り果てた[13]。そうした中で、バブル崩壊後の大企業倒産、エリートの度重なる不祥事、そして低迷する経済状況は、子ども心にも漠然とした将来への不安を感じさせるには十分であった。それは先の

ことより今を大切にしたい、いわゆる「せつな主義」を醸成していったのである。学級崩壊は、発達段階の違いによる現れ方のバリエーションはあったとしても、基本的にはこのような構図のもとに展開していったと考えられる。

　第2の要因は、すでにたびたび言及しているゆとり教育政策である。小学校での実施導入は1980年からであり、第1の要因よりは時間的に遅れることになるが、もとよりゆとり教育がストレートに学力低下を生んだというのではなく、少子化その他の社会的動向と微妙に影響し合いながら、結果として学力低下を招いたと見るのが妥当であろう。例えば高校・大学受験ひとつ取ってみても、少子化によって受験競争は確実に緩和される。もちろんゆとり教育路線は、学びの内容の面でも緩和を一層推し進める。また先にみたように、まじめ崩壊的風潮がはびこるとすれば、子どもの世界で「学力向上派」はマジョリティからマイノリティに転じてしまう。事実、新たにマジョリティとなった「マイペース派」であっても、進学目的は何とか達成できるようになったのである。こうした事態に拍車をかけたのが、例のバブル崩壊後の一連の顛末である。エリートの挫折や大企業の破綻を目の当たりにし、子どもにとっての学歴の効用は最早自明の理ではなくなりつつある。さらに戦後半世紀を経て、親から子への階層相続により格差社会が静かに固定化しつつある現実を、子どもたちは肌で感じ取っている。高度経済成長期に学齢期を過ごした団塊の世代たちは、明日を夢見て日々の学びにいそしんだ。しかし今日、多くの子どもたちは学習にさしたる意味を見いだせないまま、せつな的な生き方にとりあえず身を委ねているかのようである。学力低下が、加速されるはずである。

　では、こうした教育崩壊の流れを逆転させるにはどうしたらよいのか。教育崩壊が歴史的、社会構造的な「複合崩壊」である以上、ミクロな教育制度の改革にのみ期待したところで多くは望めない。われわれ一人一人が事の重大さを真摯に受け止め、社会再生の一環としての教育再生に国民的努力を傾注しなければ展望は開けないであろう。

（注）
1　文部省委嘱研究『学級経営をめぐる問題の現状とその対応』学級経営研究会、平成

12年3月。
2　尾木直樹『子どもの危機をどう見るか』岩波書店、平成12年。
3　実はこれに関してすでに文部省は平成12年4月から新しい幼稚園教育要領を施行させ、基本的な生活習慣や善悪の判断などを徹底する内容に改訂している。
4　「毎日新聞」平成12年2月8日。
5　日本総合研究所・調査報告『急がれるIT対応型わが国教育改革』、平成12年9月。
6　「西日本新聞」平成12年2月11日。
7　「朝日新聞」平成12年6月19日。
8　「朝日新聞」平成11年1月11日。
9　平成11年版および平成12年版『我が国の文教施策』文部省。
10　「日本経済新聞」平成12年8月19日。
11　平成11年5月24日放映。
12　喜入克『高校が崩壊する』草思社、平成11年。
13　千石保『「まじめ」の崩壊』サイマル出版会、平成3年。

# 第3章　世代論から見た教育

## 1　はじめに

　一般に文化あるところ教育ありと思えるほどに教育現象は普遍的であるにもかかわらず、それを世代論的観点からとらえようとする試みは少ない。例えば、細谷恒夫は次のように言う。「一定の生活圏の内に、いくつかの異った『世代』が同時に生きているという事実は、教育学的に見て最も重要な根源現象の一つということができる[1]」。家族における異世代の存在をいう場合、ごく普通には三世代の同時存在が想定されるわけであるが[2]、そのような「相異る世代が同時に生活するという事実そのものによって無意識的に、無意図的に、最も広汎な範囲において教育は行はれ[3]」るのである。

　そこでわれわれは、先ず「世代」の定義を確認しておく必要がある。古典的ではあるが代表的な例としては、ディルタイ（W.Dilthey）のものがある。彼は次のように言う。「世代とは、『個々人のもつ同時代性という状態』に対する一つの表示である。つまり、ある程度まで同時に成長する、共通した幼年時代をもち、時としてその時期が雄々しい力の現われでもあるような共通の青年時代とかをもつようなものを、われわれは、かかる世代として特徴づける[4]」。このように、世代は時を同じくする運命共同体的存在ともいえる。その意味では、「世代は……階級にきわめて近い性格をもっている[5]」こともあるし、歴史の動きに何らかの関わりを有する潜在的思想集団の意味あいも秘めている[6]。このような定義で思念される世代の中味は、最早一世代三十年説を即前提するものではなく、「今やせいぜい十年の広がりを持っているにすぎない[7]」ことも、敢えて指摘しておきたい。

## 2 青年と世代論

　以上の前提に立った上で、更にわれわれは青年と世代論との関連に触れねばならない。というのは厳密にはほとんどすべての年齢において、それ相応の世代が存在することを想定できるからである。にもかかわらず、「およそ世代をめぐる論議ないしは談議というものは、つねに青年を軸としておこなわれ[8]」、逆に言えば「青年をめぐる議論は、たえず『世代』論へのベクトルを秘めている[9]」のである。この間の事情はどのように解すべきか。それへの端的な回答は、マンハイム（K.Mannheim）の言葉のうちに垣間みることができる。つまり、「静態的社会の場合は、統一目標のもとに現実に統合化が行われることもなく、また歴史的役割が青年に課せられるということもなく、思春期を無自覚のうちに過させるだけの余裕がある。しかし動態的な社会では、その目標に精神的な意義を与えるために、もっとも大切な存在である青年を無視しては何もやってゆくことができない[10]」。例えば青年が進歩的にもなりうるし、逆に保守的、反動的にもなりうるということは[11]、彼らがそれだけの潜在的可能性を常に秘めた社会的に柔軟な存在であることを意味する。この事実は決して青年の無規律さを示すものではなく、飽くまでも人格形成上における青年の可塑性の大きさを示唆するものであり、その意味において青年を一つの刻印的性格をもった世代として見るのは十分理由のあることである。まさに、「青年期までの社会化を基礎として始めて世代は社会的存在となることが可能になる[12]」のである。

　そこで次に、世代に対するこうした接近の仕方を、世代論として今一度検討に付してみよう。世代というタームのあいまい性、多義性、そして歴史被拘束性は、当然のことながら世代論自体のアイデンティティを不明瞭なものとしている。更にそのことが、実は冒頭でも若干触れたように、教育現象における世代の問題意識化、及び世代論における教育現象のとらえ直し作業に一抹の不毛性を投げかけることにもなっている。確かに世代論と称する論議がないわけではない。しかし早坂泰次郎もいうように、「世代論の学問的なとりあげ、その体系化は洋の東西を問わず、系統立ったものではないように見うけられる[13]」のが、実情であろう。なぜそうなのか。われわれはその理

由について、世代論自体を不用意に貶価することで安易に処理してはならない。例えば日高六郎は日本の戦後世代論を三つの系列に整理してみせるが[14]、そこでは世代という言葉のもつ重みが十分に意識されている[15]。問題なのは、確かに日本の戦後世代論は戦争責任とのかかわりでジャーナリスティックにとりあげられた経緯をもつが、論争の契機の余りの意表さに、かえって世代論がある種の偏向を経験せざるを得なかったことにある。つまり戦争責任などと結びついた世代論は、世代論としては危機的様相を帯びた一つの論議の具象化したものであって、それがすべてではない。ここに世代論の不幸が存在し、またそれ故にとりわけ日本の場合はいくばくかの学問的不毛さを招来したと考えられる。

　このことを、少しく敷衍してみよう。大野明男によれば、一般に社会学者のパーソナリティ論は、「静態的な分析にとどまり、自己形成のプロセスのような、いわば『時間的な機序』を十分に解明していない[16]」とされる。換言すれば、人間形成過程における最大の影響要因たる世代への正当な配慮が欠如しているとの指摘にほかならない[17]。この場合、彼の言葉の背後に実は次のような洞察が控えていることは当然に想起されてよい。すなわち彼は、「これまでの『世代』論議が、それぞれの世代に属する人の『世代的な自己主張』としてだけ展開されてきた[18]」とみている。こうした形での一種安逸なる自己主張は、更に早坂の目には逃避のための世代帰属意識として映じる。早坂によれば、「人びとは、内面化した意味体系の混沌、価値矛盾の不安から逃れるために、『世代』をもとめ、意識するのである[19]」。そしてこのことは、ともすれば個々人を世代の枠に押し込める危険性を有しているとし、「世代論的人間観には、一種の社会学的決定論がともなう[20]」と極言する。しかし早坂の言は曲解された世代論の横行を嘆くものではあっても、世代論の本質をとらえた上での論議としては、やや問題があろう。むしろ、「世代論それ自体が流行の思想になるといった日本の思想状態」（日高六郎）を不健康なものと見据えた上で、次のように解釈する方が正鵠を得ていると考えられる。「世代的実感は傍観者的無責任さから自分をときはなつテコになる。しかしその意味で世代的実感から出発するのは正しいが、解決の場所をそこに求めることはまちがっているだろう[21]」。ここで日高がいみじくも「世代

的実感」と表現しているものこそ、これまでの当該アカデミーがとかく避けてきた一契機であり、本稿で問題にしたい理由も、一つにはその契機のもつ発展的性格に着目するからである。そして更に言及すれば、世代論が社会的ポテンシャリティーを秘めた青年を主題とする際に至っては、日高のいう「世代的実感」への看過がただちに重大な意味を帯びてくるのである。この意味において、「一般的な青年世代論には青年の教育や社会化の問題についての視点が原則的には欠落している[22]」とする小林文人の指摘は一考に値する。

## 3 世代のメカニズム

　世代という概念に潜むターミノロジカルな生産性に気付いた上で、更にわれわれは世代の現象形態に一瞥を与えなくてはならない。その際、デービス(K.Davis)の論稿が有効な手がかりとなる[23]。図3は典型的な二世代のライフサイクルを示し、Generation-Ⅰ及びGeneration-Ⅱは、それぞれ親と子の世代を表すものと考えてよい。
　ところで彼は、現代西欧社会における親子間葛藤の原因を、ある種の定数と変数との相互作用に求める。その際に彼が定数として呈示するものは、家族の継起(the family's duration)と社会化度の逓減(the decelerating rate of socialization)であり、もっとも重要な変数としては、社会変動率(the rate of social change)である。家族の継起が存在するということは、つまり定位家族から生殖家族への移行が常に親子間の年齢差を現出することを意味し、また社会化度の逓

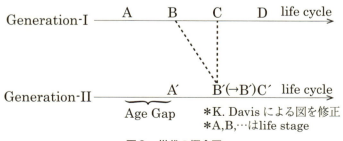

**図3　世代の概念図**

減が存在するということは、ライフサイクル上のある時期以降、個体の社会化されてゆく度合が確実に低下することを示し、したがって特定時点における親子間の社会化度には必ずギャップが生じることになる[24]。これら二つの定数に対して、当該社会固有の歴史が変動率として加味されることにより、両世代間の葛藤現出図式が描かれるわけである。ここで注目したいのは、デービスの次の言葉である。「或る一定の時期においてみれば、親と子は異なった発達段階にいるだけでなく、現在子が属している段階のとき親が得た（文化）内容が、現在子の獲得しつつある内容とは違ったものになってしまっている[25]」。このことは重要である。なぜなら一般にわれわれが世代のギャップを問題にする場合、ともすれば図の「C—B′」の関係を想起しているか、あるいは「C—B′」と「B—B′」との混同された関係を想起しているからにほかならない。もちろん、現実には「B—B′」の関係は間接的にしか存在しえないため[26]、常に「C—B′」の関係が世代差を評定する際の素材となる[27]が、しかしその操作は多大な注意を必要とする。つまりこの場合、到達した発達段階上の差（B段階とC段階との差）によるバイアスと、同じ発達段階時に体験した文化内容の差（B段階どうしの差）によるバイアスとが互いに相乗し合って、「いわゆる世代差」が現出するわけである。更に言えば、停滞社会では、BとB′がほぼ等しいため「C—B′」の関係が上述の意においてはさほど問題化しないが、急性変動社会（二関隆美）に至っては、概念の混同という実害をもたらすのである。しかしかかる概念の混同をしない限りにおいて、いわゆる世代の問題は一般にどのように扱われるのであろうか。この問いに答えることによって、世代のメカニズムを更に追求してみたい。

　先ず、図の「C—B′」関係を主たる世代関係とみる立場に即して述べてみよう。その際、基本的にこの関係に立脚していると思われるアイゼンシュタット（S.N.Eisenstadt）の説明を借りれば[28]、彼は年齢による人間関係のタイプが歴史的に変遷するものとして、一般に年齢異質的（age-heterogeneous）な関係から年齢同質的（age-homogeneous）な関係への変化を主張する[29]。前者の関係では家族や親族が社会の有力な単位であり、年齢に即応した役割配分が整然と為される。一方で家族や親族のような帰属的単位の役割が低下し、それに伴い業績志向型社会が到来するにつれて、後者の関係が一般化する[30]。

このようにみるとき、年齢異質的関係の優勢な社会では本来深刻な世代間葛藤は起こりえないはずである。なぜならそのような社会では、世代の差を巧みに社会体系の維持存続機能として組み込むことに成功しているからである。ところが年齢同質的関係が優勢な社会になると、ただちに世代差が問題となる。その重要な契機としては、個人や社会に対する観点の年齢差が挙げられる[31]。

ところで、アイゼンシュタットのタイプづけよりはるかに「C—B′」関係を強調する見方がある。そのもっとも簡潔な表現は、シェーラー（M.Scheler）にみられる。「年少世代にたいする年とった世代の位置は、つねに、一般的にルサンチマンの危険をはらんだ境遇である[32]」。つまり、「このごろの若い者は……」という年長者の嘆息めいた表現がいつの時代にも為されるように、若者への羨望が逆に怨念へと反転するメカニズムは歴史を超えたものであり、したがってそれは「C—B′」関係をよく表現しえていると考えられる。更にこの「C—B′」関係を、ドラスティックな例としてわれわれの前に呈示するものが実は学生運動である、というフォイヤー（L.S.Feuer）の仮説がある。「学生運動は世代運動である（A student movement is a generational movement.）[33]」と定義づける彼の分析は、一体どのようなものなのか。フォイヤーの場合、先のシェーラーによるルサンチマン解釈の線上に立脚するものではあるが、方向は逆である。つまりフォイヤーは、学生の側からの年長世代に対するルサンチマンを強調しているのであり[34]、学生運動にしばしば盛り込まれる若々しい愛の動機、崇高な理想の呈示は、実は「学生が父親に反抗することによってひき起こされるすさまじい恐怖を少なくしようとする[35]」ための補償にほかならない、とする。こうした彼の精神分析的（psychoanalytical）な解釈は、更に多くの学生運動をして、理想の放棄と現実への直面を強制させられる若者たちに特有な「放棄外傷（a trauma of renunciation）」の現れである[36]、とする。このようないわば世代間の葛藤を年齢差に基づく心理的枠組で解釈しようとする立場は、葛藤を育む歴史性よりも葛藤の普遍性を強調しようとしている点で、一応「C—B′」関係を世代現象の核と見ているものと考えられよう[37]。

一方、これに対して「B—B′」関係に主眼をおいた世代把握の立場はない

のであろうか。しかし、ある意味でそれは愚問である。なぜなら、今や古典の位置を占めるマンハイムの世代論はいわずもがな、もともと世代論なるものの本領はそこにあるからである。オルテガ（J.Ortega y Gasset）は、世代を「歴史が回転する枢軸[38]」とまで言い切る。言うまでもなく、世代の連鎖という現象には社会の維持発展を前提とした上での文化伝達が伴い、しかもその過程は特定の歴史的脈絡のうちに、時に平穏に、時に劇的に進行する。ここに言う文化伝達は、個人のパーソナリティ次元に焼き直せば社会化とほぼ同値であるが、いずれにせよこの過程はライフサイクル上のある時期、つまり青年期までに最高の密度をもって推移する。もっと言えば、そのような生成しつつある世代のもつ可能性はつとにアカデミー、とりわけ社会学の対象であったのである。マンハイムが知識社会学的観点から世代に着目したのは、シェルスキー（H.Schelsky）流に言えば飽くまで「社会の側からみた」世代論へのアプローチではあったにしても[39]、そのような社会学からのアプローチのうちに教育学的視点がまったく読みとれないわけではなかろう。否、それどころか例えば新睦人による世代研究の大義名分づけにおいては、教育を社会学的に究明するための示唆が十分うかがえる。彼は言う。「我々が世代を研究する事の意味は、それぞれ独自な文化に支えられた歴史の主体の一つとして、その全体社会構造に参加する未来的可能態を、社会の実質的脈絡で位置づける事にある[40]」。まさに、彼のいう「未来的可能態」が、それぞれに歴史の中をくぐり抜け「今日的現実態」になることこそ、人間形成そのものではないだろうか。

　ところで、指摘しておきたい一つのポイントがある。高原健吉はそれを世代概念の発生を問う文脈中で、いみじくもこう語る。「世代の概念は……〈歴史的には客観的事実というものはない〉という認識から……起こっているのだ[41]」。これは一片の真理を突いている。世代論の流行を日高が嘆き、世代論にことよせた安易な自己主張を大野が突き、更には世代論への逃避を早坂が指摘するのは、すべて高原のこの含蓄ある洞察と深い結びつきをもつ。しかし今は、その点についての詮索をする余裕はない。それよりもここで重大なことは、とりわけ疾風怒濤の時期たる青年期にその人間の認識・行動様式の鋳型が形成され、しかもそのことが一つの「世代感覚[42]」として刻印づ

け (imprint) されるという事情である。そしてそのような経緯が高原のいう内実としばしば結びつくとき、われわれは単なる年齢差や心理的メカニズムに基づく世代間葛藤とは異質な「世代間葛藤」を想定することができる。実は、それが本稿でいうところの「B─B′」関係の実体なのである。日高が「世代的実感から出発するのは正しい……[43]」と指摘した点を先に評価したのは、かかる意味合いからであった。この「B─B′」関係の具体例としては、典型的にはアイゼンシュタットも指摘するドイツ青年運動が挙げられるであろう[44]。もちろん青年運動には様々な形態があり、それらすべてを「B─B′」的世代運動とみなすわけではない。しかし、「世代の問題は……社会運動や精神運動の構造を理解するためには、欠くことのできないひとつの指標[45]」であり、また「青年運動の正しい理解は、それをその運動が進行した社会の社会変化の文脈のなかでとらえることによってのみ得られる[46]」のである。つまり世代の対立を、「古い思想に対する新しい思想の対立[47]」として見ることができるという点で、ドイツ青年運動はここでいう典型であると思われる。

## 4 まとめ

　以上の考察は、世代の問題を構成する中心点が、多くの場合に世代間の断絶であり[48]、そしてそこから生じる世代間の葛藤であるという前提に基づいている。しかしその葛藤の内実はすでに見てきたとおり、実は理念的に抽出される二つの関係（「C─B′」及び「B─B′」）から成立している。そしてそれらの関係のバランス度に応じて、世代間の葛藤も様々な様相を呈する。具体的な例でいえば、一方の極には末尾**注37**でも触れているように高度にコーディフィケートされた科学の世界で展開する世代現象から、他方の極には生活体験知に基づく社会意識の次元で生じる世代現象に至るまで、多種多様である。つまり世代現象はそれがどのような問題領域[49]をめぐって展開しているかによって、当然それに対する理解のされ方が異ならねばならない。

　このことは、教育実践の場を想定するとき重要となってくる。青年に対処する親の場合を端的にイメージすれば、例えば本来心理的理由あるいはルサンチマンなどに起因する葛藤を、単なる親子間のキャリアの差に由来する葛

藤として処理しようとするケースがある。逆にキャリアの差に主として起因する葛藤を、単なる個体発達上の差による葛藤として処理しようとするケースもあろう。もともと人間は、葛藤をできるだけ避けたいとする本性をもつ。上記の二つのケースでは、葛藤の根源が問われることなく、逆に回避できない葛藤が安易に仮想され、したがって時として不合理な対処を蒙るという経路をしばしばたどる。しかもその際仮想された葛藤は、両ケースで異なる原因に基づくにもかかわらず、いずれの場合も「いわゆる世代差」として片づけられる。昨今、世上かまびすしく論ぜられる親子の断絶の一因は、このような点にあるのではなかろうか。

先の図3を今一度参照したい。今は政治的にも、文化的にも激動の時代である。つまり、歴史の推移が加速度的に進行しているわけである。とすれば、「C―B′」関係が本質的にコンスタントな世代差を意味するのに対して、「B―B′」関係は確実に拡大してゆく世代差を示す。加えてエリクソン（E.Erikson）のいう心理社会的モラトリアム（psychosocial moratorium）によって青年期が延長されるということは、B′がC′にいびつな形で延びることに等しく、当然、「B―B′」的世代差の拡大に拍車をかけることにもなる。このことは、世代の継起を通じて社会的未成熟者を育むという人間特有の役割行為[50]を阻害する方向に機能する[51]。もちろん、歴史を変えることと世代論は直接には無関係である。しかし歴史が変わることと世代論は、有機的に結びつかねばならない。そしてそのことによって、「各世代が相互に鏡となって徹底的な自己認識をし[52]」、もって激動期における教育の一助たらねばならない。

（注）
1　細谷恒夫、「教育に於ける『世代』の問題」東北帝大文学会編『文化』第9巻第4号、1942年、293頁。
2　三木清、「文学における世代の問題」大内兵衛ほか編『三木清全集』第11巻、岩波書店、1967年、252頁。オルテガ、（生松敬三訳）「哲学とは何か」『オルテガ著作集』6、白水社、1970年33頁。
3　三木清、前掲書、253頁。
4　W.Dilthey,"Über das Studium der Geschichte der Wissenschaften vom Menschen, der Gesellschaft und dem Staat",'Gesammelte Schriften Band V（2Auflage）', B. G.Teubner, 1957, S.37.

5 青井和夫、「青年社会学」福武直ほか編『社会学辞典』、有斐閣、1958年。
6 高坂正顕、「思想史の方法概念としての世代の概念とその取り扱いについて」武田清子編『思想史の方法と対象』、創文社、1961年、56頁。
7 K.ケニストン、(高田昭彦ほか訳)『青年の異議申し立て』、東京創元社、1977年、55頁。このほか、1世代10年説については、次を参照。大野明男、『世代論』、三一書房、1975年、139頁。
8 米山俊直、「世代の自然史的な考察」『思想の科学』、1966年1月、40頁。
9 橋本敏雄、「戦後世代論をめぐる思想状況」濱島朗編『現代青年論』、有斐閣、1973年、284頁。
10 K.マンハイム、(長谷川善計訳)「現代の診断」、樺俊雄監修『マンハイム全集』5、潮出版、1976年、306頁。ただ、シェルスキーに依れば、マンハイムの一連の当該論文は、青年社会学的観点(der jugendsoziologische Aspekt)を超え出た、いわば全体社会的観点(der gesamtgesellschaftliche Aspekt)に立脚するものであり、その意味でマンハイムの青年論は政治社会学であるとみている。Vgl., H.Schelsky,"Die Skeptische Generation", Eugen Diederichs Verlag, 1957, S.26ff.
11 日高六郎、「世代」、『図書』、1968年1月、8頁。
12 斎藤耕二、「社会化の連続と不連続」斎藤耕二・菊池章夫編著『社会化の心理学』、川島書店、1974年、289頁。
13 早坂泰次郎、『世代論』、日本YMCA同盟出版部、1967年、22頁。
14 戦後世代論の三つの系列として、彼は次のように整理する。①知識人のあいだで展開された世代論、②風俗的世代論、③民衆の生活と感情とイデオロギーの中の世代的断層論、日高六郎、「世代」岩波講座『現代思想』XI、岩波書店、1957年、127頁。
15 彼は言う。「世代論争の中心は、戦争責任、そして転向という知識層にとって最も切実な問題に、多かれ少なかれ、関連している」(日高六郎『現代思想』XI、128頁)
16 大野明男、前掲書、185頁。
17 大野明男、前掲書、141頁参照。
18 大野明男、前掲書、37頁。
19 早坂泰次郎、前掲書、50頁。
20 早坂泰次郎、前掲書、53頁。
21 日高六郎、『現代思想』XI、131頁。
22 小林文人、「青年期をどうとらえるか」『教育社会学研究』第22集、1967年、12頁。
23 K.Davis,"The Sociology of Parent-Youth Conflict", ASR, Vol.5 No.4, 1940, pp.523 — 535.
24 しかし親子間の年齢差は、相対的には一定ではない。つまりそれぞれが年齢を重ねるにつれ、年齢差のもつ意味が徐々に低下してくるからである。また社会化度の逓減についても、とりわけ青年期以降は、両者の葛藤を徐々に少なくする方向に作用する。K.Davis, ibid., p.525.
25 K.Davis, ibid., p.524.
26 厳密に言えば、「B—B′」の関係は、「B—C—B′」の合成された関係として存在する。
27 なおこの点に関して、世代分析の実態調査をする上で留意すべき点は次を参照。児島和人・秋山登代子、「世代ギャップの構造」『NHK放送文化研究年報』17、1972年、53頁。

28 彼が端的な例として「ドイツ青年運動」を引き合いに出している点からすれば、「B―B′」関係も十分射程に入っていると推察される。S.N.Eisenstadt,'From Generation to Generation', Free Press, 1956, p.33.
29 S.N.Eisenstadt, ibid., p.43.
30 なお彼は年齢同質的関係の生じる理由として、帰属的地位に基づかない役割配分が行われることと共に、家族構造が若者の役割を抑制し引き延ばす点も指摘している。S.N.Eisenstadt, ibid., pp.54-55.
31 S.N.Eisenstadt, ibid., p.32-33.
32 M.シェーラー、「道徳形成におけるルサンチマン」、(秋元律郎・田中清助訳)、『マンハイム　シェーラー　知識社会学』現代社会学大系8巻、青木書店、1973年、231頁。
33 L.S.Feuer,'The Conflict of Generations', Basic Books, 1969, p.25.
34 L.S.Feuer, ibid., Preface viii.
35 L.S.Feuer, ibid., p.38.
36 L.S.Feuer, ibid., p.33. ただしフォイヤーによれば、かかる心理的メカニズムが現象として生起するには、社会的政治的状況の触媒が必要であると言う。cf. L.S.Feuer, ibid., p.38.
37 このように、学生運動を世代闘争として見立てる立場は一応認められる(ほかに、例えば、副田義也、「世代と世代文化」、副田義也ほか著『現代社会学』NHK市民大学叢書33、日本放送出版協会、1975年、157頁)。しかし、それを純然たる「C―B′」関係としてのみ割り切ることには異論があろう。また、本稿の文脈とは若干それるが、マートンはこうした「C―B′」関係を相対的年齢(relative age)なる概念によって表し、学界の評価制度(referee system)を論じている。cf. R.K.Merton,'The Sociology of Science', The University of Chicago Press, 1973, p.543. 更に、グールドナーも同様な見地から、知識人特有の負け犬(under-dog)的観点について論じている。cf.A.W.Gouldner,'For Sociology', Allen Lane, 1973, pp.42-44.
38 J.オルテガ、(井上正訳)、「現代の課題」『オルテガ著作集1』、白水社、1969年、185頁。
39 Schelsky, H., a.a.O., S. 26.
40 新睦人、「世代の概念」『ソシオロジ』、第9巻第2号、Vol.29、1962年6月、76頁。
41 高原健吉、「占領と世代」思想の科学研究会編『共同研究日本占領』、徳間書店、1972年、160頁。
42 松下圭一、「戦後世代の生活と思想(上)」『思想』、岩波書店、1959年7月、12頁。
43 注21参照。
44 注28参照。
45 K.マンハイム、(鈴木広訳)「世代の問題」『社会学の課題』マンハイム全集3、潮出版、1976年、167頁。
46 豊沢登、「青年の問題性」豊沢登・平沢薫編著『青年社会学』、朝倉書店、1953年、38頁。
47 高坂正顕、前掲書、38頁。
48 児島和人・秋山登代子、前掲書、52頁。
49 その例としては、同上書、97-99頁。
50 清水幾太郎、「世代の役割」岩波講座『教育』第7巻、1952年、8-9頁。

51　しかし二関も言うように、世代間葛藤が必ずしも顕在化するとは限らない。二関隆美、「青年文化の問題」『大阪大学人間科学部紀要』Vol.1.1975年、225頁。
52　塩原勉、「青年問題への視覚」『社会学評論』第22巻第2号、1971年、5頁。

# 第4章　教育論争のリアル

## 1　教育の何が問題か

　今、教育論争がホットである。学力問題やゆとり教育の是非論まで、政治的な動きと絡めて多くの論者が教育について考える状況がうかがえる。しかしもともと教育論争は、学校教育の世界や教育学関連学会での論争として、限られた人々の間で議論がなされてきたものである。戦後の代表的な教育論争として教育科学論争、集団主義批判論争、教科書検定論争、教育現代化論争、初任者研修論争、学校週五日制論争などが挙げられるが[1]、いずれも学校教育という現場での教育のあり方をめぐる批判と反批判の応酬であった。戦後の東西対立下でのイデオロギー論争に引き摺られた論争、あるいは学校教員という職に限定された論争という意味では、社会全体の広範な関心を集めるホット・イシューには成り得ないものであった。

　一転して今日の教育論争の特徴は、狭い学校教育の世界での展開というよりも、政治・経済・社会の各層からの論者が多く参加し、もとより一般大衆の教育的関心を幅広く喚起するという状況で進行している。もちろんそこには、新聞、テレビ、雑誌、インターネット等、マスコミの果たす役割も大きい。大衆の関心事であるからマスコミが取りあげる、取り上げるから大衆が注目するという、ヒートアップ・メカニズムも無視できない。

　ただ現在の日本で多くの関心を集める教育論争が、そもそも一体どのようなものであり、論点の整理がどのようになされようとしているのか、必ずしも明確ではない。関連する電波情報・活字情報・電子情報を、果たしてどれだけの人が丹念に追い、的確に理解し判断にまで至っているかは疑わしい。もしそうであるとするならば、教育の重要性からして、それはそれで問題と

せねばならない。ここではそのような問題意識から、まず教育論の性格について確認し、それが現在どのような方向に向いているかを探ってみよう。

教育は誰もが教育者として、そして被教育者として実体験を持つ営みである。子どもがいない大人も、職場等で若い世代に対する教育的立場に置かれるのが普通である。そもそも教育論は、すべての人間が議論に参加可能なテーマなのである。その点で教育論は、本質的に百家争鳴、議論白熱の要素をはらんでいる。さらに議論を複雑にさせる要因として、当事者の年齢、置かれた時代背景、子どもの有無[2]も無視できない。別な観点では、教師としての立場、保護者としての立場、教育行政に携わる者としての立場、教育ビジネスの利害関係者としての立場、そして何より子ども自身の立場も想定できる。もちろんそこに、教育政策や教育行政という形で、具体的な制度的アクションがなされ、法律やそれに準じた慣行のもとで教育の大枠が方向付けられている。さらに家庭教育、社会教育などの学校教育外での教育も、生涯学習時代を迎えての教育論を深めていく要因となる。

このように誰もが参画できそうな教育論であるが、それは同時に誰もが満足できる結論を得難い宿命をも有している。なぜなら教育はきわめて人間的な営みであり、種としての高等動物たる人間が世代を超えて受け継いできた崇高な使命であると同時に、制度的には近代市民社会が獲得した社会的権利でもあるからである。そこには、教育にどう関係するかは別として、価値観や人生観といったアナログ的な要素が多分に入り込む世界が見て取れるのであり、このことが教育論を一層複雑にさせている。

では今日の日本で、教育論争は何をめぐって展開しているのであろうか。教育にかかわるテーマが多彩に存在する中で、現在多くの人の関心を集めている問題は、ゆとり教育の是非と学力低下への危惧が２大争点と位置づけられるであろう。もちろんこれらの争点は、相互に関係しあっているという意味では、「ゆとりか学力か」という教育論に収斂するものでもある。いずれにせよ、ゆとりと学力の問題は上は政策当局から下は個々の親子に至るまで、幅広い関心事となってすでに長い論戦が繰り広げられているテーマである[3]。ただこの問題も、ゆとり教育とは何か、あるいは学力とは何かという基本的な部分において、必ずしも共通理解があるわけではなく、そこにも教育論争

自体のアポリアが見え隠れしている。

　例えば元文部科学省官僚の岡本は、ゆとり教育が生んだとされる「ゆとり」が、現実には「ゆとりではなかった」と述べている[4]。つまりゆとり教育と称して「教育内容の3割削減」を導入したけれども、同時に「授業時数の2割削減」も抱き合わせで行ったため、実質的なゆとりは1割程度であったわけで、世間の反応とは異なり現場感覚ではゆとりといえるほどのものではなかったことになる。岡本はさらに付け加えて、ゆとり教育が学力低下の原因とされているが、事態はむしろ逆で「ゆとりが実現されなかったこと[5]」が原因と言う。一方で、学力の中身についても混乱が見られる。学問的な定義は措くとして、一般的に学力とは学校教育カリキュラム上の主要教科にかかわる知識や理解の能力である、と長い間考えられてきた。しかし1989年の学習指導要領改訂に際して、文部科学省は新しい学力観を打ち出すに至り、教科全般についての関心・意欲・態度を学力の中心と位置づける方針に転じた。まさに、「新しい学力観」である。そもそもゆとり教育により低下したとされるいわゆる学力は、「古い学力」なのであろうか、それとも「新しい学力」なのであろうか。ゆとり教育が、その本質上「新しい学力」を目指しているとすれば、「古い学力」にこだわる必要は薄いとも思われるが、事態展開の印象は逆である。このようにゆとり教育にしろ学力観にしろ、大きな話題性のあるテーマでありながら、言葉の共通理解は十分なされているとは言いがたい。

　ここで「ゆとりか学力か」という争点について、少し考えてみよう。この問題は別な表現をするとすれば、「人間形成か学力形成か」という選択にもなる。もちろん人間のあり方のことであるから、二者択一はあり得ない。バランスや程度の問題と理解する必要がある。そうした場合、この問題は個々の親子レベルの教育観としては多種多様に引き取られて、各家庭で具体的な教育模様が展開されていくであろう。しかし国家レベルの教育政策としてみると、事は簡単ではなく、財政的・時間的制約もあり「あれもこれも」ではなく、程度問題はあれ「あれかこれか」の政治選択を迫られるのが現実である。事実、戦後の教育政策を振り返ってみても、「ゆとりか学力か」は時代の推移とともに微妙なバランスで揺れ動いてきたといえる[6]。その都度、政

策のブレに多くの国民も左右され影響を受けてきたとすれば、「ゆとりか学力か」問題はやはり戦後日本の教育論争における一大争点であったことに異論は無かろう。

　この流れで言えば現在の「ゆとりか学力か」論争は、どのような立ち位置にあるのであろうか。筆者の見るところ、21世紀に突入した今、「ゆとり」時代から「学力」時代への新たなシフト転換が行われようとしている兆しを看取できる。しかしそれは1960年代のキャッチ・アップ型教育を目指すような単純なものではなく、非常に輻輳した複雑な動きを伴うシフト転換である。すなわち1960年代当時の動きは、高校進学率や大学進学率の急上昇に象徴されるように、まず教育政策が財界の後押しを受け強力に推し進められたこととして指摘できる。と同時に、大多数の国民の進学アスピレーションが根強い底流としてあったことを抑えておく必要がある。

　再び、では現在のシフト転換の動きはどのように理解できるのであろうか。「古い」「新しい」はともかく、学力への見直しを呼び込む教育論争が、広範な声を糾合しつつ繰り広げられつつある状況、と把握できよう。しかし注意しておくべきことは、ゆとり教育が学力低下をもたらし、ゆとり教育を見直すことによって学力向上を目指すという単純反転図式を、今日の論争に当てはめることができるかという問題である。確かに国際的な比較による学力低下報告も、いろいろとなされている[7]。また大学生の学力低下を指摘する研究結果も少なくない[8]。まさに初等教育・中等教育・高等教育を通しての学力低下は、今や覆いがたい現実である。この事態打開への国民的期待が、「ゆとりか学力か」を「ゆとりから学力へ」に収斂しようとしているのであるが、そもそもの学力定義論、学力形成メカニズムの見極めが混迷している中で、この論争へのアプローチには多くの論者、多様なスタンスが相互に批判・反批判を応酬しながら並立していると思われる。原田は、一部こうした状況を「子ども不在の教育論争」と述べて、時として矮小化され本質構造論に迫れない議論として批判している[9]。そのような動向のさなか、2006年秋に総理の私的諮問機関として教育再生会議が発足し、また教育基本法の改正、そして教育改革3法案成立への動きが極めて政治的な次元で経過した。そのことの是非は別にして、この政治的動きは「ゆとりから学力へ」論争とは異

質の性格を持っており、官邸主導のいわゆる新自由主義路線に連なるものとして理解すべきである。かくして教育論争は、教育プロパーでのオーソドックスな「ゆとりから学力へ」論争に、さらに政治色の濃い教育政策論が加わる形で複雑な展開を辿ってる。

## 2 教育政策をめぐる動向

　ここで今日の教育論争の背景となっている動きを、政策レベルを中心として確認しておく必要があろう。その場合この教育論争においてゆとり教育の是非が主要論点であるという観点から、1977年の学習指導要領改訂以降を振り返ることとする。
　高度経済成長期を舞台として目覚しい進学率アップを実現したそれまでの教育は、受験戦争というネガティブな副産物を産み、いじめ・不登校[10]・校内暴力という教育病理が社会問題化した。この問題に対処する目的で1977年に学習指導要領改訂が行われ、教育内容の精選と授業時数の削減が打ち出され、いわゆるゆとりと充実の学校教育がスタートした。ゆとり教育がいつから始まったかについては、実はいろいろな見方がある。1989年の学習指導要領改訂に伴う「新しい学力観」が実質始動開始した1992年に求める見解もあるが、ここではゆとり教育の経緯を知る上でも1977年を始期とする見方をとる。
　1970年代の日本は2度のオイルショックもあり、一転して低経済成長期に入るとともに産業界の人材育成観にも変化が見られるようになった時期でもある。すなわち1960年代末から1970年代初頭にかけての大学紛争や高校紛争により、財界・産業界のみならず多くの国民に教育への失望感が醸成された。特に財界あたりの危機感は相当なものであり、折からの経済グローバル化の兆しも視野に、画一主義的で個性の無い日本的学校教育の見直しが俎上に乗せられるようになる。すでに明らかであった少子化傾向も、人材の有効活用という観点から、財界を中心とする実業界・産業界の目を教育改革に向けさせることになった。戦後日本の教育政策を見た場合、文部省など政策当局の主導でもっぱら計画実施されてきたというよりも、政党間のイデオロ

ギー論争に基づくパワー・ポリティックス、あるいは隠然たる影響力を保持している財界の働きかけ、これらによるところが大きい[11]。その時代時代によってこの政策形成の構図は微妙に変化するが、1970年代末以降で見れば、事の重要性認識の観点から見ても、財界サイドの影響力行使は強力であったといわねばならない。

例えばこの前後、財界から出された教育関係の提言としては、「多様化への挑戦」(経済同友会、1979)、「行政改革——今後の文教政策に望む」(経済同友会、1982)、「創造性、多様性、国際性を求めて」(経済同友会、1984)、「学歴問題について」(日経連、1986)、「社会と企業の求めるこれからの人材」(経済同友会、1986)、「経済・産業構造の新たな展開に対応するための雇用・人材養成問題について」(経団連、1989)、「新しい個の育成——世界に信頼される日本人をめざして」(経済同友会、1989) などが精力的に出されている。これらのタイトルからも伺えるように、財界の真意は、従来からの画一的尺度による学歴競争下では産業変革期に耐え得る人材が育たないとし、生涯にわたって利用可能な柔軟な教育制度のもとで、しかも創造的個性の開発を期待するものであった[12]。

当初、財界のこうした教育提言や各種審議会を介しての働きかけに対し、文部省は冷ややかであった。受験教育の弊害打破については、学習指導要領という告示レベルの法的裁量で対応はするものの、財界が求める個性化・多様化への政策的転換には制度的変革が伴うこともあり、及び腰であったというのが実情である。しかし1974年に高校進学率が90％、1980年には94％を超えるようになり、特に中等教育での画一的教育がもたらす機能不全は誰の目にも明らかであった。

そうした中、戦後政治の総決算を掲げて登場 (1982) したのが中曾根首相であった。彼はほぼ同時期に登場したサッチャー首相 (1979) やレーガン大統領 (1980) の新自由主義政策に共鳴しており、日本の教育の閉塞状況打開のためには抜本的な教育改革が必要との認識の下に、臨時教育審議会を発足させた。臨教審の基本的方向は、新自由主義に連なる教育の自由化であり市場原理の導入であった。委員として参加した財界代表者たちも、かねてからの主張を展開した。しかし中曾根首相の強力なリーダーシップで進められた

臨教審ではあったが、文部省当局は急激な自由化政策による混乱を危惧し、穏やかな政策転換への方向、つまり臨教審のソフト・ランディングを模索した。その結果が、臨教審の最終答申であった（1987）。そこで謳われたのは、華々しい自由化路線からはトーンダウンしたものの、新しい時代にふさわしい「個性化」「生涯学習化」「国際化」「情報化」の理念であった。

　臨教審の答申を得た1980年代後半以降も、教育現場での問題状況は収まる気配はなかった。不測の事態が起きれば管理の強化、管理を強化すれば事態の沈静化へと映じるが、それは表面的な解決であり根本的な改善には程遠いものであった。いじめ・不登校・校内暴力に加えて、学級崩壊・学力低下が各地の現場報告として社会問題化するようになったのは1990年前後である。教育病理は根絶されるどころか、深く進行していたのである。

　文教政策担当という役所の性格もあってか、保守的な政策対応が特徴である文部省が、1989年の学習指導要領改訂において旧来の学力観を大幅に見直すに至った。いわゆる「新しい学力観」の登場であり、ゆとり教育のさらなる本格的導入である。これは言うまでも無く臨教審答申に沿うものであり、同時に教育病理対応に向けた起死回生の政策転換と位置づけられよう。時あたかも昭和天皇の崩御（1989）、ベルリンの壁崩壊による東西雪解け（1989）、日経平均株価の大暴落（1990）、湾岸戦争勃発（1991）、細川・非自民連立内閣発足（1993）と打ち続く、まさに激動の1990年代突入という時期でもあった。それまでの旧態依然たる文教政策の限界を、時代の変転とともに政策当局が感じ取った結果と見ることは不自然ではない。

　1991年4月には、第14期中央教育審議会答申「新しい時代に対応する教育の諸制度の改革について」が出され、高校教育の改革、受験戦争の緩和、生涯学習への対応等が斬新に提言されている[13]。その後も中央教育審議会は精力的に答申を行い、「21世紀を展望した我が国の教育の在り方について（第1次答申）」（1996）、「同（第2次答申）」（1997）、「今後の地方教育行政の在り方について」（1998）等において、21世紀の新しい時代を見据えた提言が続き、これらを受け必要な法律化や政策誘導が行われてきた。

　しかし1990年代は文部省が想定する以上に、グローバルな教育環境は大きな変革の渦に巻き込まれていた。すなわちバブル崩壊後の経済情勢悪化は、

もとより社会の閉塞感を掻き立て、子どもを含めた多くの国民に夢を失わせていった。特に経済界は長期停滞トレンドに入り、人材選別の観点から差し迫った対応を余儀なくさせられることとなり、人材養成機関としての学校教育への眼差しも一段と厳しくなった。加えて1990年代は東西イデオロギーの対立が消滅し、地球規模での資本主義化が一挙に進み、いわゆる経済のグローバル化・ボーターレス化が現実のものとなり、その結果人材の国境を越えた移動、いわゆる雇用の流動化が加速化するに至った。先ず日経連は1995年、有名な「新時代の『日本的経営』——挑戦すべき方向とその具体策」を世に問い、労働力の人材選別と適材適所を強く主張した。学校教育が実質的には人材輩出機能を担っているとすれば、これは間接的には教育政策当局への投げかけであったとも見える。事実、財界各団体はこれと呼応するように教育提言を次々と発表した。代表的なものを挙げれば、「学校から『合校』へ」(経済同友会、1995)、「創造的な人材の育成に向けて——求められる教育改革と企業の行動」(経団連、1996)、「『学働遊合』(がくどうゆうごう)のすすめ」(経済同友会、1997)、「企業の求める人材と今後の教育改革」(経団連、1998)などがある。中でも文部行政への痛烈な批判となったのは、財界の意を汲んだ組織である（財）社会経済生産性本部の「選択・責任・連帯の教育改革——学校の機能回復を目指して」(1999)である。そこでは文部省主導のゆとり教育、生きる力[14]、心の教育[15]が徹底した批判にさらされ、自由主義原理に基づく教育制度改革の必要性が求められている。

　2000年になると、首相の私的諮問機関である「教育改革国民会議」最終報告で、①人間性に富む教育の実現、②才能と創造性のあるリーダー育成、③新時代にふさわしい学校支援体制の実現、の3視点が指摘され、これを受けて文部科学省が翌2001年に「21世紀教育新生プラン」、2002年に「人間力戦略ビジョン」によって具体的な教育改革手順を示すこととなる。この頃になると、「確かな学力」・「心の教育」・「学校評価」・「奉仕活動」・「個性輝く大学づくり」などのキイ・ワードが各種教育改革理念に散りばめられ、新自由主義的国家政策の下での教育政策という色彩が明確化してくる。自由化の名の下に教育制度の規制緩和が促進され、また地方分権の旗の下に教育権限の地方委譲が進められてくる。2001年の小泉内閣誕生以降は、自由競争

による活性化、「官から民へ」をスローガンとする新自由主義が一層推し進められ、国立大学の法人化が現実のものとなった。

2006年秋、小泉首相退陣を受けた安倍新首相は、教育政策にことのほか思い入れが深く、戦後レジームからの脱却の一環で、教育再生にかける意気込みは小泉前首相をはるかにしのぐものがあった。一方で、小泉内閣以来の過度の自由化が無規範・無軌道・無責任体質を招来しやすい懸念も以前から指摘されているところであり、教育政策上での配慮も着実に行われていた。その象徴的動きが、教育基本法の改正である。すでに2003年、中央教育審議会答申「新しい時代にふさわしい教育基本法と教育振興基本計画の在り方について」でその方向が示され、教育政策というよりも国家的政治課題として規定路線をたどっていくこととなる。この教育基本法は2006年末に成立したが、第17条「教育振興基本計画」の新設導入は教育政策の施行を改正前以上に運用しやすいものにすると同時に、本体の教育基本法も「心の教育」を第一義的に念頭に置いたものであることは明白である。言い換えれば、新自由主義的教育政策にふさわしい根本法としての性格を持たされた法と言えよう。

その後安倍首相の私的諮問機関として設置された教育再生会議は、与党・文部科学省・中央教育審議会・規制改革会議等との関係が不透明な部分があり、17人のメンバーも意見は極めて多岐に渡っていた[16]。教育改革が焦眉の急となっているとはいえ、教育再生会議の提言の中身と同時に、その政治的な扱われ方も注目の的となっていた。ただ学力低下を危惧する声に対しては、2008年に学習指導要領改訂の政策対応で応え、世間的な受け止めとしては「ゆとり教育返上」と目されるほどの大きな舵を切った。その後、民主党政権の数年を経て第2次安倍内閣となるに及び、再び新教育基本法路線の更なる徹底が模索されている。

## 3 教育論争の構図

以上のように「ゆとりか学力か」という基本論争に、さらに新自由主義的な考え方が政治的な要素として加わり、教育論争はますます混迷の度を深め

ている。そこで以下では昨今この問題で精力的な発言をしている論者を取り上げ、具体的な争点を浮き上がらせてみたい。

　先ず最初に、「ミスター文部省」と称され「ゆとり教育」の旗振り役であった寺脇研[17]の教育観を見ることにする。もちろん彼はかつて文部官僚の一人であり、彼一人の思いで教育政策を動かす立場ではない。しかし彼の経歴をみると、若かりし頃、臨時行政調査会（土光臨調）の事務局出向であったことは特筆すべきである[18]。なぜならこの臨時行政調査会の教育版がその後の臨時教育審議会にほかならず、教育の個性化・生涯学習化路線につながったと見られているからである。彼がその後、生涯学習関係の課長職を歴任し、ゆとり教育の推進に尽力したのは役回りとはいえ当然であった。

　「ゆとりか学力か」という判断で言えば、臨時教育審議会の結論は明らかに「ゆとり」であった。画一的・詰め込み教育が学力本位のスタンスであることは明白であり、バランスのある人間形成を重視する立場からはそのスタンスを見直すことに行き着く。その結果がゆとり教育への舵取りとなったのは、当然の帰結である[19]。では学力の維持・向上について、寺脇はどのように考えるのか。彼の見方では、それまでの詰め込み教育が個性の多様性を見ず、一律に知識の押し付けを強要してきたことが、いじめや不登校や校内暴力などを引き起こし、さらには学習意欲の減退を促進させていたと見る。この論法で、求める学力水準をある程度低下させ、ゆとりある環境の中でそれぞれの個性に応じて学習すれば、そこから前向きな関心・意欲・態度がつくられるはずだと説く。特に義務教育段階では潜在的な能力も未知数であり、発達段階や性格などの個人差もあり、要求水準をあまり高くせず、従って学力へのプレッシャーをできる限り抑制しながら、子どもの自発的な学習意欲の向上を待つという姿勢である。ゆとり教育導入によって、教師は教えるのではなく、支援する立場であるとされたのは、けだし当然である。寺脇自身の言葉を紹介しておこう。「……小・中の段階で詰め込みをやめて、勉強が嫌いにならないようにもっていく。『勉強をしてみたい。何か新しいものを知りたい。分かりたい』という気持ちを持ってもらう方向で力を注いでいる。そういう気持ちを持った子どもたちが高校に入ってくれば、高校でも『何かを知りたい。何かできるようになりたい』という気持ちを持てるだろうとい

うやり方です[20]」。

　寺脇は学力の引き上げに消極的だ、ということではない。学力を引き上げる手法として、ゆとり教育を活用するという考えである。教育の個性化とは、そのようなものとの認識である。その意味では、彼は臨時教育審議会の方向付けに忠実である。実は臨時教育審議会の当初の議論は、個性化ではなく自由化であった。自由化路線を極端すぎるとして、文部省サイドが落としどころとさせたのが個性化路線であった。その意味では教育の自由化を求める新自由主義論者からすれば、ゆとり教育は中途半端に映る。なぜなら、教育界といえども市場原理を徹底することでこそ、競争が生まれ学力の向上も期待できると思われるからである。

　経済財政諮問会議委員でもあり経済の市場原理を強く主張する八代尚弘は、その点を突く。これについて八代の見方は、こうである[21]。すなわち義務教育が市場原理になじまないはずはなく、現在の義務教育でも市場原理に委ねられており[22]、一部の公立学校不満組は自己負担で私立学校に流れているとする。しかしこうした中途半端な市場主義ではなく、制度的に自由競争の仕組みを整えて公立・私立を競争させることにより、機会均等や公平な教育にもっと近づくという。こうした教育の自由化論者が言う「ゆとり教育の中途半端性」とは、一体何か。それは、現行の社会的慣行を基本的に維持しつつ学校教育だけをゆとり化させても、社会の中での進学や学習へのインセンティブが変わらない限り、子どもの意欲に質的変化は期待できないということである。ある意味で八代の自由化論は現実的である。八代は、ゆとり教育に満足するはずの無い親子の心情を、次のように表現している。「確かに、小中学生が遅くまで塾通いをすることは望ましいことではないが、それは人々が望む大企業等への就職が大学卒業時にほぼ限定され、その選抜に有名大学等の学歴が依然、有利という認識に基づく日本的雇用慣行から派生する問題である。そうした人々のインセンティブを決める要因が大きく変わらない中で、学校教育だけがゆとり教育で、生徒とその保護者の意識を改革するという消費者不在の政策は、あえて私立学校や学習塾等への需要を強めるという形で、消費者から大きな反発を受けている[23]」。

　もちろん教育の自由化を語るときのキイ・ワードは、自己責任である。子

どもの学習意欲を喚起するには、さらに教育の質を向上させるには、自由競争のための均等な機会を確保するのは当然であり、その結果についての自己責任を問うルールの確立が肝要となる。分かりやすくいえば、学習へのモティベーションを高めるには自己責任を問うのが効果的であり、そのためには公教育を中心とした選択の自由とそのための競争環境を整えるべきだという理屈である。しかし子どもはもとより、保護者も含めて、教育される立場の側の自己責任を本当に問えるのかという疑念は当然あろう。教育政策の責任者の一人としての寺脇も、義務教育レベルにまで自由化を推し進めるには抵抗があったと思われる。しかし先にも触れた（財）社会生産性本部の提言「選択・責任・連帯の教育改革」では、制度論にまで踏み込んで自由化の徹底が求められている。例えば義務教育での学区を完全撤廃、高校と大学の入試を全廃するなどして、入学後に自己責任で競争させ、第3者機関で事後的に学力判定することで質の維持を図る考え方である。もちろんそこには、保護者・本人・学校・社会の側が、その仕組みを受け入れバック・アップする了解が必要である。実はこの提言の実質的なまとめ役であった橋爪は、寺脇との対談でこの改革案を論じているが[24]、寺脇自身この改革案に必ずしも否定的ではない。むしろ将来的な目標としては意見が一致している。このあたりにも、教育の個性化論と自由化論は政策手法で異なるものの、基本的な部分で共有するところもある。ただ自由化論者の場合、学力等の成果の見えやすい部分への言及はあるものの、人間形成面での教育機能をどれだけ担保するかについては、必ずしも十分な目配りがなされているとは言いがたい。

　ゆとり教育に対して、教育社会学者の立場から一貫して批判しているのが苅谷である。彼はゆとり教育の内実が不徹底というのではなく、ゆとり教育そのものが画一的に政策誘導されていることに問題が潜むと考えている。政策当局は、新しい学力観のもとで総合的な学習時間の導入など生きる力の教育によって、向学心が誰にも芽生えるはずと期待する。苅谷によれば、画一的教育を嫌うゆとり教育が、学習指導要領の適用実施という形で画一的に現場に下ろされる構図自体に問題があるとし、さらにそれによって学びへの意欲が誰にも備わるなどということは極めて非現実的と言う[25]。学力を高めるためには学ぶ必要があるが、学ぶ行為はある程度主体的なものであり、本人

の自覚や努力が前提である。このことを彼は、「能力と努力というものの組み合わせによって、人々の社会的な業績やパフォーマンスが変わる」と表現している[26]。つまり能力だけであれば知能指数に見られるように正規分布するが、努力するか否かは生得的ではなく後天的であるわけで、能力と努力の結果としての学力は正規分布ではなく「社会的な分布」となる。

　そこで彼の取り出す分析概念が、階層による学習意欲の差である。彼の調査に基づくデータからいえることは、ゆとり教育導入と学力低下傾向は確かにシンクロしているように見えるが、彼はそれを単なる因果関係による学力低下とは見ない。学力はむしろ親の職業や家庭の収入などによる社会階層によって、有意なばらつきを見せることを彼は指摘した。つまり同じゆとり教育のもとでも、階層が低ければそもそも学習意欲が弱く学習時間が少なく従って学力が低くなるが、逆に階層が高ければ、相対的に学力は高くなるという見方である。もし従来の日本的な9割中流階層状態が2極化さらに多極化していくとすれば、学力格差も連動するだろうと彼は考えた。この理屈では学力低下対策としてゆとり教育を返上したとしても、そのことだけで学習意欲の格差（彼はそれをインセンティブ・ディバイドと呼ぶ。）が改善されるはずも無く、むしろゆとりが無くなるだけ学力格差は開くことになる。

　ただ苅谷は、客観的なデータ分析によって学力の実態に照明を与えようとする姿勢に徹する節があり、本人もそのような弁を述べている[27]。彼の分析の鍵は階層という極めて社会的な概念であることから、そのことによる「望ましい社会像」と「理論としての学力論」との峻別への自覚は、確かに彼にはある。マックス・ウェーバーの価値判断排除を、苅谷が墨守しているスタンスは、それはそれとして評価できる。とすれば苅谷の学問的成果が、教育政策面でどのように生かされるかが問われることになる。学問論と政策展開とは次元が異なるとはいえ、政策当局者に柔軟な姿勢が求められるところである[28]。

　ゆとり教育に対する明確な批判というのではなく、独特な学校教育批判さらには社会批判を展開するのが、諏訪哲二である。彼は「プロ教師の会」の代表として、長年の公立高校教師の体験から多くの教育論や提言を行っている。高校教師職は、すでに2001年に定年退職しているが、現在も現場感覚

からの鋭い指摘を続けている。

彼の見るところ、1980年頃から子どもが変わったという。しかしその原因は、多くの教育論で取り上げられる学校の体質とか教師の指導力とかに求められるものとは違う。彼はそのことを、次のように表現している。「……大体、子ども（若者）たちが『こうなってしまった』ことには学校や教師はあまり責任が無い。学校や教師が子どもたちを育てられる時代ではなくなったからこそ、子ども・若者たちは『こうなった』のである[29]」。彼の説明はこうである。歴史は農業社会、産業社会、消費社会と移って来たわけであるが、産業社会までは「いまだ個ならざる個」（諏訪）を「成熟した個」に社会化すべく教育してきた。同時に「いまだ個ならざる個」自身も、その自覚があった。学校教育も、もちろんその前提で動いていた。しかし1975年前後を境として大衆消費社会に入ると、消費を重要な契機とする資本主義メカニズムが大人や子どもを巻き込んで浸透していく。豊かな社会の子どもは金銭を操る機会が増え、支払う行為自体においては大人と対等の消費者たる立場を得るようになる。その子どもに迎合するかのような消費市場は、ますます拡大する。その頃から価値観の多様化が叫ばれ、個性の尊重が当たり前となり、個性が無いのも個性であるような開き直りさえ妙に納得されはじめた。このような風潮の中では、社会化されるか否か、あるいはどう社会化されるかは、「いまだ個ならざる個」が消費者感覚で選択するマター[30]であって、学校や教師は「子ども主導の社会化[31]」を強いられるようになる。諏訪によれば、そうした一種の教育逆転現象が、一連のいじめ・不登校・校内暴力・学級崩壊・学力低下などの教育病理を引き起こしたと見る。

諏訪の見解は、学校の責任を第一義的に問題としない点で、苅谷と似たところがある。苅谷は社会階層に着目して教育に照射するスタンスであり、ゆとり教育そのものについてはあまり論じていない。一方諏訪は、苅谷よりもさらに深いところに事態の原因を探ろうとする。それは別な言い方をすれば、学校教育の仕組みやカリキュラム次元の問題ではなく、まして教師の指導力を問うようなレベルの問題ではなく、教育観そのものの認識にかかわる問題ということになる。諏訪の考えからは、ゆとり教育の見直しが反ゆとり教育に転換したところで、消費社会に毒された子どもや大人たちの教育に対する

倒錯したマインドが変化しない限り、学力の向上もさして期待できず、仮に向上したとしても人間形成の歪みを伴うアンバランスなものでしかないと予測される。極論すれば教育の混乱が続くだけ、と彼には見える。

　では、子ども主導の社会化のどこが問題か。諏訪によれば、社会化とはもともと近代市民社会の構成員としての「成熟した個」を作り上げる営みである。そのためには、近代市民社会で必要とされる「知」を「いまだ個ならざる個」に教え込む必要がある。「いまだ個ならざる個」である子どもは、「知」の何たるかを知らないから「成熟した個」ではないのであり、「知」は教え込まれる必要がある。諏訪によれば、この「知」の自立を果たしていない「いまだ個ならざる個」は、個性が確立していないだけに主体的に学ぶ力は弱いことになる。そのような状況にある子どもたちは、自らの社会化を主導的にリードすることはできない。「個性を大切に」というある時期以降の教育界のトレンドは、「いまだ個ならざる個」がまるですでに「成熟した個」であると見立てている。これでは、本来のあるべき社会化が有効に機能しないことになる。その点でゆとり教育は、子どもの主体性にひたすら依存するところが大きい教育観であり、理論的にはあり得ないものを求める教育に映じる。本当の教育は、親や教師の側が主体的に社会化を施すところから始まるのであって、そのプロセスの結果としてやがて子どもに主体性が備わるという流れになる。学力はその結果である。この逆立ちした社会化観が優勢である限り、学びからの逃避は起きるべくして起きる。

## 4　教育論の本質と教育政策の可能性

　おびただしい教育論争が、これまで繰り広げられてきた。特に最近は複雑系社会の進展もあり、狭い学校教育論にとどまらず社会を構成するあらゆる要素が介在する「社会論型教育論争」という形になりやすい。しかし同時にそれは、教育論争をますます迷宮にいざなうことでもある。膠着状態と化した教育論争にとりあえずの方向を指し示すのは、いつの世でも政治である。歴史を見るまでも無く、それが教育論争の宿命である。

　今我々は、現下の教育論争の構図を眺めてみた。それぞれの立場で今日の

教育を憂いながらも、いかにすれば教育がもっと良くなるかを思考模索している姿がうかがえる。寺脇と八代は教育政策の実行者として、あるいはそれを念頭として、現実的な教育論を展開している。政策は抽象的な学問ではなく現実を動かすものとの自負を、寺脇からは強く感じられる。特に教育政策を取り仕切ってきたキャリアからして、それは当然であろう。学者でもあるが経済財政諮問会議委員として、また規制緩和論者として著名な八代にしても、同じである。

　しかしその自負は認めるとしても、教育政策の行き着く先は過去の歴史に照らしても必ずしも首尾よいものではなかった。それもまた現実である。1960年代に財界の後押しで高校の多様化政策が推し進められたが、多くの国民が希望したのは職業科ではなく大学進学に通じる普通科であった。また1980年代に高等教育の計画的整備で大学の地方分散が図られたが、実際には都市部の進学希望者は地方大学ではなく都市部の専門学校に進学した。更に1990年代以降の大学院重点化拡充政策は、国内にその修了者に見合う社会的需要を見込めないことから、大量の高学歴難民を生む皮肉な結果となっている[32]。法科大学院や教職大学院などの職業大学院も然りである。国民の気持ちを汲み取れない教育政策は、時として壮大な実験に終わる。ゆとり教育も、今日の時点で見れば政策としては失敗であった。政策は現実的であるだけに、特に人づくりである教育政策の場合は影響が大である。

　一方、苅谷は教育社会学者として抑制の効いた学説を展開している。彼の代表的著書、『階層化日本と教育危機』というタイトルはまさに彼の教育に対する危機感を暗示しているが、彼の教育論はデータを駆使しての客観的議論に終始している。一般的に教育論は体験に基づく印象論となりやすいが、データに裏付けられた彼の教育論と視点の斬新さは有益である。ただ、ここにも難点がある。学説として提示する場合、現実の多様な局面をシンプルな切り口で抽象化してしまうことになりやすい。しかも教育論という性格上、それが子どもの人間形成とどう結びつくかが常について回る。そこには、客観的な物言いが強みの学説的教育論にありがちなもどかしさがある。その点は、格差社会の進展が子どもの夢や希望の格差までも拡大させることを指摘した社会学者・山田昌弘[33]にも言える。

その意味では諏訪や内田樹[34]の教育論は、政策当事者ではないという立場もあり、またデータを駆使した教育理論に抽象化する制約からも離れて、今の教育問題を語る上では自由に本質を突いたものと評価できる。特に諏訪の教育論は高校教育の現場で直接子どもに接していただけに、文部科学省や教育委員会の政策や指導・助言を超えて、本音の部分で語っている重みがある。もちろん一人の高校教師という限定された立場や、彼の住む地域の特質性の問題、そして何より諏訪という個人の教育観によるところも大きい。しかし彼の場合は、良く知られているように、30年余りにわたるプロ教師の会での活動歴もあり、該博な知識にも裏打ちされた底の深い教育論という印象である。

諏訪の基本テーゼは、「子どもが変わった」という認識にある。そしてそれは学校や教師に起因するというより、はるかに全社会的な変動によるものと見ている。従って構造的な社会現象であり、学校教育に局限した制度対応には限界があるとの立場である。個々の教員の教授方法の改善はあくまでも対処療法の域を出ないのであり、それを相殺するかのような子どもの様変わりがある。かつての牧歌的な子ども環境は昔日のものとなり、大衆消費社会や情報社会の到来、そしてすさまじいまでの即物的かつ金銭至上主義的感覚の横行は、制度としての学校教育の存立基盤を覆い尽し揺さぶっている。子どもが自らの被教育者的位置づけを「勘違い」しかねない環境が、今つくられている。これは、ゆとり教育派、学力形成派にかかわらず、認めざるを得ない状況ではなかろうか。教育論を説く論者の観点が種々異なるのは仕方ないとして、皮膚感覚に裏打ちされた諏訪の見方には一抹のリアリティーを感じさせるものがある。

諏訪の本質論は的確であるが、諏訪自身は具体的な提言をしていない。このように小手先の教育政策に期待を寄せることはできず、教育界に手探りの閉塞感が漂う今、新たな胎動が見られる。それは、1990年代後半から台頭しつつある新保守主義の流れを汲む教育再生への動きである。渡辺によれば[35]、すでに日本では、アメリカ主導のグローバリゼーションのもと、新自由主義による社会再編が着実に根付き始めていると思われる。ただ注意すべきは、福祉国家の蓄積・経験の無い日本において、制度的な規制緩和の動き

が「モラルの規制緩和」まで抱き合わせで進行している点である。少なからぬ国民がこのモラル崩壊に対する憂慮を共有しているのは間違いないが、一方では孤独なる群集がそのことに沈黙を続け、ひたすら自由と無責任をかこっている現状もある[36]。一般的に治安と教育は、為政者の抑えるべきポイントである。このような間隙をぬって、「教育の荒廃と家族の崩壊に対する危機感」(渡辺)が掲げられ、多くの声なき声を代弁しつつ、巧みにそれを社会の変革に結びつける動きが進行しつつある。この新保守主義思想は、民主主義や福祉国家の伝統の厚みによって程度の差こそあれ、新自由主義が必然的に呼び起こす思想である。とりわけ日本のように、一神教の宗教的土壌が欠落した精神的風土の中で、かつての農村共同体的ゲマインシャフトのメリットも葬り去った上、急速な自由化・多様化・相対化を追い求める国民性は、客観的に眺めても危ういものを感じざるを得ない。新自由主義的な社会改革が進行すれば、それだけこの危うさへの対処が政治的課題になるのは容易に想像できる。教育基本法改正、教育再生会議の設置、その後の一連の教育制度改革は、そうした構図のもとであらためて理解できる。ただこの潮流が今後どのような政治的イシューの絡みで国民に明らかになるのか、さらに諏訪の期待するような教育の実現をもたらすものなのか、今のところ可能性にとどまっている段階であろう。

　ところで先にも触れた元文部科学省官僚の岡本は、自著の中で次のように書いている。「日本で『教育問題』と呼ばれているものの大部分は、実は『労働市場問題』だ——とは、外国の専門家がよく言うことである[37]」。パリのOECDで2度にわたる国際公務員の経験も有し外国事情にも精通している岡本らしく、我々日本人があまり気づかない、従って取り上げられることの無い核心テーマを言い当てている。教育論争がいろいろと積み重ねられながら抜本的な解決に結びつかない最大の理由は、この労働市場と教育問題の関係にメスを入れないからである、と言う立場は至当である。教育政策は文部科学省、労働問題は厚生労働省という縦割り行政の弊害が、そこには横たわっている。大学入試がネックであり、連動して高校以下の教育にしわ寄せが来るという教育ドミノ理論は、教育の世界としては分かりやすい理屈に見える。しかし過去、大学入試制度をどう変えようとも、また業者テストの廃

止を行っても、さらにはゆとり教育を大々的に推進しても、日本の教育問題がさして良い方向に向かっているとは思えない。いわゆる「モグラたたき現象」が、依然として散発する状況は収束する気配が無い。その意味で、もし政策提言を一つ挙げるとすれば、戦後連綿と続いてきた「新卒定期一括採用の廃止」ではなかろうか。この新卒に限定した日本特有の労働市場を漸次無くして、一般労働市場に吸収してしまうのである。つまり卒業時という年齢的なものに制約されない、その意味で雇用流動化の流れに沿った採用制度を取り入れるわけである。もちろん採用に当たっては、顕在的能力・潜在的能力を含め人物本位で行う。また学力的な担保は、先述した（財）社会生産性本部の提言『選択・責任・連帯の教育改革』で示されているキックアウト制[38]を導入し、あるいは第3者機関の学力判定も活用するなどして、採用側の判断材料とさせる。このようにして卒業時の就職への強迫観念や名前だけの学歴崇拝を無くし、本当の意味での教育成果が問われながら、本人の必要なときに就職活動へチャレンジできる慣行が求められる。そうすることで、日本の高等教育から初等教育までの教育問題は相当なまで改善すると考える。

　この新卒採用マターは教育政策や労働政策が重層的に交錯するところであり、これまで十分な政策配慮がなされなかった部分でもある。しかし終身雇用慣行が揺らぎつつある今日であっても、行政はこの新卒定期一括採用をむしろ維持し続けるかのようなスタンスを見せているのは、残念なことと言わねばならない[39]。それ以上に残念なのは、この新卒定期一括採用を、批判を甘受しつつ依然として踏襲し続けている多くのリーディング・カンパニーの姿勢である。大卒採用者の3割以上が3年以内に初職を去るという昨今、終身雇用慣行を前提に機能している新卒定期一括採用は、果たして維持存続させる意味があるのであろうか。大学入試を国民的行事のごとく実施することも、そして新卒定期一括採用を毎春の慣行とすることも、実は何ら法的根拠は無いのである。教育論争は、とりあえずそのあたりを新たな争点とする時期を迎えていると思われる。

（注）
1　菱村幸彦監修、『戦後教育の論争点』、教育開発研究所、1994。

2　これには、もともと子どもを持たなかった者や、現在学齢期の子どもを有する者、さらにかつて学齢期の子どもを有していた者という区分が考えられる。
3　文部科学省が学力低下批判を受け、「確かな学力向上のための2002アピール『学びのすすめ』」を発表したのは、2002年1月であった。
4　岡本薫、『日本を滅ぼす教育論議』、講談社、30-31頁。
5　岡本、同上書、31頁。
6　かなり大まかに区切ってみても、戦後しばらくの「ゆとり」時代から、高度経済成長期以降の「学力」時代、そしてその反省に基づく1980年代からの「ゆとり」時代再来へと見ることができよう。
7　国際教育到達度評価学会（IEA）の2003年国際数学・理科教育動向調査（TIMSS）、OECDによる国際的な生徒の2003年学習到達度調査（PISA）。
8　戸瀬信之・西村和雄、『大学生の学力を診断する』、岩波書店、2001。岡部恒治・戸瀬信之・西村和雄、『分数ができない大学生』、東洋経済新報社、1999。
9　原田武夫、『タイゾー化する子どもたち』、光文社、2006、第4章。
10　当時は、登校拒否と呼ばれていた。
11　L.J. ショッパ、『日本の教育政策過程』小川正人監訳、三省堂、2005。
12　拙稿、「財界教育提言の変遷とその意味」、（拙著『現代若者の就業行動』、学文社、2004）、129-145頁。
13　同じ1991年、大学設置基準の大綱化が行われ、高等教育レベルでの自由化が本格的に政策誘導されることとなる。
14　1996年の中央教育審議会（第1次）答申の中で掲げられ、1998年の学習指導要領に取り入れられた。
15　1998年の中央教育審議会答申「新しい時代を拓く心を育てるために」の中で、心に訴える道徳教育の大切さを訴え、学校だけでなく家庭や地域での心の教育を求めている。
16　西奈緒美、「『教育再生会議』を再生させるのは誰か」、（『Foresight』、新潮社、April 2)、90-91頁。
17　寺脇研氏は、2006年11月、文部科学省大臣官房広報調整官を最後に辞職している。
18　彼自身の言葉でも、そのときの思いが語られている。「事務局に出向していてその場に立ち会った私には、強烈な印象です」。寺脇研、「文部科学省の教育政策を語る」（『中央公論』、2004年2月号）。
19　もちろん1977年の学習指導要領改訂で、すでにゆとり教育の芽は作られていた。
20　寺脇研編、『対論・教育をどう考えるか』、学事出版、2001, 216頁。
21　八代尚弘、『「健全な市場社会」への戦略』、東洋経済新報社、2007、第10章。
22　この点寺脇は、「大学は市場原理で構わないが、小中学校の教育が市場原理で決まる、なんてとんでもない話だということです」と述べている。寺脇研、『格差時代を生き抜く教育』、ユビキタ・スタジオ、2006, 133頁。
23　八代尚弘、前掲書、14頁。
24　寺脇研と橋爪大三郎の対談、寺脇研編、前掲書、193-224頁。
25　苅谷剛彦、『なぜ教育論争は不毛なのか』、中央公論新社、2003, 248頁。
26　苅谷剛彦、『階層化日本と教育危機』、有信堂、2001, 23頁。
27　苅谷剛彦、『なぜ教育論争は不毛なのか』、85頁。

28 寺脇は苅谷について、談話の中で次のように述べている。「教育社会学者の苅谷剛彦さんなどは、すぐに『データで示せ』ということを言う。苅谷さんのはデータで教育を数量化する社会学で結構。でも、だから教育政策も親の方針もデータで考えろというのはむちゃくちゃな話じゃないのかと」(寺脇研、『格差時代を生き抜く教育』、248頁)。
29 諏訪哲司、「『子どもが変わった』ことを認めない議論はすべて間違う」(プロ教師の会編、『教育大混乱』、洋泉社、2007)、32頁。
30 内田樹も同様な指摘を行っている。内田によれば、いつしか子どもたちは消費主体として、教育を等価交換的取り引きの場と見るようになり、子どもから見て交換に値するもの以外には見向きもしなくなるという。内田樹、『下流志向』、講談社、2007、41頁以下。
31 諏訪はそうした子どものことを、「オレ様化する子どもたち」と呼ぶ。諏訪哲二、『オレ様化する子どもたち』、中央公論新社、2005。
32 濱中淳子、「大学院は出たけれど──」(『論座』、2007年6月号、朝日新聞社)、128-135頁。
33 山田昌弘、『希望格差社会』、筑摩書房、2004。
34 内田樹の教育論については、次のもの。『下流志向』、講談社、2007。『狼少年のパラドックス』、朝日新聞社、2007。『知に働けば蔵が建つ』、文芸春秋、2005。
35 渡辺治、「日本の新自由主義──ハーヴェイ『新自由主義』に寄せて」(D.ハーヴェイ『新自由主義』渡辺治監訳、作品社、2007)、324頁。
36 この憂慮すべき事態を象徴しているのが、戦後一貫して低落傾向をたどっている選挙投票率であろう。とりわけ若者の3分の2が棄権しているのは権利の放棄であり、政治的責任の放擲である。
37 岡本薫、前掲書、149頁。
38 (財) 社会経済生産性本部、教育改革に関する報告書・『選択・責任・連帯の教育改革』、46頁。
39 雇用対策法第7条には、事業主の採用時年齢制限緩和規定が明記されている。しかし別途厚生労働省告示第295号の3に、例外的に年齢制限が認められる場合の一つとして、「長期勤続によるキャリア形成を図る観点から、新規学卒者等である特定の年齢層の労働者を対象として募集及び採用を行う場合」が掲げられている。この例外規定について、パブリック・コメントがなされ、それについて担当部局は次のように回答している。質問「新規学卒者の採用時を年齢制限の可能な場合としているが、現状では新卒を採用したからといって長期勤続するとは限らないのでは？」これに対する回答「若年者を中心に1社に長期継続的に雇用されることにこだわらない傾向も見出されるものの、我が国においては新規学卒採用、長期勤続・定年退職という雇用慣行が多く見られることから、これらの雇用慣行との調和を図る観点から定めているものです。なお、この指針案では必要な検討・見直しが図られる旨についても併せて規定されているところです。」パブリック・コメント・「経済社会の変化に対応する円滑な再就職を促進するための雇用対策法等の一部を改正する等の法律の一部の施行に伴う関係厚生労働省令の整備に関する省令法案等について (回答)」平成13年9月6日厚生労働省職業安定局雇用政策課。

### コラム1　書　評

久冨　善之著『現代教育の社会過程分析』

〔構成〕
　　第1章　現代教育における"社会過程としての競争"
　　第2章　"生活の社会化"と人びとの共同関係
　　第3章　子どもにとっての学校と地域生活
　　第4章　K.マンハイムの「社会的教育」論
　　第5章　戦後日本教育社会学の批判的検討
　　第6章　教育計画の社会学を求めて

　本書は、著者が1979年から1983年にかけて発表した諸論文をまとめ上げたものである。先ず本書の全体の狙いを紹介しておく。著者は今日の教育がかかえる状況を評して、問題への解決努力が逆に一層の問題化を生むという、いわば複合的なしがらみ状況に陥っているとし、そこからの脱却へのステップとして問題の正しい認識把握の必要性を唱える。そしてそのための鍵概念として著者の援用するタームが、本書タイトルにもある「社会過程」に外ならない。社会過程とは社会関係の動態的な変化・発展をさし示す概念であり、「社会過程論は、真の平等と民主主義の実現への現実組み換え可能性の認識的析出にかかわっている」とする著者の把握からすれば、それは今の教育を見直すための格好の視座を提供する。

　そこで評者流に本書の意図を要約すれば、第一に教育の現状を何よりもダイナミックな社会過程ととらえる立場の理論的な確認作業を行うこと、第二にこの立場のすぐれて実践的な性格を教育の場にどう活用できるかを探ること、以上の2点であると考える。

　次に各章の概要を紹介しよう。第1章では、個人と社会とを媒介する重要な社会関係として競争を取り上げ、そこに敵対的競争と協同的競争を含む動的な競争過程を見出す。とりわけ今日の教育荒廃の元凶は、個人主義的な敵対的競争が横行している点に求められ、更にその淵源をたどれば、競争原理の名による上からの敵対的競争組織化の力を垣間みる、

とする。著者によればこうした事態に対峙するには、敵対的競争を協同的競争へと昇華させるべく、社会過程の制御が実践的課題として必要となる。

　第2章では、商品化・情報化・公共機関化といった社会関係の広範化を生活の社会化ととらえ、そのことが人間の共同関係のあり方に、どのような変容をもたらすかが問われる。著者らの行った共同関係の実態調査結果は、諸々の公共機関の生活からの乖離及びそれと表裏にある私生活主義への逃避であった。このことは著者のいう間接的共同関係と直接的共同関係との統合、つまり「地域・生活に根ざす公的諸機関の活動と、住民の主体的活動とが結合」し、地域共同性の発展につなげるという課題を浮き彫りにした。

　第3章は、二つの教育調査報告から成る。一つは、子どもの校外生活を生活構造論的視点で調査した事例である。そこでは表に現れた子どもの生活構造の変化が、実は根の深いところで受験競争の激化と通底し、学校の内と外との間で、「学校のあり方が地域生活を切り裂き、地域生活の衰退が学校の土台を掘りくずす」という悪循環を現出させていることが摘出される。もう一つは校内生活に焦点づけた調査で、そこにおいても受験競争が子どもの学校生活に対し、全般的抑圧要因として作用する姿が描き出される。

　第4章では、K.マンハイムの「社会的教育」論を取り上げ、それがもつ積極性と限界を析出している。積極的な面としては、何よりも教育の社会性に着目し、近代社会の非合理性を批判するという基本的視座を据えつつ、その克服手段として大衆社会とその動的側面としての社会過程を俎上にのせ、それへの意図的統御を教育論として洗練させていった点を評価している。限界については、マンハイムの作業があくまでも現在を問題としている故に、未来をも取り込んだ歴史的視点が欠落していること、及びインテリゲンチャからする大衆統御の図式が突出し、自由のための計画において果たすべき大衆の主体性が等閑に付されていること、この2点を指摘している。

　第5章では、戦後日本教育社会学の背負った特有な困難、つまり教育学との不幸な亀裂にどう架橋すべきかを問う試みを行っている。著者は教育社会学の性格をめぐる様々な論者の説を解読しながら、教育社会学

と教育実践との間に潜む避け難い緊張の由来を説き、更に両者の積極的な「真の統一」可能性について展望している。

　第6章では、1960年代「教育計画」論の結果的な偏向性を指摘し、その原因を「教育計画」についての本来の意における社会学が不十分であったことに求めている。この場合の社会学とは、対象の社会過程を解明し計画的な制御を施し、「政治・経済過程へもリアクションをなす」ものでなければならない。その意味ですぐれて実践的響きをもつ。つまり、いわゆる国家主導の計画にとどまらず、地域住民の意向をも組み込み、社会の全事象との関連において考える視点を備えた社会学が必要なのである。そしてもしも教育社会学に技術が求められるとすれば、それはかかる性格をどう学問に内在化させるかというレベルの問題になる、と著者はいう。

　以上の要約からも推察されるように、本書は教育社会学が固有にかかえる学問的課題に目配りをきかせた、大胆にして壮大な試みである。以下、若干の読後感を述べておこう。

　第一に、5か年間に発表された諸論文ではあるが、著者の関心は一貫している。それは社会関係の動的把握を本領とする社会過程論を教育の場にどう引きつけて眺められるか、このことに収斂するだろう。マンハイムに触発されながらこの課題と取り組む著者の苦闘が、時に古典へ、また学論へ、更に現実を踏まえた実証へと多彩に展開しながら、それでいて基本的視座を保ちえる手際は見事というほかはない。ただただ既発表論文を集めて安易に一書とする風潮が目立つ中で、本書はその試みがきわめて成功している例だと思われる。

　第二に、本書の圧巻部分とも思われる第5章について述べておきたい。教育社会学が一個の独立した科学でありつつ、同時に実践的性格を色濃く持たざるを得ない宿命については、評者も同感である。またそうした事情が、教育社会学論議を複雑にさせてもいる。そこで教育社会学者は、科学の「客観性」を保ちながら、教育に対し強い自覚（緊張と協働）を有することが今肝要だ、と著者は主張する。そしてその自覚のゆらぐとき、「客観性」を装う実践理論が招来すると説くかのようである。著者のこのような目のつけどころは、まことに慧眼に値する。ただ著者のいう「客観性」と「強い自覚」とが、教育社会学においてどのようにして

両立可能であるのか、あるいは「強い自覚」が単なる実践とどう異なるのか、評者には今一つ理解に至らなかった。この問題については、評者も常々頭を悩ます者の一人であり、著者の更なる思索を期待したい。

第三に、著者はマンハイム「社会的教育」論への評価について、その歴史認識の不十分さと大衆サイドからの視点欠除を指摘する。しかしマンハイムの学的生涯を辿れば、その前半期に歴史への深い理解が彼の本領であったのだが、後半期になると歴史の構造力にあえて失望せざるを得なかった曲折は、どう解釈されるのか。また大衆個人の潜在力に対するマンハイムの関心は、むしろその後半期に開花した(それ故の教育論でもある)のであり、その方法的個人主義を現実に適用するには、先ず権力を無視できなかった経緯はどう解釈されるのか。もちろん著者は、単なる「無いものねだり」をしているとは思えないだけに、気になるところである。

以上、率直な意見を述べさせていただいたが、著者のこの学問に寄せる真摯かつ情熱的な姿勢は、行間に迸るかのようであり、その理論的迫力には圧倒されたとの思いしきりである。　　　　(労働旬報社、1985年)

## コラム2　書　評

市川　昭午監修『日本の教育』〔全6巻〕

〔構成〕
- 第1巻　生涯学習化社会の教育計画
- 第2巻　変動する社会の教育制度
- 第3巻　岐路に立つ教育行財政
- 第4巻　学校改善と教職の未来
- 第5巻　教育内容・方法の革新
- 第6巻　教育改革の理論と構造

この「日本の教育」と題するシリーズは、全6巻に及ぶ意欲的な講座である。監著者の市川氏の言葉によれば、「教育が巨大な社会システム

となっている今日」、教育が期待されるよう機能するためにも「その見直しが必要とされる」にもかかわらず、その際「多面的な知識や深い見識が不可欠」な「マクロ的な研究は著しく立ち遅れている」のがわが国の実情である。この現実に対し、「広い視野と公正な立場から攻究した」のが本講座、というわけである。延べ40人以上にわたる執筆陣は、市川氏が改組前の国立教育研究所第2研究部で研究上の機縁をもった人達である。

　全6巻をここで個別に考察するスペース的余裕も、また評者の力量もないゆえ、以下では評者の責任と関心においてかなり強引に読み解いてみた。まず全巻にわたって底流に流れているのは、「生涯学習化社会への移行」を前提にした状況把握のスタンスであり、その観点を大切にしつつ各論者が固有な分析を展開した、という風である。そのことは、従来からの「選抜・教育」モデルから「選択・学習」モデルへの移行を重要課題と指摘（1巻1章）したことに集約されている。つまりある程度のミニマム・エッセンシャルズを義務教育段階で修得した上で（5巻1章）、それ以上の学習は各人各様が自らの選択で行っていくというスタイルである。これと同じ動きを眺めたものとして、私立学校の差異表示記号性を突いた論文（2巻1章）もユニークである。消費としての教育は、その評価は別にして生涯学習のある意味でのあり方であろう。さらに教員研修に果たす大学の効用に疑問を投げかけ、従来型の狭い研修パターンからの脱皮を示唆する（4巻4章）のも、生涯学習化と軌を一にする。主として教育の制度面からの生涯学習への方向付けは、これら以外にも各巻各論文で随所に意識されている。もとより細かい相違は別にしても、理念としては大方の賛同を得られるほどに今や国民的スローガンと化したわけであるし、本講座におけるテーゼの開示的意味をそこに確認しておこう。

　問題は、にもかかわらず、はかばかしく進捗しない生涯学習化という別の側面である。評者としては、この現実を探ろうとするパッセージに本講座で意外にも多く接した思いである。「生涯学習」はその前身の「生涯教育」の頃を含めれば、概念としての歴史はある程度経てきたと言える。ただ今日、敢えて「生涯学習」の意義を行政サイドから取り組まねばならないところに前途の多難さを感じる。例えば生涯学習と言え

ば論理必然的に（成人対象の）職業教育の充実が求められるのであるが、市川氏も述べているように、日本の学校教育は伝統的にボケイショナリズムとは疎遠であり、その職業教育たるや専ら企業内教育のもとにおかれてきたのである（6巻3章）。ところがこの企業内教育は文字通り企業内でのみ通用するシロモノであって、企業横断的な能力向上という響きは非常に弱い。かくして、転職をためらう日本人像と、それが成人学習への障害と化し学校教育が閉鎖的になる姿（2巻5章）が彷彿としてくる。さらに自治体の大学誘致行動にみられる顛末にしても、「誘致運動の熱心さに比して誘致後の大学活用への意欲と工夫は余り見られなかった」（1巻7章）現実を、どう捉えるべきか？　国土庁の報告書『大学の誘致と期待・効果』（1988）でも同趣旨の総括がなされているように、必ずしも地域が生涯学習機関としての大学を活用し切っていない現実を、我々は押さえておくべきである。この点で市川氏が「今日の我が国はすでに学歴社会というよりは、資格社会というべき」（6巻8章）としている見方には、多分に定義の仕方がからむのだが、率直に言ってやや違和感を禁じ得ない。むしろ日本社会では、「学校の熱心な資格取得指導は、無遅刻・無欠席の指導と同様に社会化作用である」（2巻1章）との記述、つまり技能としてではなく真面目さの表現としての資格像が、評者の感覚にはフィットする。

　では、「生涯学習」のスムーズな前進を阻む要因は何か？　評者の見るところでは、その2大要因は、戦後教育のあり方をある意味でリードしてきた企業社会の論理と、所属企業をインナー・サークルとした閉鎖的企業体質である。すなわち就職を介して学校教育と結びつきながらも、偏差値とは直接無縁である実学的学習を脇に追いやった企業本位制のことである。身につけた資格で企業間移動することの困難さも、やはり余分な学習を無駄としてしまう。一方で我々は、生涯学習体制の徹底した一つのケースとしてアメリカ合衆国を知ることができる。そこでは生涯を通して自己実現への道が開かれており、しかも各教育機関がレベルに応じて対応している。日本に比べ、より多くの職業が大学院教育を必要としている現実（2巻8章）は、その一端を物語っている。そして偏差値による人生の一局集中競争の様相もなく、塾のような学校外の私費教育は無縁である（3巻9章）。つまり競争が生涯の長期に分散されており、

社会移動にあたっては恐ろしく資格がものをいう社会なのである。「アメリカでは新聞記者になるにもジャーナリズムの修士号が必要」(佐和隆光)なのである。ところが日本では、新規大卒者の採用で重視されるのは人柄や体力であって、資格ではない(1巻6章)。しかも大卒採用時に学部の種類を問わない実態(5巻7章)は、学校教育の論理を企業社会の論理で塗り替えてしまう。このような不可思議な体質は、学校教育の現場でも「不可解な同僚との調和という規範」(4巻2章)として浸透しており、依然として日本の労働社会を前時代的共同体ならしめている。

このように眺めてくるとき、日本の生涯学習基盤はまだまだ未成熟に思える。またそうであるがゆえに、全6巻を通じて理念と現実のはざまにメスが入れられたものと解する。このことに関連して市川氏は、「臨教審は、生涯学習体系への意向を本気で考えてはいなかった」(6巻8章)と、臨教審の果たした役割にかなり否定的である。しかし臨教審へのネガティブな評価が多々ある中で、首相直属の組織であればこそ可能であった、あるいは端緒をつけた仕事も少なくない。事実、文部省白書『平成2年度・我が国の文教施策』においても、答申の具体化状況が詳細にまとめられている。評者によれば、生涯学習体系の確立は日本社会の体質に触れる問題であるだけに、そもそも臨教審だけでカバーし切れるものではなかったと思う。臨教審の審議経過では、「生涯学習社会の全容が明らかにされないままに、施設面の整備だけが着々と進んでいく」(6巻8章)との印象を与えたのも、上のような事情があるからではあるまいか。

以上、浅学非才な評者の勝手な読み込みを披瀝した次第だが、あくまでもそのような読み方をした者が一人いた、に過ぎない。全巻で1757ページにも及ぶ大作を、一つの解読で済まされるはずもない。それはそれとして、本講座は現代教育の多岐にわたる問題を個性ある筆致で解明しており、跛行的な評者の教育理解を埋め合わせるには大いに役立った。また刺激的でもあった。市川氏を始め執筆者の方々の労に敬意を表したい。第6巻のみが市川氏の単著であり、かつ公平な立場から目配りのきいた考察がなされていることもあり、この最終巻から読み進めるのもよいと思う。

(教育開発研究所、1990年)

## コラム3　書　評

若林　敬子著『学校統廃合の社会学的研究』

〔構成〕
　　理論編　1章〜5章
　　実証編　（学区変更）6章〜11章
　　実証編　（学校統合紛争）12章〜16章

　本書は、学校統廃合についての社会学的な労作である。ただし対象としているのは主として戦後日本の公立小・中学校であり、高校の統廃合は扱っていない。また地域的な区分でいえば、いわゆる過疎地・中山間地域が主たる舞台となっており、昨今漸増しつつある都市中心部特有の過密あるいはドーナツ現象に起因する統廃合についてはあまり触れられてはいない。しかしそのような限定はあるものの、学校統廃合の歴史・理論・実態が丹念に整理されている姿は読者によく伝わってくる。
　構成について述べると、総頁数が490頁とかなり大部の書であるが、実は著者がこれまでに発表してきた諸論文（一部未発表あり）のアンソロジーである。ただ今回の発刊に際して全面的な書き換えを行っている点は、著者が断っていることも付記しておく。ちなみに初出論文の時期が昭和44年であり、直近論文が平成11年であることからして、約30年間の集大成といえる。
　内容について概観しておこう。理論編の全5章では、明治初期の「学制」以来今日までわが国で学区がどのように扱われてきたかを押さえた上で、戦後の町村合併や過疎地対策など行政上の動きに引きずられる形で学校統廃合が頻発してきたことが指摘されている。ここでは各章ごとの説明は煩雑になるので、評者の責任で著者の見解をまとめて紹介しておこう。著者の学校統廃合に対する見方は、次の言葉に集約されている。すなわち、「真空ではなく社会的事実・実態としての教育は、その理念とは別に広く国家・社会の介入なくしては存在し得ないという構造的、社会学的認識が必要である」（45頁）という文言に現われているように、著者の教育観はきわめて現実的である。とりわけ学校統廃合という局面

では、教育の論理だけでは到底説明ができない現実的メカニズムが働いており、もっといえば政治・行政あるいは経済の論理が先行した統廃合劇が展開された、と著者は言いたいようである。

著者によれば、戦後の学校統廃合を加速させた第1の契機は昭和28年の「町村合併促進法」であり、第2の契機は昭和31年の「新市町村建設促進法」である。いずれも第一義的には、教育行政というよりは一般行政レベルでの法律施行である。実際これらの法律に追随する形で、文部省は昭和32年「学校統合実施の手引き」を作成し教育委員会を指導していくことになる。さらに昭和33年、「義務教育諸学校施設費国庫負担法」および「同施行令」で統合に伴う財政支援が強化される。第3の契機は、昭和45年の「過疎地域対策緊急措置法」である。そこでは過疎地の学校統廃合に対して財政上の優遇策が施されており、それまでの町村合併とはやや異なったベクトルで学校統廃合促進作用が働いた。

およそこれらの3つの契機によって、明治期以来の「おらが村」の学校の多くは、適正規模の教育環境確保の名目のもと統廃合計画の渦に巻き込まれていったのである。時として強引な学校統廃合実施が、対象地域住民に根強い抵抗を引き起こし、全国各地で反対運動、同盟休校さらには行政訴訟が展開された。さすがにこの事態は文部省をして無理な学校統廃合を止めるべくいわゆるUターン通達（昭和48年）を出させることとなったが、逆にそれが各地の反対運動を活性化させる皮肉な結果を招いた。従って戦後日本の学校統廃合とは、政府部内での文部省の立場および地方自治体の知事部局と教育委員会との関係の中で、一般行政上の政治力学の「教育的副産物」（評者）として生起したきわめて社会構造的な現象といえる。そしてこの学校統廃合に起因する様々な行政VS保護者（ないし住民）間のトラブルは、その多くが就学児童・生徒数の極限的減少にまで行き着くことで、統合やむなしというなし崩し的自然消滅を迎えたことが説明される。

理論編の後を承けての二つの実証編は、各章がすべて個別地方自治体での学校統廃合にからむ紛争事例の紹介である。それぞれのケースが実に詳細に調査分析されており、住民側勝訴となった著名判例「富山県・立山小学校統廃合事件」などの裁判闘争や幾多の政治闘争の様子が地域社会学あるいは政治社会学的筆致で綴られている。個々の紛争について

は、ここでは到底触れることはできないが、実態調査に裏づけられた迫力は十分感じさせる内容となっている。

　さて最後に評者の思いを、簡単に述べてみよう。本書の真骨頂は、学校統廃合をフィールドとしつつ、制度としての教育を政治的な付置状況の中で描いて見せる視点にあるといえる。徹底して「統合政策の契機が教育の領域外であった」（44頁）ことを示そうとする姿勢は、教育の社会学的研究としては本道を行くものとして高く評価したい。ただ気になったのは、統廃合の抗争プロセスに意を注ぐ余り、その狭間にいる児童・生徒の風景があまり見えてこないことである。著者には本書以外の場で、統廃合と子どもの係わりについての業績もあるだけに、残念な気もしないではない。そしてこれは著者の責任ではないのだが、学校統廃合の歴史が常に紛争がらみであったとは限らないのであって、成功裡に成し得たケースも多々あると思われる。とすれば本書のタイトルは、正確には『学校統廃合紛争の社会学的研究』となるべきと思う。もちろん出版する上でのネーミングの問題も介在するので、それはそれで結構なのであるが……。そのような思いにかられつつも、著者の長年にわたる地道な研究姿勢に対しては、あらためて敬意を表したい。

（御茶の水書房、1999年）

# 第2部　教育と歴史

〔解説〕

　第2部は教育と歴史との関係を探る中で、日本の近現代史から幾つかの素材を得て、そこから教育的な意味や教育政策の背景を出来るだけ俯瞰的な立場から眺めてみた。例えば2・26事件や日本占領は極めて政治的な出来事であるが、そこで展開された人間模様からは歴史に翻弄される若い世代の姿が垣間見れる。また戦後復興から高度経済成長期にかけての教育政策では、その時々の政治的ファクターが微妙な影を投じていることが知れる。

　第5章では、旧日本軍内部における世代としての青年将校に焦点を当て、彼らが必ずしも職業軍人的・合理的な行動を常にとるほどの存在ではなく、直情径行的な側面を併せ持つ存在であった点を浮き彫りにした。時代の流れで2・26事件の渦中に引き込まれていった彼らは、心情的には他愛もないものであり、むしろ老獪な将軍や思想的な黒幕に泳がされた悲しい存在であった。この顚末からは、世代間闘争の側面、権力者の責任回避的心性、責任者不在の日本的システムが随所に窺え、いつの時代でも若い世代が置かれやすい劣位な立場を確認することが出来る。

　第6章では、世界史上まれにみる壮大な社会実験でもあった日本占領を取り上げた。それは、異質な人間と人間の交流ドラマでもあった。GHQの一員として来日した人々は、戦前にすでに滞日経験があったことが契機であったり、GHQを経て日本研究の世界に入ったり日本関係ビジネスに身を投じたり、日本体験がキャリア形成にかかわったのは事実である。そしてこの占領を介して日本を好きになった者、嫌いになった者、そのどちらでもなかった者、これもさまざまである。そこには通常の歴史で語られる冷めたストーリーとは別の、人間らしい感情ドラマが展開していた。

　第7章では、高等教育にみられるカリキュラム変質の戦後史を振り返ってみた。もともとGHQ（米国）主導で導入された新制大学の一般教育は、専門教育や職業教育とともに人間としての教養教育を目指すカリキュラムのはずであった。

しかし米国流の制度が日本版制度に移植される中で、当初の一般教育理念が徐々に忘れ去られ、学部専門教育重視の声の中にいつしか埋没し、今や「風前の灯」状態である。その背景には、文部行政、財界、大学内部など様々な利害・思惑が交錯介在しており、日本の高等教育そのものが問われる根の深い問題ともなっている。

　第8章では、後期中等教育をめぐる教育政策の迷走ぶりを、史実に即して追ってみた。1960年代、国是としての高度経済成長政策と歩調を合わせるかのように、職業課程充実を狙いとする高校多様化政策がとられたが、「職業課程に即戦力養成を期待する経済界」と「大学進学を念頭に普通課程を希望する国民」とのジレンマで、中途半端な政策対応に終始した文部省の罪は決して小さくない。そこには旧制高校イメージにとらわれ、新制高校のイメージづくりに不徹底であった当時の政策幹部のなし崩し的・無責任体質が垣間見えるとともに、当時の教育政策が一体何処を向いていたのかをも窺い知れる。

# 第5章　2・26事件に見る世代論的考察

## 1　はじめに

　昭和11年2月26日払暁以来、4日間にわたって帝都のみならず日本中を震撼させた2・26事件は、日本軍事史においても、また日本近代史においても、実に重大な出来ごとであった。戦後しばらくして、当時の青年将校による回想録[1]が出版されて以来、この事件を扱った小説や映画等が陸続と出現し、その実態は「2・26産業」とまでいわれる程の盛況ぶりである。
　しかしそうした「マスコミの世界における2・26事件」の華かさに比して、「学問的な場における2・26事件」は、むしろ貧困である。その理由の一端は、第1に事件が軍隊での顛末であるだけに、敗戦とともに多くの重要資料が消失してしまったことがあげられよう[2]。第2に当時の事件関係者の多くが生存中[3]でもあり、この事件に対する客観的かつ公平な分析のメスが鈍りがちであるという事情も考えられよう。
　ただし日本近代史という1つの線上において、2・26事件そのものが一体どういう意味をもったかという点については、一応の共通見解はある。例えば2・26事件の歴史的意味について、これまでの研究視点は次のように整理される[4]。①軍部内の2つの派閥抗争に重点を置いて事件の内実を明らかにするもの、②日本の軍の権限と権威の基礎となった"統帥権"の制度的分析から事件を考えたもの、③軍部が実現をめざした総力戦体制と日本資本主義の後進性をからませて説明するもの、以上である。
　しかしこうした位置づけが為されるとはいうものの、このほとんどが政治的あるいは人脈上の解明という大枠を脱け出ることがなく、事件の一方の主役となった青年将校の人物像に迫って分析されることはほとんどない[5]。こ

の事件のほか、終戦時8・15叛乱における青年将校の行動、更には1960年代後半以降の新左翼運動における学生の動き等は、ともすればアンビバレントな情況に陥って精神的苦悩に圧殺され易い「青年」という存在に目を向けさせる。以下は、2・26事件の渦中で哀しくも散っていった彼ら陸軍青年将校に焦点をあてつつ、事件への一方からの照射を試みた所業に外ならない。

## 2　青年将校運動

　言うまでもなく2・26事件は、いわゆる青年将校運動の「総決算」であった。この意味において、「2・26事件だけみたのでは、青年将校そのものの把握はできないし、したがって2・26事件そのものの理解もできない[6]」。

　ところでここでいう青年将校運動は、どのような流れをもつものなのか。広義には、大正末以降の4期に区分される。すなわち第1期は大正末から昭和初期にかけての時期であり、青年将校運動の指導者たち（例えば西田税〔34〕、大岸頼好〔35〕、村中孝次〔37〕、大蔵栄一〔37〕、菅波三郎〔37〕、磯部浅一〔38〕、安藤輝三〔38〕、末松太平〔39〕、栗原安秀〔41〕、〔　〕内は陸士卒業期）が、軍隊革新に目覚める頃である。この時期、彼ら先覚者たる将校が少尉任官後連隊付将校として陸軍の第1線に登場し、折からの大正デモクラシーやマルキシズムの波の中で、軍部に対する世間の風当たりをまともに経験することになる。そして2度にわたる陸軍の軍縮は、彼らの国防危機意識をいやが上にもあおる結果となった。

　第2期は、軍の革新・刷新を目途に、幕僚青年将校や隊付青年将校の間で党派的なものが意識されだした時期である。直接的には、昭和5年のロンドン軍縮条約調印が契機となっている。運動という意味では、桜会が結成されたこの年以降が、明確な青年将校運動の体裁をとっているといえる[7]。

　第3期は、第2期への或る意味での反省期でもある。すなわち、とかく民間右翼と連携した形の第2期運動が、例えば昭和6年の3月事件や10月事件を惹起せしめ、結果的には省部幕僚青年将校たちと民間右翼との不純な結びつきでしかないことを露呈したのである。ここに至って広義の青年将校運動の内にも、そうした参謀将校一派と一線を画し、軍隊内での横断的結束を強

めてゆこうとする隊付青年将校の存在が明確化してくる。大蔵栄一が当時を回顧して述べるが如く、まさに、10月事件は彼ら隊付青年将校にとって思想的分水嶺であった[8]。「捨石主義」とは、以後のいわゆる青年将校運動の精神を物語っている。また世上いうところの皇道派及び統制派の対立図式が現われ、その皇道派に連なるものとして青年将校運動が浮び上がってきたのもこの時期である。

第4期は、昭和9年劈頭の荒木陸相退陣に始まる[9]。彼の軍事参議官転出、及び統制派の重鎮・永田鉄山の軍務局長就任は統制派の巻き返しを意味し、従って青年将校運動の行方は皇道派弾圧という流れの中で非常に厳しいものとなってくる。2・26事件への引き金ともなった真崎教育総監罷免、相沢中佐による永田刺殺事件は、すべてこの期に起きた出来事である。しかし少なくとも昭和10年末の時点では、彼らは合法的な革新運動を構想しており、非合法運動については「早発スルト失敗ニ終ル虞レ」を懸念していたようである。昭和維新の必要性を説き、過激な言動を事としたり怪文書を配布するなどは日常茶飯のことではあったが、当面は相沢公判闘争の行方を見守りつつ運動を展開してゆく、というのが当時の彼らの動きであった。

以上が、2・26事件に至る迄の青年将校運動がたどった足跡の概要である。しかしそれは飽くまでもヒストリーであって、彼ら青年将校が内に秘めていた思想を示しているわけではない。では、青年将校運動が目ざしていたものは何か。座談会「青年将校運動とは何か」での問答が、2・26事件参加将校のいつわらざる心境として、それを示してくれる[10]。

問　ではその青年将校運動なるものを具体的に。
答　それは、青年将校が、指導的中心となっている国家改造を目的とする「軍隊運動」の意味である。而してこれらの指導的中心となってゐる青年将校の大部分は、軍隊内にあって、下士官、兵士達と苦楽を共にしてゐる中隊長以下の、若き大尉、中尉、少尉によって占められてゐる。決して軍部の中央部にあって、華かに世間的存在を認められてゐるものではないことを記憶せられたい。従って本当の「青年将校」などの姿は、決して世間には解らない。全国各地に営々として皇軍の

ため兵と共にしてゐるのだから[11]。

　当時、軍部内で「一部将校」「不穏将校」「要注意将校」などと呼ばれていた彼らの自己認識は、この「答」の中に端的に現われている。更にその国家改造戦線における青年将校の役割を答える中で、「……唯戦争だけやればよいといふのではなく、国内問題に対しては非常な決意を持ってゐる」と述べている[12]。ここには、「世論ニ惑ハズ、政治ニ拘ラズ、只々一途ニ己ガ本分ノ忠節ヲ守リ」とした軍人勅諭の精神を、既に逸脱せんとする徴候が看取される。そしてその自意識の高揚は、「唯一の残された力としては、陛下の正しい権力としての青年将校を中心とする軍隊運動が存在す丈だ」となる[13]。

　では、彼らのいう軍隊運動の究極的目標はどこにあるのか。それを知るには、事件2日前の2月24日、北一輝宅で首謀将校らによって起草された「蹶起趣意書」が重要となる。

　「……然ルニ頃来遂ニ不逞兇悪ノ徒簇出シテ、私心我慾ヲ恣ニシ、至尊絶対ノ尊厳ヲ藐視シ、僭上之レ働キ、万民ノ生成化育ヲ阻碍シテ塗炭ノ痛苦ニ呻吟セシメ、従ツテ外侮外患日ヲ逐フテ激化ス。……所謂元老重臣軍閥官僚政党等ハ此ノ国体破壊ノ元兇ナリ。……内外真ニ重大危急、今ニシテ国体破壊ノ不義不臣ヲ誅戮シテ、稜威ヲ遮リ御維新ヲ阻止シ来レル奸賊ヲ芟除スルニ非ズンバ皇謨ヲ一空セン。……君側ノ奸軍賊ヲ斬除シテ、彼ノ中枢ヲ粉砕スルハ我等ノ任トシテ能ク為スベシ。臣子タリ股肱タルノ絶対道ヲ今ニシテ尽サザレバ破滅沈淪ヲ翻ヘスニ由ナシ。……」。

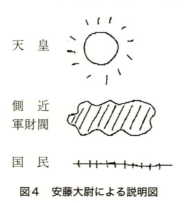

図4　安藤大尉による説明図

　ここに示した「蹶起趣意書」の精神を視覚的に物語るのは、次の図4である。これは鈴木侍従長襲撃部隊の指揮官である安藤大尉が、かねてより初年兵教育の際、訓話とともに必ず用いた図である[14]。これを要するに、本来天皇と国民とは一体不可分の関係にあるはずであるにもかかわらず、側近軍財

閥等君側の奸が妖雲の如く両者をさえぎり、そこに国家の危機を招来せしめているのであって、従ってこの妖雲をとり除き、天皇親政への途を用意せんとするのが彼ら青年将校の思いつめた胸のうち、というわけであった。然り、隊付青年将校の手になるいわゆる青年将校運動の思想的通奏低音は、かかる意識の線上にかなでられていた、というべきであろう。

## 3 事件発生の要因

　この問題に入る前に、その導入として、2・26事件とは一体何であった（とされている）かをみておきたい。つまり武力行動としてはどう位置づけられるのか、という問題である。例えば、秦郁彦や松本清張らは、この事件に対して「クーデター」という表現を使用している[15]。また、田崎末松は、「宗教一揆的な革命」であったとしているし[16]、筒井清忠も、『日本改造法案大綱』実現のための現実的なクーデターであるとみている[17]。一方、事件参加将校・林八郎少尉の友人（陸士〔47〕同期生）で、この事件には批判的であった小林友一によると、「行動そのものはクーデターで、結果からみれば単なるテロであった[18]」となる。更に丸山真男になると、大規模ではあるにしても、結果的には「数人のおじいさんの首をはねることにおわった」（丸山）だけの空想的観念的なプッチ（一揆）であるという[19]。勿論ここに挙げられているクーデターないし革命が政権奪取を目的とするものであり、テロが武力暴動、一揆も同じく直訴的な武力暴動を意味することは確認しておかなければならない。

　しかし判沢弘によると、「国内革新、国家改造などというよりは、陸軍内部の派閥抗争にすぎない[20]」という理解となり、蹶起の主旨は二義的なものと把えられる。さらに興味深いのは、竹山道雄の見方である。彼によるとこの事件は、「既成秩序に対する真向からの反撃だった」が、さりとて「上からの革命でもなく、下からの反抗でもなかった」という具合に、先に羅列した諸見解とはやや異質である。そして強いていえば「観念の情熱」から発した、「社会の不正に対する若い世代の反発」であったという[21]。彼のこの観点は、従来とかくこの種の科学的な分析が、政治・経済・社会の現象に因果

関係を求め、「観念の情熱」といった人間の「主体的意思」を軽視してきたことへの反発に基づいている。筆者は、竹山のこの主張自体の当否について云々するのはこの際避けたいが、2・26事件を理解するという課題を前にする時、竹山のこの言は旧来の2・26事件あるいは青年将校運動研究に対する、まさに頂門の一針であろうと思う。

　このことは、蹶起した青年将校自身の言動をみることによって明確になる。先ず当時の右翼と彼らの関係について、彼ら自身こう語っている。「単純に右翼と青年将校を結びつけることは迷惑至極である。右翼と云っても日本精神を売り物にして、寄生虫的存在が多いと思われる。だから決して既成の右翼団体といふものは、革新運動の中心にはなってゐない現状だ[22]」。一方左翼に対しては、「左翼思想は、先づ日本の国体に反する意味で反対である[23]」と、一応闘争理論上相いれない旨を断言しながら、「左翼の運動などでは先づ感覚的に不快だ、青白いインテリ崩れが、国家の改造をするについても、戦術の名にかくれて、ショップガールやタイピストを桃色化したとかなどに至っては子供だましだ[24]」とつけ加える。後段の「桃色遊戯云々」はともかくも、そこには血と汗にまみれて隊務に精励する青年将校の、青白きインテリに対する体質的反発が伏在しているように思われる。要するに、彼らは右翼をもって任じるわけでもなければ、いわんや左翼など眼中にない、というわけである。更に不可解なのは、例えば丸山真男は2・26事件をして、急進ファシズム運動であると規定してはばからないが[25]、当の彼らはそうした見方を否定している[26]。そして、存在するのはただただ「万世一神タル天皇陛下御統帥ノ下ニ……国体ノ擁護開顕ニ肝脳ヲ竭シ、以テ神洲赤子ノ微衷ヲ献ゼント」する精神である。

　次に示すのは、叛乱将校のうち叛乱首魁として死刑に処せられた村中孝次の憲兵隊における供述である。「……我々が兵力を以て政府を顚覆しやうとか、或は戒厳令を宣布する様な事態を発生せしめやうとか、又昭和維新を断行しやうとか云ふ様な気持ちは全然ありません。換言しますと、私共同志の気持は、目下公判中の相沢中佐の希望を実現せしめたいと云ふ同志が蹶起し、天下の不義を誅したのでありまして、兵力を使用し叛乱を起すと云ふ様な考は毛頭ありません[27]」。将校の蹶起はいわば確信犯的行為であったことから

して、この村中の弁明が刑の軽減を期待する気持によってさほど影響を受けているとは思えない。従ってこの供述は、蹶起時の彼の心情を吐露したものであって、しかも首魁という立場からみて、叛乱将校全体の考えもそれに近似するといってよかろう。このようにみてくるとき、彼らの蹶起行動は俄然謎めいてくる。つまり解釈の仕様によっては、未曾有のクーデターともおぼしき行動を起こしながら、当の本人たちは叛乱の意図は微塵も持たなかったというわけである。

　ここで、蹶起将校の社会的背景を一瞥しておくことは、問題解明に資すると思う。表4は、大正14年から昭和10年にかけての「陸軍士官学校生徒採用者家庭職業別」一覧表である。これでみると、当時の将校団のかなりの部分が農村出身者で占められていたことがわかる[28]。また表5は、同じ期間における「陸軍幼年学校生徒採用者家庭職業別」一覧表である。こちらでは、「無職」を別とすれば、職業軍人を父とする者が量的に優勢となってくる。そして蹶起将校の圧倒的多数が、実は陸軍幼年学校から陸士に進み、いわば生粋の軍人養成コースをたどったことはこの際銘記すべきである。では具体的に彼ら蹶起将校の家族関係は、どうであったか。父の多くは将官あるいは佐官級の軍人エリートであり、兄弟や義父にもそうした職業軍人を持つものが少なからずいた。職業軍人以外では、官吏・農民・その他であるが、ほとんど生活程度は中流以上である。つまり蹶起将校のほとんどは、生活に後顧

表4　陸軍士官学校生徒採用者家庭職業別表　　　（大正14～昭和10年）

|  | 武官 | 文官 | 公吏 | 議員 | 弁護士 | 学校職員 | 会社員銀行員 | 医員 | 神官僧侶 | 農業 | 商業 | 工業 | 交通 | 雑業 | 無職 | 計 |
|---|---|---|---|---|---|---|---|---|---|---|---|---|---|---|---|---|
| 実数（人） | 105 | 110 | 108 | 5 | 2 | 268 | 211 | 40 | 37 | 1,188 | 365 | 185 | 34 | 168 | 421 | 3,247 |
| % | 3.2 | 3.4 | 3.3 | 0.2 | 0.1 | 8.3 | 6.5 | 1.2 | 1.1 | 36.6 | 11.2 | 5.7 | 1.0 | 5.2 | 13.0 | 100.0 |

出所）昭和10年陸軍省統計年報〔第47回〕（陸軍省　大臣官房）より作成。

表5　陸軍幼年学校生徒採用者家庭職業別表　　　（大正14～昭和10年）

|  | 武官 | 文官 | 公吏 | 議員 | 弁護士 | 学校職員 | 会社員銀行員 | 医員 | 神官僧侶 | 農業 | 商業 | 工業 | 交通 | 雑業 | 無職 | 計 |
|---|---|---|---|---|---|---|---|---|---|---|---|---|---|---|---|---|
| 実数（人） | 206 | 53 | 39 | 5 | 1 | 73 | 60 | 21 | 10 | 118 | 76 | 32 | 4 | 31 | 211 | 940 |
| % | 21.9 | 5.6 | 4.1 | 0.5 | 0.1 | 7.8 | 6.4 | 2.2 | 1.1 | 12.6 | 8.1 | 3.4 | 0.4 | 3.3 | 22.4 | 99.9 |

出所）昭和10年陸軍省統計年報〔第47回〕（陸軍省　大臣官房）より作成。

の憂いがあるというわけでなく、それどころか高級軍人としての途を約束されているといってよい状況に置かれていた。少なくとも或る時点までは——[29]。このような彼ら青年将校が、なぜにあの蹶起趣意書に盛られたような意識にまで登りつめ、なぜその一身上の栄達を投げ打ってまで敢えてかかる挙に及んだのか。

　藤原彰はその原因について、「隊内における革命的要因の萌芽こそ、この時期の青年将校激化の根拠となった[30]」、と述べる。彼によれば、2・26事件の要因として一般的に言われるように、蹶起将校たちが農村出身の兵を通して当時の悲惨な農村の実情を知り、もって圧倒的に農村出身の兵で構成される軍の国防力に危機感を抱くに至り、そのような状況を生みだす国の中枢部に膺懲を加えたという論法は、やや事実に反するというわけである。その理由として、蹶起した部隊を含む第一師団の徴募区は東京府及び隣接県であり、全国でも最も都市出身兵の多い地域であった。とりわけ蹶起の主力部隊となった歩兵第三連隊の徴募区は、麻布連隊区であった。とすれば、東北農村の疲弊はともかくも、このような都会地出身の兵を通じて農村危機意識をあそこまで昇華できるのは不自然だ、ということになる。むしろ第一師団（東京）や第四師団（大阪）あたりで憂慮されていたのは思想問題であり、中でも軍隊の赤化がその対象となっていた。彼は言う。「青年将校の『国家改造運動』を、農村中間層の没落の危機にたいする反動や、農業恐慌下の零細農民の疲弊にたいする共感という見地から理解することは、その本質を明らかにすることにはならないであろう。……兵営という特殊な環境の中で、軍隊の存立そのものを脅やかす革命運動に対する危機感にもえ、将校という特権的地位からの反撥をたかめたことに、より大きな運動の原因を見るべきである[31]」。以上は、いわば「革命忌避説」とでもいえる藤原の論の主旨である。

　藤原の論のうち、蹶起将校が農村の窮状から特に触発されたのではないとの見方は、当を得ていると思われる。なぜなら、先に示した彼ら青年将校の社会的素姓からして、恐らく農村問題への関心はあるとしても観念的な域を出ず、また彼らが日々接する兵の出身からしても、兵からの耳学問が将校の意識変革を迫る程のものではないと想像される。事実、2・26事件参加将校

の遺稿のうち農村問題に言及しているのは、村中孝次の「丹心録」だけである[32]。では軍隊内赤化運動に対する危機感の線は、どうであろうか。確かに第一次大戦後の社会運動の流れは、軍隊にも無縁ではありえなかった。日本共産党は日本の赤化をもくろみ、その重要な戦術拠点として軍隊に鋒先を向けた。その結果「昭和四年頃より九年頃までは、軍隊は赤い思想に悩まされ、かつ、あらされていた[33]」というのも、憲兵の実感として事実であろう。しかし日本共産党自体は、既に昭和3年の3・15事件、翌年の4・16事件によって壊滅的打撃を受け、少なくとも2・26事件を遡る数年は、実際問題としてとりわけ脅威の対象として映るほどの影響力はなかったというのが実情であろうと思う[34]。従って筆者は、「軍隊の赤化─→革命」を危惧することをもって蹶起の主要因とする説には与し難い[35]。

　では他に要因があるのか。勿論、これまでの史実に照らした上での常識的な推論は考えられる。例えば時期的には若干遡るが、ロンドン条約をめぐる統帥権干犯問題は、一応の因果関係をはらむとされる。しかし直接的な原因とはいえない。永田軍務局長殺害事件はどうか。確かに彼ら青年将校より一まわり以上も年長の相沢中佐が敢行したことに対しては、若い彼らの胸のうちには内心忸怩たるものがあった。相沢の行動が、彼ら蹶起将校に心理的焦燥感を与えたのは事実のようである。しかしこの点も、永田殺害が昭和10年8月であったことと、先にも述べた如く[36]、少なくとも同年末に至ってさえ未だ決行への謀議が為されていないこと、などから直接的因果関係は薄いといえる。では、彼ら蹶起将校の所属する第一師団が昭和11年春に満州移駐する点はどうか。この件は非公式には既に昭和10年末にはささやかれており[37]、移駐前の決行という意味では大きな誘因ではあるが、部隊の移動と蹶起への必然性という意味では因果関係を云々するには問題がある。つまりかかる常識的な線からの蹶起行動解釈は、少なくとも筆者にとって、不自然であり従って不合理である。その種の解釈ないし説明は、当の主役であった青年将校の主体性を軽視し、史実の前後関係から推論を加えることを第一義としたものである。このことに反省を至さねば、クーデターまがいの過激な行動を起こしながらも、叛乱の意志は毫もなかったなどと平然として陳述する青年将校を真に理解することはできない。

筆者の考えでは、この原因追求問題を考察するポイントは、2・26事件がたとえ「数人のおじいさんの首をはねた」にせよ失敗に終わった[38]、そのことへの原因を解き明かすことに潜んでいるものと思われる。ちなみに、松本清張が推察するその決定的原因の一つは、「国民の支持がまったく得られなかったことで、これは決行将校の社会情勢に対する認識不足と、独善的な思い上りにある[39]」ということになる。次に蹶起に際してとった彼らの行動を眺めることによって、事件破綻の理由を解明してみよう。

## 4　不可解な蹶起行動

　すでにみてきたように、蹶起将校による一連の行動ないし言動を垣間見ることにおいてすら、様々な謎が伺える。更にこの事件に関しては、事件鎮定の動きをめぐっても、実に不思議なことが起きている[40]。しかしその問題はともかく、ここでは筆者なりに蹶起行動への疑問点を剔出してみよう。

　先ず第一に、彼ら青年将校が蹶起へと傾いていった時期と、その急迫性にまつわる諸点である。先にも述べたように、この時期については第一師団の満州移駐以前に決行するべく一応の空気は醸成されていた。しかしそれは飽くまでも蹶起将校の一部に意識化されていただけで、彼ら全体の意向とはいえない。ところが2月12日以降、蹶起への動きが急速に表面化する。この理由は、相沢公判闘争の行きづまりと、それによる村中の胸中の変化である。相沢公判は公開であり、公開であることにおいてのみ、彼ら青年将校の側には意味があった。つまり公判の席は、世間に彼らの真意を問う場であった。ところが、2月12日の橋本近衛師団長証人出廷が急遽非公開となり、後に予定されている林大将、真崎大将の出廷にも彼らとしては期待がもてなくなった。元来、慎重派であり公判闘争に意を注いでいた村中や西田らの落胆は容易に想像される[41]。事件発生の、12日前のことである。

　村中の先鋭化は、事件首謀者によるいわゆる「A会合」集結を招来し、2月18日夜栗原中尉宅で開かれた第2回「A会合[42]」では、安藤大尉の反対にもかかわらず、「とにかく来週中にやる」ことになった。そして歩兵第三連隊第六中隊長（2月22日より歩三の週番司令）安藤輝三大尉は、連日に渡る苦慮

の末、2月22日早朝、磯部に決行参加を表明した[43]。実に、「安藤が決行へ踏切った時に2・26事件がはじまった」(松本清張)のである。

とするとわずか10日間の間に、磯部・村中のほか将校21人を含む総勢1,483名の一大蹶起が策謀、具体化したことになる。磯部・栗原・河野・田中らの急進派においては、かねてより謀議が為され、将校らによる少数決行も考えられてはいたが、他の若手将校・下士官・兵を含む大部隊の出動がにわかに成就できたことには、当事者の心情を抜きには理解が困難である。

例えば首謀将校中、最後に断を下した安藤大尉は、「女性的ともいえる情味の深さ[44]」のある人物で、「彼が軍人になったのは、ひょっとしたら道を間違えたのではないか[45]」と他人に思わせる優しい性格の持主だった。その彼がなぜ決意したかについては、同じ歩兵第三連隊所属で蹶起には直接参加しなかった新井中尉が、こう回想する。「それにしても一度は反対した安藤が、何故決心を翻したか。わたくしは思う。結局は情に流されたのだ[46]」。

あるいは事件参加を決意した将校の中で、坂井中尉・田中中尉・清原少尉らは、事件直前に結婚している点を考えてみよう。坂井中尉と清原少尉は蹶起数日前の2月9日に、また田中中尉は前年暮の12月27日に、それぞれ華燭の典をあげている。まさに、「この時期に結婚した青年の心中はとらえがたいものがある[47]」。この点について先の新井中尉は、「かれらは事件そのものを極めて容易なものと考えていた。軍を引摺って行けると単純に信じていた。これがかれらをして結婚せしめた最大の原因だ[48]」と判断している。

こうしてみると、安藤のように同志の連帯意識から結局情に絆されたもの、あるいは事件のもつ意味への認識不足から軽率に参加したもの、そして一方では終始過激な発想を持ちつづけたもの、これらが蹶起将校連の実態であったと思われる。そして言うまでもなく事件をリードしていったのは最後のグループであり、特に実質的指導者であった磯部や栗原の一貫した積極的態度が大きな引き金となっていよう。敢えて付言すれば、それは理論的な指導者というよりも、まさに迫力でもってする牽引者の役割でしかなかった[49]。

第二に、一般に蹶起将校らによって聖典視されていたという『日本改造法案大綱』(北一輝著)の咀嚼をめぐる問題がある。確かに当時、北一輝はいわゆる青年将校運動の黒幕的存在であり、北一輝の弟子たる西田税を通して、

北と青年将校との間にある種の親近感が漂っていたのは本当であろう。それかあらぬか、蹶起将校のほとんどが「法案」のポケット版を背嚢に忍ばせていたともいわれている[50]。
　しかしそのことと、彼らが「法案」を理解していたこととは別問題である。確かに彼らの言動のうちに、「法案」からの影響とおぼしき個所を散見しないではない。例えば座談会「青年将校運動とは何か」において、望ましき経済機構を述べているなどは、それに該当しよう[51]。そこでは根本的修正として三つをあげ、大資本の国家への統一、私有財産の制限、土地所有の制限を求めている。これらはまさに「法案」そのものといえるが、勿論そこには彼らの具体的開陳が続くわけではない。
　彼ら蹶起将校と「法案」との関係については、関係者の証言からする限り、むしろ否定的な見方が強い。当時、青年将校運動の先覚者たる位置にありながらも時期尚早として決行には否定的であった大蔵栄一の弁によると、次の如くである。「大体、北一輝の思想を青年将校たちは深く掘り下げて研究しておらず、したがって充分咀嚼していなかった——と指摘する論者がいるが、私も全くその通りだと思っている[52]」。更にはなはだしきは、彼らが「法案」を理解し消化する知的能力に欠けていた旨を云々する説[53]もあるが、筆者はさもありなんと思う。幼年学校、陸士、そして軍の第一線へとつき進んできた若輩の彼らに、あの衒学的かつ該博な知識を散りばめた「法案」の充分なる理解は、先ず困難であったろう。よしんば蹶起将校の一部にそれが可能であっても、「同志」の共通理解にはほど遠かったに違いない。
　先に北と青年将校との間に「ある種の親近感」があると述べたが、もともとこの両者の関係は「法案」というシンボライズされた聖典を介しての関係に外ならなかった。事実、事件前に北と面会したことのある人物は、村中と磯部だけであった。そして、「大部分の隊付将校は北の改造法案も読まず、まして北、西田の存在さえ気にかけないものであった[54]」というのが実情であろう。その村中と磯部が北に会ったということも、ともに士官学校事件で連座し昭和10年8月に免官しているという、行動のし易さが多分に影響していよう。
　このような関係であるからして、表層下の関係はまた別問題ともいえる。

とりわけ北の側からする「関係のつけ方」には、注意が必要である。当時少なくとも形としては、北は定職のない一介の浪人であった。若かりし頃、辛亥革命に身を投じた情熱はすでに薄れ、政財界の黒幕としての道をむしろ選択しているようだった。そのためには、「要注意将校」と呼ばれ「何かしでかす」者として各方面に畏怖せられていた青年将校は、彼にとって恰好の尖兵たりえた。つまり彼らの不穏な動勢についての情報を適当に流すことによって、大物としての名声と生活のたつきを求めていたのである。そのような北の意図を、聖典の祖として私淑している青年将校がどうして知る術があろう。その意味では、「青年将校は純真といえば純真、世間知らずといえば世間知らずであった」[55]。北と蹶起将校、「法案」と蹶起将校との関係は、その程度のものだった。

　第三に、蹶起行動の理論について指摘せねばならない。先に、憲兵隊における村中の供述として、「叛乱の意志は寸分もなかった」旨を確認しておいた。けだし、これは村中の真意でもあり、蹶起将校それぞれの意志でもあったと思われる。なぜなら、軍人として、天皇の「臣子」であり「股肱」である彼らが、天皇に弓をひく道理があるはずもないからである。にもかかわらず「弓をひいた」、つまり天皇が激怒せられた結果はどう解釈すべきか[56]。

　彼らにとってこの挙は、叛乱などであるどころか、「作戦要務令」の綱領第五に示すところの、「独断専行」というれっきとした「将校の独断による軍事行動」(村中・「丹心録」)であった。そして軍人勅諭の「政治ニ拘ラズ」は、「関係せず」ではなく「拘泥せず」であった。とすれば理屈としては、政治に拘泥しない限り、政治に関係した軍事行動は許されることになる。更に、「我々は陛下の軍人だから、上官個人の部下ではない訳だ。……制度上に於ける上官であるから服従しなければならぬと云ふ事はない[57]」と言い切るに至っては、命令がすべてであった軍隊の規律や、「上官ノ命ヲ承ルコト実ハ直ニ朕カ命ヲ承ル義ナリト心得ヨ」(軍人勅諭)なる意味からの、完全なる逸脱である。

　また、下士官・兵を動員したことが大権私議に相当するとの非難に対して村中は、「吾人の行動は将校下士官兵を一貫して、奸賊を討滅して君国に報ぜんとする決意の同志を中心とする一の集団[58]」と開き直り、命令による動

員ではなく、自発性を強調する。しかし、この理屈はやや無理である。出動した兵の多くは、わずか1カ月前に入隊した初年兵であり、「私には命ぜられるまま行動する以外に道はなかった[59]」という述懐が、多くの兵士の本音であろう。蹶起出動時期の伝達についても、兵はもちろんのこと、一部将校及び下士官に対しては決行直前にしか為されなかった。同志であれば、それは不自然ではないかと疑義される所以である。

このように軍規を紊ること甚しき彼らではあるが、にもかかわらず、彼らにとって蹶起は叛乱でもなく、大権私議でもなく、統帥権の干犯でもなかった。もっといえば、彼ら蹶起将校の心情はその点では一点の曇りもなかったし、ないが故の行動であった。すべては天皇陛下の御意志を、彼らなりに忖度した上での決行であった。彼らに私心や邪心がなかっただけに、自らのとった公的行動を正しいと思う感情はいよいよ増幅されていった。それは、若者がとかく陥り易い独善的スリ替えである。

本来、蹶起将校たちの目的は、君側の奸たる妖雲を払いのけることによって、「昭和維新の捨石」に徹することであった。従って彼らにとっての大権私議とは「昭和維新の捨石」を越えるところに存し、具体的には蹶起討奸後の国家改造を云々することがそれを意味していた。2・26事件について、改造計画を欠いた無謀な挙であるとする批判がとかくあるが、改造計画を策謀することがほかならぬ統帥権の私用であってみれば、「やりっぱなし」はむしろ彼らの理にかなっている。蹶起後彼らとして許されるのは、軍上層部を中心とした国家改造への淡い心情的期待でしかない。事実、そうであったと思われる。まさに獄中の村中が、「豈に微々たる吾曹の士が廟堂に立ち改造の衝に当らんと企図せるものならんや[60]」というとおりである。従って彼らの心情に沿ってみれば、2・26事件をもってクーデターとするのには、少なくとも当たらないと思われる。そして一切の不幸は、彼らの脳裡にあった天皇が、現実の天皇とはかけ離れたものであることを、彼らが洞察できなかったことにある。

## 5 青年としての蹶起将校

　これまでみてきた限りにおいては、彼ら蹶起将校の意気軒昂さにもかかわらず、外面に現われた彼らの行動は一種異様とも思えるものだった。その異様さを分析するに、精神分析学上の概念を借用して説明する例がある[61]。「アクティング・アウト」(acting out) がその概念である。それによると、一般に患者は自らの葛藤の内容を言語化することによって意識化するわけであるが、そのメカニズムが何らかの理由によって充分に機能しないとき、言語化という手段を経由せず、肉体的行動による表現へと短絡してしまうという。勿論これをもって筆者は、ただちにあの青年将校たちを患者に擬するわけではないが、にもかかわらず、蹶起当時の彼らの心理には似たような状況がみられたのではないか、と推察する。

　もしこの想像を逞しゅうすれば、もともと幼年学校、更に陸軍士官学校へと進んだ頭脳明晰な彼らをして、何がかかる心理状況に追い込んだかが問われねばならない。このことは、一見、縷々既述してきた「事件要因を問う作業」の繰り返しに思える。しかし目的は同じでも、単なる繰り返しではない。先に紹介したいわゆる常識的な線は、とかく「政治がらみ」の論述をもってその本領とするだけに、当事者の「主体的意思」(竹山道雄) が脇に追いやられる。「主体的意思」なる言葉が抽象的であれば、「当事者の側に立った見方」といってもよい。極言すれば「政治がらみ」の出来事はいわば素材であって、それに影響を受けるにせよ素材を駆使して一個の人間を行動に駆り立てるのは、その人間の「主体的意思」でしかない。その「主体的意思」が意識上のものであろうと、意識下のものであろうと、この場合さほど問題ではない。学習理論に即していえば、要するに素材を駆使できる準備状態、つまりレディネス (readiness) があるか否か、ということである。従ってそのような側面を看過した分析では、ことの本質は容易に把握しにくいし、たとえ出来たとしてもそれは現実から遊離した論理の「つじつま合わせ」に堕し易い、ということになる[62]。このような観点に立つとき、例えば2・26事件を皇道派と統制派の対立図式に当てはめて、不容易に論理展開していくなどは一考を要する。事実、青年将校運動の先輩として当時歩兵第五連隊 (青森)

にいた末松太平は、こう述懐する。「一概に統制派だとか、皇道派だとかいう区分によって、2・26を論理づけていくというのは、僕は間違いだと思います。……そういうことじゃ当時の青年将校の動きはわからんというのが、終始一貫、僕の考えですけど……[63]」。まさに、事件関係者[64]ならではの実感であると思う。

このように見てくるとき、蹶起時の彼らが内包していたレディネスとは、どのようなものであったかが問われる。事件収捨後の昭和11年5月7日、第六十九特別帝国議会で民政党の斎藤隆夫は、青年将校の一連の行動を厳しく論難した。「……軍人教育を受けて忠君愛国の念に凝り固まって居りまする所の直情径行の青年が、一部の不平家、一部の陰謀家等の言論をその儘鵜呑みにして、複雑せる国家社会に対する認識を誤りたることが、この事件を惹起するに至りたる所の大原因であったのであります（拍手）[65]」。彼のこの見解は、一片の真理をついていると思われる。彼らの人間形成において、幼年学校及び士官学校の計7年に渡る期間は、実に大きな意味をもつ。しかし実態としてのそれは軍事教練における「功」と一般教育（政治教育も含む）における「罪」とを合わせもった、双面神としての教育期間であった。ここでいう一般教育における「罪」とは何か。つまり人間として備わるべき一般教養が、とかく軽んぜられたという意味での「罪」に外ならない。そのような状況のもとで、徒らに軍人であることの意味を鼓吹すれば、上すべりな軍人選民思想が植えつけられるのは必定といえよう。社会的視野の狭隘さと結びついた選民意識、それが当時の彼ら蹶起将校におけるレディネスの内実であった。皇道派や統制派の問題も、相沢事件も、彼らがかかるレディネスの状態にあればこそ、意味をもった。否むしろ、そのレディネス状態に火を点じて、彼らの「主体的意思」を現実の行動（この場合は蹶起行動）へと転化させるものは、何でもよかった。もしその表現が不穏当ならば、さして合理的な理由でもなくてよかった。更に一歩譲れば牽強付会であっても、とに角、理屈がつくものであればよかった。

しかしそうしたレディネス状態から短絡に走り、あるいは「アクティング・アウト」に身を任せる性向は、とかく青年期に特徴的なものでもある。その意味では彼ら青年将校の私心のない心の動きを、少なくとも結果として

翻弄させてしまった、高級幕僚・取り巻き連中らの責任は実に大なるものがあると言わねばならない。

(注)
1 新井勲、『日本を震撼させた四日間』、文芸春秋新社、昭和24年。
2 事件後数十年を経過して、ようやく埋もれていた資料が日の目を見るということも少なくない。
3 本章の原著論文は、1981年に発表している。
4 高橋正衛、「2・26事件のナゾ」『朝日新聞』、昭和41年2月26日号(夕刊)。
5 例えば青年将校のうち幾人か(磯部、安藤、香田ら)は、日蓮宗に深く帰依しており、この事実と事件との関係も興味ある。同じく日蓮宗に帰依していた石原莞爾については、次を参照。五百旗頭真、「石原莞爾における日蓮宗教」『政経論叢』19 — 5・6号。
6 末松太平、『私の昭和史』、みすず書房、昭和38年、1頁。
7 大谷敬二郎、『昭和憲兵史』、みすず書房、昭和54年、88頁参照。
8 大蔵栄一、『二・二六事件への挽歌』、読売新聞社、昭和46年、67-68頁参照。
9 厳密には、前年昭和8年11月の統制派幕僚と青年将校との会談決裂をもって、第4期の開始とする。松沢哲成、「青年将校運動の概要」『二・二六事件秘録(一)』(林茂編)、小学館、昭和46年、87頁参照。
10 座談会「青年将校とは何か」は、雑誌『日本評論』昭和11年3月号に「青年将校に物を訊く」と題して掲載されたもので、「二・二六事件は何故起きたかを当事者が直接説明した唯一の資料である」(高橋正衛)。尚、この場合の当事者とは、栗原中尉のほか、山口、香田、野中、安藤の各大尉であると推察されている。雑誌発表のわずか10日後に事件が発生していることからすれば、蹶起真近の首謀者たちが何を考えていたかが伺える。
11 座談会「青年将校とは何か」、『現代史資料5国家主義運動2』(高橋正衛編)、みすず書房、昭和53年、775頁。
12 注11、779頁。
13 注11、779頁。
14 酒井光司、「侍従長の寝室」『二・二六事件と郷土兵』(埼玉県県民部県史編さん室編)、昭和56年、290頁参照。
15 秦郁彦、『軍ファシズム運動史』、河出書房新社、昭和37年。119頁。
   松本清張、『昭和史発掘7』、文芸春秋、昭和53年、262頁。
16 田崎末松、「真崎大将を弁護する」『歴史と人物』、中央公論社、昭和56年2月号、127頁。
17 筒井清忠、「『日本ファシズム』論の再考察」『知の考古学』、社会思想社、昭和51年1・2月号、29頁。
18 小林友一、『同期の雪』、日本工業新聞社、昭和56年、284頁。
19 丸山真男、『現代政治の思想と行動』、未来社、昭和55年、61-62頁。

20 判沢弘、『昭和維新と軍部』『伝統と現代』、伝統と現代社、昭和51年9月号、26頁。
21 竹山道雄、『昭和の精神史』、新潮社、昭和31年、50-51頁参照。
22 注11、781頁。
23 注11、781頁。
24 注11、782頁。
25 注19、61頁。
26 「繰返して云ふが、青年将校運動には、幕僚ファッショなどに依って拘懐されてゐるファシズムは芥一つないことを心得べきである」。注11、778頁。
27 「村中孝次訊問調書」、注9、198-199頁。
28 農村出身といっても、幼年学校あるいは中学校を経由して陸士に入学するわけであるから、いわば少なくとも地方の名望家層以上の家庭的背景は満たしていた。
29 現に村中孝次は昭和7年陸軍大学に入学しており、竹島継夫や対馬勝雄も事件当時陸軍大学入試を勧められていた。
30 藤原彰、『軍事史』、東洋経済新報社、昭和36年、169頁。
31 藤原彰、『天皇制と軍隊』、青木書店、昭和54年、42頁。
32 村中孝次は蹶起将校中きっての理論家であり、その本領は磯部浅一の遺稿と比すれば、明確である。恐らく、村中が農村問題に触れているということは、事実を隈なく見渡すという彼の理論家肌の性格が為せるわざであって、農村問題が主たる関心事であったとは思えない。
33 注7、13頁。
34 松本清張、『昭和史発掘10』、文芸春秋、昭和53年、258-259頁参照。また或る憲兵の談によれば、4・16事件以降は「大したこともないので、泳がしておいた」ということである。松沢哲成、「三・一五事件」『近代日本思想史の基礎知識』（橋川文三ほか編）、有斐閣、昭和50年、334頁。
35 ただし一般に彼ら青年将校を含む軍人の脳裡には、労働者階級への目くばりは、農民などへのそれに比して更に低いものであったようである。従って、2・26事件を「階級闘争」として把えることは先ず困難であろう。注19、54-55頁参照。
36 青年将校運動第4期の説明参照。
37 一説には、満州派遣のローテーションの一環として、昭和9年の時点で既に派遣中の第16師団（京都）との交代が決まっていた、という。尚、第1師団の実際の渡満は昭和11年5月9日であった。市倉徳三郎、『歩兵第三連隊』、廣済堂出版、昭和55年、215頁参照。
38 もっとも、2・26事件が「失敗」であったか否かは、問題をはらむところであるが、その点は措く。
39 松本清張、『昭和史発掘13』、文芸春秋、昭和54年、226頁。
40 大谷敬二郎、『二・二六事件の謎』、柏書房、昭和50年、265頁参照。
41 村中の心のうちについては、松本清張の推理が正鵠を得ている。松本清張、『昭和史発掘8』、文芸春秋、昭和53年、180-181頁参照。
42 このときの「A会合」の出席者は、安藤、栗原、磯部、村中であり、中橋と河野は勤務の都合で欠席していた。
43 磯部浅一、「行動記」『二・二六事件』（河野司編）、日本週報社、昭和36年、47頁。

44　蘆澤紀之、『暁の戒厳令』、芙蓉書房、昭和54年、21頁。
45　注44、50頁。
46　注1、159頁。
47　澤地久枝、『妻たちの二・二六事件』、中央公論社、昭和55年、15頁。
48　注1、149頁。
49　彼らの人となりについては、興味深い寸評がある。(元候補生・武藤与一の談話)「栗原さんは挨拶代りに"ぶった斬れ"という人だった。磯部さんはちょっとおっちょこちょいみたいなところがあった。安藤さんは立派な人だった」。松本清張、『昭和史発掘6』、文芸春秋、昭和53年、277頁。
50　注15、秦郁彦　96頁参照。
51　注11、779頁。
52　注8、63頁。
53　注44、124頁参照。
54　注40、270頁。
55　注41、310頁。
56　当時、警視庁特別高等警察部長であった安部源基は、天皇の激怒こそ彼らの惨敗の根本原因である、とする。安部源基、『昭和動乱の真相』、原書房、昭和54年、198頁。
57　注11、783頁。
58　村中孝次、「続・丹心録」、注43、342-343頁。
59　平井銀次郎（当時2等兵）、「四面楚歌」、注14、332頁。次の文献にも同様な記述がある。竹森一男、『兵士の現代史』、時事通信社、昭和52年、48頁参照。
60　村中孝次、「丹心録」、注43、318頁。
61　竹山護夫「伝統文化とファシズム」『日本のファシズム』(河原宏ほか著)、有斐閣、昭和54年、82頁以下参照。
62　この点、「昭和史論争」で問題とされたあの「人間が不在である」という主張を想起すればよい。
63　末松太平、「2・26事件秘話」(松岡英夫との対談)『毎日新聞』、昭和45年3月1日号。
64　彼は2・26事件に連座し、昭和12年1月、陸軍軍法会議で禁錮4年の判決を受け免官に処せられる。
65　注39、198頁。

# 第6章　日本占領とGHQ知日家群像

## 1　はじめに

　世界の占領史のなかでも、最も成功をおさめたケースとされる日本占領——それは、1945年（昭和20年）8月15日の敗戦とともに動き出した。だが実際には、10月2日の連合国最高司令官総司令部（以下GHQと略）の設置とともに、その活動が始まった。その後1951年（昭和26年）のサンフランシスコ講和条約を経て、翌年4月GHQが廃止されるまでの6年余り、日本占領という一大イベントはさまざまな人間の交流を生みだした。とりわけ連合国とはいいながら、事実上はアメリカ単独占領であったことは、多くのアメリカ人が日本を知り、理解する機会を与えた。その間、朝鮮戦争などをはさみ、来日したアメリカ人の軍人・軍属・民間人およびその家族など、総数は延べ200万人とも500万人ともいわれる。ここではそれらの中でGHQを舞台にして日本を知った人たち、あるいは占領軍部隊将兵をとり上げ、そのヒューマン・ドキュメントの断片から知日家の誕生を追ってみる。

　ところで一口にGHQといってもその中味は、生粋の軍人・民間人上がりの軍人・純粋な民間人などの寄せ集めであり、あるいは将校・下士官・兵という縦の系列で貫かれた組織体でもある。そこにはそれぞれのキャリアからくるキャラクターの違いにより、さまざまな葛藤もあった。その最も有名なものが、ニューディール派と反ニューディール派の対立であった。前者は、民政局、民間情報教育局（以下CIEと略）、経済科学局などを中心に、日本の民主化に異常な執念をみせたグループであった。一方後者は、参謀第二部を拠点として、反占領軍活動のチェックや占領後期のいわゆる「赤狩り」などを徹底して行ない、しばしば前者の行き過ぎを監視する立場にあった。そし

てこれらの対立に、日本側当局が振り回される一面もあったといわれる。

また占領期間の経過とともに、GHQの性格も徐々に変化していった。それは主としてアメリカ本国からの要請に基づくもので、徴候は早くも1948年（昭和23年）1月、ロイヤル陸軍長官の声明「日本を反共の防壁へ」に現われた。こうした動きは、GHQ内部の主導権争いにも影響し、占領初期に活躍したニューディール派にかわって反ニューディール派が抬頭してきたことは周知のとおりである。

さらにGHQ詰めで働く人たち、そして日本各地に駐屯する占領軍部隊将兵は、原則として一般日本人との自由な接触を禁じられていた。当然、一部の日本通や日本語を話せる者などを除き、多くのアメリカ人にとって日本は依然として遠かったものと思われる。

このようにGHQをとり巻く当時の状況は、ストレートな知日家誕生という意味では、決して十分な条件下にあるとはいえなかった。にもかかわらずいく人かの人たちは、この占領という事実を介して確実に知日家になったと思われるし、またその後たどった人生も日本にかかわるものとなっていった。当時、GHQ要職にあった人物のほとんどは引退かもしくは物故者となっているし、若くして来日した者でもすでに第一線を退く年齢にある。人間の常として、昔を懐しむ感情は往々にして良いものになりがちではあるが、その一方で占領当時の懐古を苦々しく思う人たちもいる。（注：本章の原文は、1986年に発表。）

ともあれ、無条件降伏した日本の占領にあたって、「あたふたと」かり集められた占領軍要員、とりわけその頭脳であったGHQ群像のうち、知日家と呼ばれる人たちについて探索してみよう。

## 2　戦前滞日経験の有無

(1) 滞日経験をもっていた人びと

GHQで活躍した人たちの多くは、占領とともに初めて日本にやってきた。しかしいく人かの人たちは、戦前すでに日本に住んだことがあり、あるいは旅行で短期間過した体験をもつ。

たとえばマッカーサーの高級副官であったフェラーズ准将は、いわゆるバターン・ボーイズのなかで自他ともに認める日本通であった。生粋の軍人である彼は、戦前マニラ在勤中に日本旅行を試み、すっかり日本に魅了されてしまった。当時、案内役をつとめたある日本人女性は、彼にこう言った。「日本を理解するには、ラフカディオ・ハーンを読みなさい」。彼は、言われるままにハーンの全作品を読み、またその後何度か来日し、ますます日本に対する理解を深めていった。

大戦中の彼は、対日心理作戦の責任者であった。その際、彼が天皇と日本国民との特殊な結びつきを理解していたことは、大いに役立ったという。つまり日本人向け宣伝ビラに、決して天皇批判の文句をのせないことだった。天皇を誹謗すれば、いたずらに日本人を刺激するだけであることを、彼はよく知っていたのである。

戦後、マッカーサーの高級副官となった彼は、事あるごとに天皇の立場を説明することに力を注いだ。当時、連合国側の一部には、天皇を戦犯として処刑する要求が強く出されていた。しかし彼は一片の覚書をしるして、マッカーサーに提出した。そのなかで彼フェラーズ准将は、天皇は単に利用されたに過ぎない旨を切々と訴え、適切な戦犯処理の必要性を説いた。彼の言葉によれば、「皇室のことで問題が起きると、元帥はいつもこのメモを読んでいた」ということである。

こうしてみると、フェラーズ准将にとって日本を知ることの原点は、ラフカディオ・ハーンにあったといえよう。1946年（昭和21年）、彼の帰国に際して開かれた送別パーティーに、日本人としてはただ一人招かれた人がいた。それはハーンの長男、小泉一雄であった。

もう一人の人物を紹介しよう。CIE初代教育課長のヘンダーソン中佐である。彼の父は日本美術のコレクターであった。彼自身は化学技術者志望であったが、父の死後ある人に勧められて、1930年（昭和5年）から3年間、京都・奈良で過ごし、日本語や俳句を習った。帰国後、コロンビア大学日本学科創設にかかわるなどして、日米間を何度か往復した。大戦中は陸軍諜報部隊に徴用され、終戦とともにCIEに入った。なにしろ当時は、GHQ高官といえども、「日本＝未知の国」というのが当たり前の時代である。そのよう

ななかで、彼のような存在は日本側担当者を安心させるものであった。事実、こんな話がある。東久邇、幣原両内閣で文部大臣を勤めた前田多門は、戦前ニューヨーク日本館館長時代にヘンダーソン中佐と面識があったが、戦後GHQの教育担当官にヘンダーソン中佐をみつけて、とても心強かったという。

そのヘンダーソン中佐は、いわゆる天皇の人間宣言起草に際して重要な役割を果たしたとされている。そのことは、旧来の教育勅語の扱いに困り抜いていた彼が、新しい道への第一歩として、まず天皇を「人間」にする必要性に思い至ったことに由来する。すでに1933年（昭和8年）、Bamboo Broom（竹ぼうき）という俳句の本を著したほどの日本通なればこそ、かかるひらめきを感じたといえようか。

このほか、戦前滞日経験のあるGHQ関係者としては、次のような人たちがいる。日本進駐先遣隊の一人、バワーズ少佐は、戦前日本に一年滞在し歌舞伎研究に没頭し、日本語も相当なものだった。陸軍では、その日本語能力で「スター」だったという。二代目外交局長であったシーボルトは、戦前語学将校として在日アメリカ大使館に勤務、その後神戸で弁護士を開業、大戦とともに帰国したが、終戦後GHQに入り政治顧問部長代理などを経て外交局長となった。CIE二代目局長のニュージェント中佐は、スタンフォード大学大学院を出て、戦前の和歌山高商と大阪商科大学で教えた日本通であった。また民政局地方行政課長のティルトンも戦前来日したことがあり、その知識を生かして今日の地方自治行政の基盤をつくった。そして民政局員として日本の民主化に熱心であったビッソンも、戦前二度ほど来日している。彼のアメリカ人妻の生地も金沢であった。同じく民政局で経済分析の調査官であったハドレー女史は、1935年（昭和10年）の第2回日米学生会議に出席し、日本への興味を覚えた。翌年、早稲田大学で開かれた第3回大会にも参加し、1938年（昭和13年）には外務省招待学生として来日した体験をもつ。

また戦前の滞日経験があるうえに、GHQを退いた後も日本に居残った人たちもいる。CIE宗教課調査担当官であったウッダードは、1921年（大正10年）宣教師として来日し、開戦直前に帰国、終戦とともにGHQ入りし、退任後も20年間滞日し外国人に日本の宗教を紹介する第一人者であった。同

じく宗教課の課長であったバンスは、旧制松山高校で教鞭をとったことがあり、占領後もアメリカ大使館文化情報局に勤務していた。戦後駐日アメリカ公使として有名であったエマーソンも、戦前語学研修外交官として来日、占領初期はGHQ政治顧問であった。GHQ高官ではなく、一介の進駐軍GIであったパッカードは、幼年時代を横浜で過ごし、カリフォルニア大学で東洋美術史を専攻する。戦後日本で除隊し、早稲田大学大学院で研究し、日本美術通となった。妻は日系2世で、その後も日本に住み貿易会社に勤めていたという。

(2) 初めて来日した人びと

占領とともに初めて日本の土を踏み、その強烈な印象からその後「日本がらみの生き方」をしている人たちもいる。

参謀第二部公安課調査員だったシュパックも、その一人といえよう。彼は、「何でもやってやろう」タイプの人間で、青年時代から密航・放浪を繰り返し、ニューヨーク、ハワイ、フィリピン、中国、ニューヨーク、ハワイと渡り歩き、ホノルルで警察官をしている時、占領軍要員募集に応募して来日した。読売争議、下山事件などを担当し、1951年(昭和26年)帰国した。その後もメキシコで鉱山探訪するなど放浪を続けたが、やっとホノルルに落ち着き、古美術商を営む。自室にも日本の仏像・刀剣などが所せましと並べてあり、日本あっての商売といえよう。年に2回は、来日するという。

CIEで、ラジオ番組『真相はこうだ』の脚本書きをしていたのが、ウィンドであった。ケンブリッジ大学修士であり、NBC放送・脚本課にいたことのある彼には、うってつけの仕事であった。彼はこの新しいタイプの番組で、戦争の真実を日本人に教え考えさせようとした。また戦後日本の野球中継放送にとっても、彼は恩人であった。日本を去った後、『ニューヨーカー』誌のスポーツ欄編集者となり、仕事で数度来日したという。

このほか、通訳部長であったシェルトンは、その後サンフランシスコの近畿日本トラベル・エージェンシーの支配人を勤めた。CIE情報課長だったブラウンは、GHQを去った後日本に残り、彼の死後その蔵書は横浜開港資料館に寄贈された。公衆衛生福祉局医療サービス課長のジョンソン大佐は、占

領後も横浜で医業を営んだ。

　第二代看護課長であったオルソン女史は、1982年（昭和57年）、日本看護協会の名誉会員に推され、厚生大臣から感謝状が贈られた。在職当時から日本の看護教育に意を注ぎ、離日後もずっと日本の看護を見つめてきたという。その後、イリノイ大学看護学部教授となった。同じく女性のアレン夫人は、現在世界中にネットワークをもつ「生け花インターナショナル」の創設者として有名である。もともと夫のアレン将軍を追って来日したが、余暇を利用しての成果だった。日本政府は、彼女による生け花海外普及に対し勲章を授与した。

(3) **日本研究者**になった人びと

　日本とのかかわりでいえば、占領が契機で学問の道に入った人も少なくない。テクスターもその一人である。アンティオーク大学で政治学を専攻した彼は、大戦中「戦争終結後の日本再建」と題する論文を書き、1946年（昭和21年）、初の民間人占領職員として来日した。そして第一軍団軍政部や、和歌山軍政部などで教育担当官を勤め、帰国後コーネル大学東南アジア研究所などを経て、スタンフォード大学人類学教授となる。アメリカ有数の東洋学者である。1951年出版の『日本における失敗』は、占領批判の書というショッキングな本であった。当時彼は弱冠28歳であった。

　モンゴメリー中尉も、テクスター同様、軍政官を志望して来日した。甲府、松江を経て、廃墟となった広島にやってきた。そこで市の顧問となり、市政専門家として市の復興計画に関与した。1946年（昭和21年）ハーバード大学に戻り、6年後、論文執筆のため再来日した。テーマは「占領下日本における追放」であった。ハーバード大学政治学教授にもなり、その後久方振りに広島を再訪している。

　このほかボーシャンは19歳のときGIとして来日し、帰国後教育学者の道を歩む。明治期のお雇い外人について詳しい。日本史専攻の歴史学者ミッチェルは、20歳のときGIとして来日し、それが日本研究につながる。妻は日本人である。同じくムーアも日本史専攻の歴史学者で、18歳のときGIとして来日し、のち論文「徳川時代のさむらいの社会移動」で博士号を取得し

た。

　純然たる学究への道をたどったわけではないが、帰国後の学位論文に占領時代の体験が生かされた例もある。CIEのヒックス中尉がその一人であった。かれはGHQ在任中、日本の労働組合結成を助言する機会をもち、その時の経験から一つの論文をまとめた。すなわち、カリフォルニア大学大学院での修士論文、「日本の労働運動」がそれである。しかし、彼自身はその後いくつかの会社を転々としたものの、労働運動にはノータッチであったという。

　ニューヨークで日本や東洋関係の書店を構えたウィード女史も、その一人である。当時彼女は、CIEの婦人問題担当官であった。とりわけ彼女が力を入れたのは、戦後初の総選挙に、いかに日本婦人を参加させるかであった。7年近い占領軍生活の後、コロンビア大学で博士論文を書いた。テーマは、日本およびアジアでの婦人の地位に関するものであった。それ以来、「なんとか日本文化とのつながりをもちたい」とする気持ちが、東洋ものの書店経営につながったという。

## 3　占領体験の影響

### (1)　占領の思い出

　占領にかかわって来日した人のほとんどは、仕事が終わるとともに帰国していった。そしてまたその多くが全く別な仕事に従事し、日本とは縁のない日々を送っている。これもまた事実であろう。しかしその彼らが日本で過ごした束の間を、どのような感情で胸にあたためているか、これは別問題ともいえる。

　そのなかで、大の日本びいきであったと思われるブラッティの場合を示そう。彼は終戦と同時に進駐し新潟軍政部などを経て、翌年兵役終了し帰国する。ところが1948年（昭和23年）、今度は志願してGHQ入りを果たす。その動機を彼はこう述懐する。「日本が好きだったということですね。陸軍の一兵卒として滞在していたとき、その国土の美しさと人々の誠実さに魅きつけられたのです。空襲でひどく破壊されてはいましたが、本当にすてきな国でした。だから何とかしてもう一度日本に行ってみたいと思ったのです」（竹前

栄治『証言日本占領史』1983年、岩波書店、309頁）。彼自身は経済科学局労働課教育係長などを経た後、仕事上の衝突から帰国、その後も決して順調な人生航路をたどってはいない。しかし引退したあとも日本にすこぶる好意的で、畑に大根をつくり、たくあんや寿司をつくるかと思えば、障子も自分で張るという具合である。

　CIE新聞課長として辣腕をふるい、当時徹底した新聞統制を行なったイムボデン中佐は、日本のジャーナリズムにひどく恐れられていた。しかし根は素朴な軍人であり、シキ・セイジのペンネームで『新聞ピカドン』（新聞之新聞社）なる書物を出すなど、日本に対しては良い印象をもっていたようだ。故郷カリフォルニアの田舎に引退した後は、自慢の日本風庭園の手入れに余念がなく、その庭の一角に日本民家の模型と二宮尊徳の像をおいて楽しんでいたという。日本庭園といえば、日本国憲法のGHQ草案起草中心人物の一人で、民政局法規課長であったラウエル中佐も、帰国後弁護士をしながら、自宅に日本庭園をこしらえ、ツバキ、カキの木の成長に目をほそめた。

　一方こうした人たちとは逆に、GHQ時代の活躍にもかかわらず当時への懐古をなぜか拒否する人びともいる。たとえばCIE労働課員だったコスタンチーノ、同じくCIE美術記念碑課員ケイツ、民間輸送局鉄道課長シャグノン大佐らは、いずれもその部類に入る。とつとつと思い起こすにしても、概して不愉快な調子でしかない。

　その意味でどうしても忘れてならない人物が、民政局次長であったケーディス大佐である。彼はもともとハーバード大学出身の法律家で、進駐第一陣として来日した。1949年（昭和24年）にGHQを辞するまで、常にGHQによる民主化政策遂行の花形的存在で、そのシャープな頭脳と精力的な活動は他を圧していた。しかし日本を離れて以後は、不思議に日本とのかかわりを避け続ける。ニューヨーク・ウォール街で弁護士業を営み、日米協会の会員ではあるが、「日本への興味はまあまあ」という程度で、再度の来日はおろか、日本人に会うことを自らのタブーとまでしていた。しかしその彼も、1969年（昭和44年）、日本の雑誌社の執ようなインタビュー攻勢に屈し、ついに重い口を開いた。夕食をはさんで11時間、エネルギッシュに、ときにユーモアを交え、まくしたてたという。当時の記憶は鮮明であった。では、

何が彼をして20年間にわたる沈黙を余儀なくさせたのか。それは、他人には知る由もない。ただ彼自身のいう「無名でいたいという情熱」がその謎を解くヒントかも知れない。(注: 1996年、彼は90歳で亡くなっている。)

### (2) 占領と知日家

最後に、日本占領という歴史的事実が果たして知日家をどう育てたのか、この点を考えてみよう。結論からいえば、広い意味での知日家すなわち日本通は、確かに数多く生まれたといってよい。ともかくも、何百万人もの人たちが日本という異文化を肌で感じ、その多くが心地よい思い出とともに去って行ったのであろうから。偶発的とはいえ、これだけ壮大な人間交流はきわめて稀である。

しかし狭い意味での知日家、つまりオピニオン・リーダー的な知日家という点ではどうであろうか。そのあたりを少し整理してみよう。

第一に、戦争そして占領という事態は、何といっても異常である。特に勝者が敗者を支配するというかたちは、それ自体すでに対等な人間的交流を否定している。しかも、つい先日まで敵同士であったわけである。当然、トラブル防止のため占領軍と日本人一般市民との接触は極力制限される。その意味で、最初から対等なパートナーシップが欠けていたのである。

第二に、占領を機に来日した人たちの多くは、きわめてビジネスライクにふるまったという点である。軍人であれば命令とともに、民間人であれば契約に基づく報酬で、それぞれ別天地にやってきた。そして仕事が済むと、さっと本国に帰る。そうした人たちに、日本との感情的コミットメントにふける余裕は、あまりなかったであろう。

第三に、GHQ内部には、各レベルでさまざまなあつれきが存在していたことも見逃せない。大きくは、ニューディール派と反ニューディール派、国務省筋の政治顧問らとマッカーサー、小さくは軍人と民間人、上司と部下などの間で、種々の対立があった。これらに忙殺されることは、日本への興味を必然的に脇へやるか、あるいは相殺してしまう。

第四に、当然のことではあるが、占領はあくまで占領であって、知日家養成のための制度的バックアップとは、全く無縁であった点もあげられよう。

つまり仮に占領を契機に日本に興味をいだいたとしても、それを息の長い、深いものにする面では、概して無力であった。

しかし、そうした厳しい状況下にあって、例外的に真の意味での知日家になる人たちもいた。それらをタイプ別に分けると、次のようになろう。

○戦前から何らかのかたちで日本と関係を有しており、占領によってその日本への関心がさらに増幅されていった人たち。
○学問的興味から、あるいは「職業」選択の上から、占領以後も一貫して日本とのかかわりを維持できた人たち。
○日本の一般市民と比較的フランクな接触ができた、GIなど地位の低いレベルの人たち。
○白紙状態であったがゆえに、全く理屈抜きで日本を好きになった人たち。良い意味でのカルチャー・ショックを受けた人たち。

以上、おおよそこれらのタイプに属する人たちは、知日家になる可能性は高かったものと思われる。

ところで日本占領といえば、マッカーサー元帥を忘れることはできない。彼は日露戦争直後、在日アメリカ大使館付武官だった父アーサーの副官として来日したことがある。では端的にいって、彼はいわゆる知日家であったのか。その答えは、次のような事実が物語っていよう。

かれは在任中、朝鮮と台湾とフィリピンへ行った以外は、宿舎と職場の往復しかしたことがなかった。かれが2回以上会った日本人は、わずか16人に過ぎなかった。占領中、日本人はあれほど彼を賛美したにもかかわらず、帰国後彼は上院聴聞会で「日本人は12歳」といってのけた。そのため、日本政府は予定していた永久国賓待遇を急遽取り消した。

良くも悪くも、占領にまつわる日本人とアメリカ人との関係は、このマッカーサー元帥のとった態度に象徴されているのではなかろうか——若干の人たちを除いては。

# 第7章　大学一般教育の戦後史

## 1　戦後の高等教育改革と一般教育の導入

　第二次世界大戦での敗戦は、我が国の教育制度にドラスティックな変革をもたらした。忠孝仁義の精神に貫かれた教育勅語を思想的バックボーンとし、複線型教育体系のもとで国民教育を階層的に分断化させ、強力な中央集権制度の行使を特徴としていた戦前の学校教育は、民主的な教育制度には程遠い存在であった。高等教育に限定してみた場合、戦前の大学進学率は極めて微々たるものであり、女性にいたっては進学機会はほぼ閉ざされていた。また時代の趨勢とともに大学に対する権力的介入を余儀なくされるなど、自律的な教育研究組織とは到底言い難い面もあった。さらには同一世代の限られた選良たる大学生に対しては、学歴貴族とも評されるほどの強烈なエリート意識を植えつける「鼻持ちならない」体質的側面も、戦前期高等教育には胚胎していた。

　敗戦とともに進駐してきたGHQ（連合国総司令部）は、アメリカ本国からの示唆を受けながら、日本を独善的な軍国主義国家に導いた原因の一つとして、硬直的で非民主的な教育制度に着目し、その抜本的かつ早急な改革を試みた。6-3-3-4制度はその一つの結果ではあるが、そこに盛られようとした精神はあくまで機会均等で民主的な教育の姿であった。それは戦前の閉鎖的な高等教育に対しても、抜本的な改革を迫るものであった。今日「一般教育」とか「一般教養」として馴染みのあるカリキュラム用語は、こうした動きを象徴する重要な概念とさえ言えよう。すなわち、戦後の新制大学の発足時に導入された一般教育の理念は、それまでの大学教育における専門教育偏重の反省に立って、学問研究・専門教育・職業教育と並んで、人格の完成を

目指す人間教育や良き市民の育成に資する教育なのであった。

　しかし昭和24年の新制大学発足（一部の大学は昭和23年に発足）以来、この一般教育のたどった歴史は当初の理念を実現していく過程というよりも、むしろ理念が色褪せていく過程というほかはなかった。寺﨑昌男に従えば、戦後大学史は大きく3つの時期に区分できる[1]。第1期は1947年から1960年代末まで、第2期は1970年代から1990年まで、第3期は1991年から現在までである。ここでは特に、一般教育課程のあり方に着目して各期をフォローしてみよう。

　まず第1期の1947年には大学基準協会が設立され、そこで採択された「大学基準」において人文・社会・自然3系列の一般教育方式が導入される。しかし主として財界や理系学部からは、早くも専門教育強化への観点から、一般教育科目軽減への声が寄せられることとなる。1956年には、これに応える形で新設された基礎教育科目8単位までに限り、一般教育科目単位との代替が可能となった。なおこの年文部省は、自主的任意団体たる大学基準協会の「大学基準」に依存する体制からの脱却をはかり、「大学設置基準」を新たに省令として定めた。以後、大学の設置・改廃は文字通り文部省の直接的管理下に置かれることとなる。

　第2期の初頭の1970年、「大学設置基準」の大きな改訂がなされた。戦後長きに渡って維持されてきた一般教育3系列均等必修計36単位が、均等ではなく単に計36単位に変わった。しかしこれ以上に重要なのは、単位の代替取得にかかわる変更である。それまで8単位に限り基礎教育科目で代替可能であったところ、外国語科目・基礎教育科目・専門教育科目の計12単位までを代替可能とした。これにより、一般教育科目単位の3分の1までが非一般教育科目で履修可能となった。あわせて系列ごとの開設科目数の制限も撤廃され、単に3系列にわたって開設すればよいこととなった。なお、総合科目が新設されたのはこの時である。衝撃的であったのは、翌1971年の中央教育審議会答申であった。そこでは、次の様な教育課程の方向が示されていた。「これまでの一般教育科目の教育がねらいとした諸学の総合理解、学問的方法の自覚、文化史的な問題や人間観・価値観の把握などの目標については、それぞれの教育課程の中に含めて総合的にその実現をはかる」。そし

てその説明の中で、「今後は、一般教育と専門教育という形式的な区分を廃し、同時に既成の学部・学科の区分にとらわれず、それぞれの教育目的に即して必要な科目を組織した総合的な教育課程を考える必要がある」と述べている。つまりは、一般教育を専門教育の中に発展的統合させる方向付けと言えよう。こうした雰囲気を受け、1987年臨時教育審議会の第4次答申で、「大学設置基準の見直し、大綱化、簡素化」が提言されるに至り、戦後一般教育の理念は重大な岐路に立たされることとなる。

　第3期のスタートラインである1991年には、戦後最も大規模な「大学設置基準」の改訂が行われた。それは戦後高等教育における一般教育にとって、理念的にはともかく制度的には終止符を意味するものであった。一般的に「大綱化」と称されるこの改変では、一般教育、専門教育、体育その他の「授業科目区分」を撤廃し、さらに一般教育での人文・社会・自然の3系列も消滅した。この措置は、教育課程編成の創意工夫や教育の活性化・弾力化を促すのが主旨であり、もとより一般教育の比重低下を意図するものではない。本来の主旨を担保するための措置として、特に第19条第2項に次の様な記述がみられる。「教育課程の編成に当たっては、大学は、学部等の専攻に係る専門の学芸を教授するとともに、幅広く深い教養及び総合的な判断力を培い、豊かな人間性を涵養するよう適切に配慮しなければならない」。この結果、卒業要件単位の規定としては、医学科などを除けば「124単位以上の修得」のみとなり、教育課程上での一般教育の扱いは各大学の自由となった。この「大綱化」以降、確かにカリキュラム改革はほとんどの大学で行われている[2]。また教養に関する開設科目も、「情報活用能力」「学際的内容」「心身の健康」「専門基礎」などに関する科目が多くの大学で試みられている[3]。しかしその一方で、旧来の一般教育組織は次々と解体し、平成3年に30を超えていた旧国立大学教養部は、改組や吸収により平成9年までに1大学のみを残すまでとなった[4]。一般教育の様変わりを全学的取組として積極的に評価する視点は有り得ても、新制大学発足時の理念がそこで実質的にどの程度生かされているのか、はなはだ心許無い気もする。

　そこで本稿では、その心許無さの淵源を敗戦直後の学制改革期の動きに求めてみることとする。特に旧制度には無かった大学一般教育の導入に際して

は、国内外の様々な要因が絡み複雑な経緯が存在していた。その特異な経緯が、あるいは今日の事態を招来させる伏線的脈絡であったかもしれない。

## 2 一般教育導入を巡る構図

戦後日本の教育改革については、すでに終戦以前から米国でいくつかの構想が練られていた。重要なものとして、国務省の対日教育政策文書「日本・軍政下の教育制度」（CAC238、1944.7.15）がある。終戦以前に起草された本文書は、直接軍政を念頭に作成されてはいるものの、国家主義的な思想統制色の強い戦前期教育制度を十分に認知した上で、民主的で平和を愛するグローバル市民育成に向けた教育改革を提示している。これが更に発展させられ、国務・陸・海軍三省調整委員会による対日教育改革方針文書（SWNCC108/1、1946.9.5）となる。これも内容的には、特に高等教育を焦点づけたものではないが、改革の基本理念を示している点では、GHQや米国教育使節団に少なからず影響を与えたものと思われる。

敗戦は無条件降伏ではあったが、天皇制の維持と国体の護持は日本政府の願いでもあった。占領は結果として間接統治となったが、日本政府とGHQとの戦後改革を巡る思惑の違いは随所に現れた[5]。教育改革でいえば、教育勅語の扱いはその一つの例である。そして高等教育の制度改革についても、GHQあるいは米国と日本政府との見解の相違は当然に存在した。事態を複雑にさせたのは、さらにGHQと米国教育使節団との温度差、日本側においても文部省と各種委員会や組織との軋轢、そして在野の財界団体の思惑等も絡み、戦後の高等教育青写真を巡っては利害が錯綜していた。しかも、この改革を軌道に乗せるための時間的余裕はほとんど無かった。こうした様々なベクトルが交錯する中で、大学一般教育は初めて制度的位置付けを得たのである。以下では、一般教育導入に関わった主要な組織等の動向に着目し、その間の経緯を社会史的にフォローしてみよう。

### (1) 第一次米国教育使節団

第一次米国教育使節団は、マッカーサーの要請に基づき米国から派遣され

てきた教育専門家集団である。団長のストッダードをはじめとする27名の任務は、「占領教育計画に関する専門的な問題に関して、SCAP（連合国最高司令官）のスタッフ、日本の文部省および委員会に対して……助言する」ことであった。約1ヶ月の日本滞在後、1946年3月30日マッカーサーに提出された『アメリカ教育使節団報告書』(以下『報告書』と略)は、アメリカ的自由主義と民主主義の横溢する理想に燃えた教育改革プランであった。全6章のうち第6章が「高等教育」にあてられており、そこでは旧来の閉鎖的制度からの解放を求め、社会的桎梏からの自由な教育環境の確立、すなわち可能な限り多数のための高等教育となるべきことを提言している。使節団が見る当時の高等教育のカリキュラムは、「一般教育に対する機会があまりに少なく、専門化があまりにも早く、あまりにも狭く行われ、そして、職業教育にあまりに力を入れ過ぎている[6]」と映った。そして、「もっと広い人文主義的態度が養われなければならない」のであり、そうすることで「学生の将来の生活をより豊かにする」と説くのである。ただこの『報告書』を見る限り、使節団はあくまで旧制の大学、高等学校、専門学校を前提にした制度改革を念頭に置いているのであって、今日の大衆化した大学イメージを想定してはいなかった。つまり使節団が『報告書』で進言した学校体系は6-3-3までであって、高等教育レベルについては実はあまり具体的には触れていない。それどころか、3月末の『報告書』作成の最終段階間際まで6-5-3-3、すなわち戦前の制度をそのまま踏襲する案であったとの説がある。すなわち使節団メンバーであったワナメーカー女史[7]からストッダード団長宛に、急激な学制改革は無理だとしてとりあえず6-5制を勧告した文書が土持法一らにより近年発見された。この文書日付が、3月23日であった。しかし最終的に『報告書』が第3章「初等学校および中等学校における教育行政」で勧告したのは、小学校6年の後、下級中等学校3年、上級中等学校3年の6-3-3であった[8]。この間の変更の経緯に関しては、後述する日本側教育家委員会の項で触れる。

このほか『報告書』の第4章「授業および教師養成教育」で、教師の養成は4年制の高等師範学校レベルとし、専門知識や教職知識と並んで一般教育や自由教育を履修すべきと勧告している。そこには、今日の大学での教員養成カリキュラムに連なる示唆が読み取れる。また第6章「高等教育」内の

「高等教育の機構」という項では、高等教育機関の設置認可や水準維持すなわちチャーターリングやアクレディテーションを司る特別な機関についても触れている。これは後述する大学基準協会創設への伏線となっており、当時の一連の高等教育改革の流れの中では意味のある提言と思われる。

### (2) CIE（民間情報教育局）

CIE（Civil Information and Education Section）はGHQの一部局として置かれた組織で、目的はマッカーサーに対し教育、情報、宗教などの政策助言を行うことであったが、とりわけ戦後教育改革遂行において表面的にも水面下においても日本側に対し強力なイニシアチブを発揮した。CIEが実質的に活動を開始したのは1945年10月に入ってからであるが、当時は10人にも満たないスタッフであった。しかしGHQは占領教育政策の遅滞無き遂行をはかるために、いわゆる四大教育指令（1.軍国主義の排除、2.教職追放、3.国家神道の禁止、4.修身等3教科の停止）を10月から12月にかけて発し、CIEは地方軍政部を通じて指令の徹底に奔走することとなる。しかしこれらの指令は、あくまでも旧体制の廃絶と打破を目的とするものであり、新たな教育制度への積極的な提言はみられなかった。翌1946年3月の第一次米国教育使節団を迎える頃、スタッフはようやく22人にまで増員されてはいるが、それまでの間CIEが手掛けた仕事は、文部省を介して全国の教育界に要請した「教育民主化政策」であった。ただそれらは基本的に初等・中等教育レベルの施策であり、高等教育を含む学校体系の包括的プランは手付かずであった。

CIEが学校体系について試案をまとめたのは、1946年春になってからであった。それによると、8年制の義務教育、3年制の中学校、4年制の大学という8-3-4制を勧告している[9]。大学に関しては、七帝国大学の解体や国立大学を廃止し各府県1～3校の府県立新制大学を構想している。しかしCIEは、高等教育のあり方に関して独自にプランを提示することで改革のイニシアチブを取ったのではなく、むしろ日本側の関係団体の動向や構想を巧みにリードする形で主導権を握ろうとした。例えば1946年10月、CIEは文部省に対し大学認可基準のあいまいさを指摘し、公平な設立認可基準の作成を急ぐよう要請した。これにより、同じ月、大学設立基準設定協議会が発足し、以後

設立認可との関係でこの協議会とCIEとの関係が深くなる。この意味でのCIEの役割が更に明確化するのは、1947年に入ってからと思われる。すなわち、1946年12月27日、後述する教育刷新委員会の第17回総会で6-3-3-4の新しい学校体系が決定され、新制の高等教育機関は原則4年の大学とすることが確定した。この新制大学の新たな教育課程の内実、とりわけ一般教育の導入に熱心であったのが1947年以降のCIEと言えよう。このあたりの経緯については、後述する大学基準協会の動きと連動しているのでそこで改めて触れる。

### (3) 日本側教育家委員会（教育刷新委員会）[10]

日本側教育家委員会は、SCAP指令に基づき第一次米国教育使節団への協力委員会として1946年2月7日に発足した。この委員会は、教育使節団の4委員会に対応した4つの委員会で構成され、ほとんどすべて当代有数の教育関係者が充てられるという豪華な布陣であった。総勢29人で、委員長には東京帝国大学総長・南原繁が選出された。この委員会は精力的に活動し、使節団への単なる協力委員会という役割を超えて、自らも使節団来日以前から独自の協議を重ねた。そして使節団の『報告書』提出と相前後して、この委員会としての意見報告書を使節団および文部大臣に提出した。その中に「学校体系に関する意見」と称する項目があり、第1案として6-3-3-4、第2案として6-2-4-4が提示されているが、第2案は義務教育の6-3制が困難な場合を想定したもので、委員会としては第1案を推奨している。いずれの案の場合も、高等教育は12年の教育年限の後に4年課程（厳密には「4年制または5年制の大学」と表記）が考えられている。つまり6年制の小学校と3年制の初級中学校（または中学校）を義務教育として配し、その上に3年制の上級中学校（または高等学校）、そして4年制あるいは5年制の大学（または大学校）という体系が構想されていた。これを旧制の進学コースと比較すれば、6-5-3-3（計17年）が6-3-3-4（計16年）に改変となり、大学進学年限までを考慮すれば1年の教育期間短縮となる。ここにおいて、すでに旧制の高等学校や専門学校は構想外となっている。これらの問題に対し、日本側教育家委員会の説明は大筋次のとおりである。1年短縮に関しては、上級中学で旧制の高等学校レベ

ルの教育を施し、さらに「大学に於て最初の1ケ年を各学部の基礎的学科の学修に向け得るやうに工夫するならば」、学力低下は無いと思われるし、また旧制専門学校や高校が大学昇格となる以上、旧制度よりも大学生数が増加することになり、結果として国民全体の文化水準は上昇する。なお、新制の大学院を活用することで今以上の有為な人材輩出が期待できるし、また旧制高等学校の存続は階層格差を生み民主的教育にそぐわないとし、他方で専門学校の廃止は新制大学の各学部でこれを代替可能であるとした[11]。

　しかし高等教育の4年ないし5年という位置付けは為されたものの、教育課程上の詳細、例えば一般教育の扱いなどは何ら触れられていない。というより、上述引用しているように「最初の1ケ年を各学部の基礎的学科の学修」と表現しているあたり、いわゆる基礎教育科目的扱いが想定されている感もする。従って、1946年春の段階では、少なくとも日本側の関係者には一般教育の必要性なり概念は未だ希薄であったと見てよい。

　ここで、前述した第一次米国教育使節団の『報告書』が最終的に6-5ではなく6-3に落ち着いた経緯について触れておこう。なぜならこの間の動きの鍵を握る人物が、日本側教育家委員会の委員長であった南原繁であったからである。時期的に見て、使節団の『報告書』と日本側教育家委員会の報告書は重なっている。また日本側教育家委員会の使命からして、南原が使節団と連絡を密にしていたことは十分推測できる。事実、ワナメーカー文書日付の2日前の3月21日、南原はストッダード団長と秘密会談を持ち、新たな学校体系はアメリカ型をモデルとした小学校から大学までの単線型としたい旨の発言を行っている[12]。すなわち6-5プラス複線型ではなく6-3-3-4の単線型を暗に示唆している。続いて南原は、2日後の3月23日に今度はCIEのホールと会談し、先に示した日本側教育家委員会報告書に沿った内容、つまり6-3-3-4にまで踏み込んだ意見を伝えている[13]。土持は、このような経過から、使節団の『報告書』が結果として6-3となったことの背景には南原の存在があったことを推測する。もちろん学校体系について使節団とCIEの考えは必ずしも一体ではなかったが、使節団には高等教育制度に十分なる具体的イメージは当時なかったこと、CIEにはそもそも高等教育の大衆化への期待があったこと、これらの点から南原の意見に対して異存は無かったと推測で

きる。当時、日本側教育家委員会の制度改革論は内部で微妙に割れていたとされ、そうした状況下で南原が個人プレーとも思われる重要会談をセットし、使節団『報告書』を6-5ではなく6-3に導いてきた意味は決して小さくない。なぜなら、日本側教育家委員会が発展的解消し教育刷新委員会として再発足して以降も、南原の存在は少なくとも国内的には影響力を持ち続けたからである。

　1946年8月10日、SCAP指令により吉田内閣は教育改革を具体化させるため、日本教育家委員会を母体として教育刷新委員会を発足させた。これは戦後教育制度の民主的改革をめざし企画審議することを目的とするものであったが、文部大臣の諮問機関ではなく総理大臣の所轄という組織的位置付けであった。この位置付けの背景には、前の日本教育家委員会委員長であり教育刷新委員会でも副委員長（後、委員長に就任）となった南原の動向が無視できない。彼は日本教育家委員会の運営をリードしたことからも知れるように、6-3-3-4の単線型を推し進める立場であったが、当時の文部省はこれに消極的であった。秦の推測によれば、南原は自らの改革プランを実現するためにCIEの了解をとりつけながら、総理大臣に直接建議できる体制を仕組むほどの巧妙な手腕を発揮したとされる[14]。1946年10月18日、教育刷新委員会第7回総会で安倍能成委員長は、すでにCIEが日本側教育家委員会報告の方向で文部省に学制改革を迫っている旨の発言をした。つまり大崎の推理によれば、1946年秋の時点で「CIEは、高等教育を含めた学校体系の単線化、すなわち6-3-3-4制を推進する決意を固めていた」ことになる[15]。その後の事態の推移は、紆余曲折を織り込みながらも、先述したように1946年12月末、教育刷新委員会第17回総会で6-3-3-4制が正式決定され、翌1947年3月の学校教育法成立に至るのである。

　ここで「理想主義的現実主義者」（加藤節）とも評される南原の教育観について、若干触れておこう。彼は1946年2月11日の紀元節に際して、「新日本文化の創造」と題した総長演説を行った。その中で、新しい日本に必要なのは主体的な「人間革命」に基づく「新たな国民精神の創造」であると語った。キリスト者らしく「人間革命」と「政治革命」の一致を求める政治的価値哲学を追求した南原にとって、戦後の教育改革は「人間性の確立をめざす

精神革命の最も現実的な手段であった[16]」。そのためには、社会の限られた層ではなく、すべての民衆が教育の機会均等を享受し教養を得ることでなければならなかった。この意味でも南原にとって、例えば旧制高校は否定されるべき存在であり、単線型の新制高校と新制大学に取って代られねばならなかった[17]。もちろん彼は、多分に教養主義的ではあるが旧制高校の良き教養教育については認めている。そのあたりの認識を彼は、後年次の様に述懐している。「大学というものは専門教育ばかりでなしに、大学のなかに教養をとり入れて、人物をつくるということ。……そういう意味で従来の高等学校というのは解体したけれども、その精神は新制高等学校の中に半ばは入るし、大学にもそれは入れるということになるわけです[18]」。しかし南原のそうした思いは、教育刷新委員会の議論の中では、具体化に向けて十分検討されては来なかった。つまり大学における一般教育の重要性は認識したとしても、詳細な詰めまでは扱い切れなかったというのが実情であった[19]。

### (4) 大学基準協会

先にも触れたように、1946年秋の頃すでにCIEは南原らの意向もあり、新制大学は単線型学校体系の上に原則4年制とする線を固めていた。そして教育刷新委員会の建議を待たずしてそのための準備に入っていたと思われる。このことを示す重要な動きが、先述した大学設立基準設定協議会の創設である。事実経過でいえば、同年秋、文部省がCIEから大学設立認可規定の存否をただされた際、提示した旧制大学の認可内規が極めてあいまいで不備があると指摘を受け、新たに客観的な認可基準を作成すべく協議会が設けられたとされている。その大学設立基準設定協議会の招集は、1946年10月29日であった。招集を求められたのは、和田小六・東京工業大学学長をはじめとする東京圏の官立5校私立5校の代表計10名である。この時点での参加者の意識は、あくまで旧制大学の設立認可基準の手直し作業と映ったであろうし、文部省もその認識であったとされる[20]。しかし1946年末の教育刷新審議会建議で新制大学が確定して以後、一転して目的は新制大学の設立認可基準の作成に変わった。さらに翌1947年3月25日、文部省内の諮問機関であったこの協議会は、CIEの強力な指導により文部省から独立した。つまり、大学

人の自主的な協議会という体裁に性格変更することとなった。この謎めいた動きは、その背後にCIEの秘められた思惑があるとみることで、はじめて理解できる。新制大学の姿については、表面的には教育刷新委員会の審議するところであり、CIEもこの委員会審議には一目置く必要がある。ところがその具体的なイメージについては、教育刷新委員会内部にも様々な意見があり、占領下の教育改革を急ぐGHQ当局としては次第に教育刷新委員会の存在が疎ましくなった。そこでCIE主導で実質的に新制大学の内容を決めていく役割が、この大学設立基準設定協議会に求められた。もちろん、前年秋の招集はそのための予備作業であったはずである。当時の日本側の意識としては、設立認可基準はハードウェア的な取り決めが中心であり、教育課程のようなソフトウェア的基準整備は想定外であった。従って、1946年秋以降半年余りの経過にもかかわらず、CIEが一般教育を含めた教育課程の下達的指導を行うとの予測はほぼ無きに等しかった。教育刷新委員会では一般教育等の検討は余り無かった旨の証言記述を先にしたところであるが、その一方で1947年春以降は、この大学設立基準設定協議会（後、大学基準協会）を舞台としてCIEが辣腕をふるうこととなり、新制大学の一般教育の中身が形を現してくる。

　1947年5月12～13日、東京・日本大学講堂で旧制大学49校中46校の代表が集まり、大学設立基準設定連合協議会が開催された。公的ではなく任意の自主的会合ではあったが、CIEからウィグルスワース、イールズ、ホームズの3氏が来席し、次々と講演を行った。特にウィグルスワースは「新制大学の概念」というテーマで、CIEとしては初めての公式見解を開陳した[21]。そこで明らかになったことは、大学設立基準設定にあたり課程制の大学院という考え方、単位制の意味、人文科学あるいは一般教養科目の履修方法などであり、旧制度の大学人にとって一種のカルチャーショックでもあった[22]。とりわけ大学教育を専門教育あるいは職業教育と認識していた面々にとって、一般教育概念の登場は困惑を起こさせるに十分であった。そして同年7月8日、この連合協議会を母体として大学基準協会の設立総会が開かれ正式発足した（会長は東京工業大学学長・和田小六）。先行する協議会で策定準備されていた大学設置基準案は、この時正式に「大学基準」として採択された。不可解

なことにこの自主的民間組織の手になる「大学基準」は、公的な文部省大学設置委員会において大学設置認可の基準としても採用されることになった。この状態が解消されるのは、1956年の「大学設置基準」の省令化まで待たなければならなかったわけであるが、大崎によればこの不可解さの背後にはCIEによる強い教育改革への意思が読み取れるとし[23]、寺﨑によれば文部省の解体が視野に入っていたと思われる節があるとする[24]。

　ここでは一般教育科目の履修に限定して、少し見ていく。まず1947年5月のウィグルスワースの講演では、4年間で履修すべき科目を「一般教養科目」と「専攻科目」とに2区分している。注意すべきは、この時彼は「一般教養科目あるいは人文科学」という表現も行っており、一般教育の中身を3系列（人文・社会・自然）にするような具体的イメージは伺えない。ところが1947年7月採択された「大学基準」では3系列スタイルが登場し、一般教養科目については文系が3系列から40単位以上、理系が同じく3系列から36単位以上の履修要件となっている。ここにみられる3系列履修方式は、大学基準協会の草創期を指導した者の一人であるマグレールの影響が濃厚である。それを感じさせる彼の論文「新制大学と一般教育[25]」が残っているが、そこでは人文・社会・自然の総合学習こそが履修効果をもたらすとの学問論が披歴されている。「大学基準」はその後1950年6月に、大学基準協会第5回総会で更なる大幅改訂を行っている。まず従来の一般教養科目が一般教育科目に呼称変更され、文系・理系とも3系列の均等履修が義務付けられた。すなわち、各系列3科目12単位以上、合計36単位以上の履修となった。この履修強化の経緯については、当時の総会議事録によればCIEとの協議の上決められたとされており、恐らくマグレールの指導的関与が推測される。また一般教育履修負担増による専門課程履修への懸念質問に対しては、「一般教育をバランスよく履修した上で先に進むという方式が新制大学のやり方である」旨の執行部回答がみられる。このような状況は、当時の大学基準協会がCIEの思惑に沿って機能している様子とみて間違いないと思われる[26]。その他の主な変更点は、外国語科目が一般教育科目から切り離されたこと、体育講義と実技の4単位が新たに追加されたことなどである。マグレールはその後も占領終結までこの任務に携わっており、現実に大学基準協会に対し一般

教育研究会を立ちあげさせ指導にあたるなど、一般教育の推進には一貫して精力的であった。その彼の個人的学問観が、一国の大学制度における教育課程の骨格形成に少なからぬ影響を与えたのは、占領下とはいえ、故無しとしない。ただしマグレールをはじめとするCIEスタッフには、当時のアメリカで一つの動きであった一般教育改革の影響も見え隠れする。例えば、有名なハーバード委員会の報告書『自由社会における一般教育』(General Education in a Free Society)(1945)は、リベラル・エデュケーションではなくゼネラル・エデュケーションを目指すものとしてバイブル視されていた書であるが、開かれた新制大学への示唆をそこに見たのはマグレールだけではなかったはずである。

　その後の大学基準協会の活動は、大きく3つの方向で区別できる。第1に内部組織の「一般教育研究委員会」を通しての研究活動である。これは1948年2月に発足し、1952年10月の同委員会解散までに3次にわたる「大学における一般教育」報告書を公刊した。特にマグレールは終始指導的役割を果たし、一般教育理念の徹底に尽力した。第2にCIE主導で発足したIFEL (Institute for Educational Leadership、教育指導者講習会)の一般教育部門で、大学基準協会は講師派遣などを通じて積極的な協力を行っている。第3は大学基準協会の『会報』をはじめとした各種出版物により、一般教育についての啓蒙活動がある。そこではCIE担当官や一般教育研究会委員らの論文、外国の一般教育事情紹介、国内での一般教育の現況報告などが随時なされ、大学関係者への意識改革に努めている。しかし1952年4月の占領終結とともにCIEの後ろ盾を失い、1956年に文部省が「大学基準」に替わる「大学設置基準」を省令として制定するに及んで、大学基準協会はその影響力を急速に失っていった。

## 3　一般教育形骸化の源流

　本稿では戦後の学制改革期を中心に、特に大学一般教育導入の経緯を関係機関の動向とともに探ってきた。1955年以降の詳細な推移については紙幅の関係で割愛せざるを得ないが、一般教育が当初の狙い通り定着し高等教育充実に大きく寄与しているとは、極論すれば恐らく誰も思わないのではない

かと思う。そこで、この不完全燃焼に留まっている戦後一般教育制度の原因について、最後に触れておきたい。

### (1) 制度改変にみられる歪み

新制大学は、旧制高校3年課程ないし専門学校3年課程を昇格させ、旧制大学3年課程とを統合して、新たに4年課程の大学として成立した[27]。つまり6年課程を4年課程に圧縮し、なおかつ一般教育を相当の比率で導入させる荒技を行ったともいえる。一方で当然に専門教育も必要なわけで、ここに問題の根が胚胎する。旧制の場合、一般教育は高校で為され大学では専門教育ないし職業教育の位置付けであった。その旧制高校での履修科目配分を見ると、文科で人文系科目37%、外国語科目40%、社会系科目4%、自然系科目8%、体育9%となっており、理科では人文系科目11%、外国語科目34%、社会系科目2%、自然系科目38%、技術系科目4%、体育9%となっている[28]。まずこの比率を新制大学の一般教育でどう扱うかであるが、当初CIEのウィグルスワースは明確なイメージの提示を行ってはいない。しかし彼の早期本国帰任の後、マグレールによる人文・社会・自然の均等履修方式が既定路線となったのは、先述したとおりである。3系列履修は有り得ても、ある意味で機械的であった均等履修方式が、大衆化した大学生にどう受容されたかは問題をはらむ。更に一般教育の履修スタイルであるが、これについてCIEは、①一般教育科目履修を学年ごとに段階的に少なくする方法、②1学年と2学年で一般教育を完結させる方法、を提示してはいるが、それぞれの長短を述べるに止まっている。結果的には②の履修スタイルが定着し、今日「くさび型」などと称される①あるいはそれに類似するスタイルは、戦後長きにわたって採用されなかった。このことが、次に述べる（2）の問題とも関連して、大学での一般教育体制が前期教育として分断化される事態を呼び込み、高等教育全体としての建設的位置付けを不明なままにさせてしまった。この前期教育問題に拍車をかけたのが、新制高校のカリキュラム改訂による水準アップである。大学新入生が直面する「高校教育の蒸し返し状況」が、1960年代以降多くの大学の一般教育課程で問題化し始めた。皮肉なことに、高等教育の大衆化が大学一般教育の意味を問いかけさせる事態を招いた[29]。

既述したように南原は、新制高校にも相応の一般教育を期待し、新制大学にも一段とレベルの高い一般教育を期待していた。CIEは米国流にどちらかといえば、リベラルアーツ・カレッジのような4年課程全体での一般教育を期待し、専門教育や職業教育は大学院に委ねる構想を持っていたと思われる。しかし、現実はいずれも期待を裏切る結果となった。更にいえば、入学試験にかかわる問題がある。不思議なことであるが、大学入試は法律上の規定は一切無いにもかかわらず、日本の大学を動かしている「制度」である。ごく少数の大学を除いて、大学入試の時点で専攻学部を決めさせるシステムである。入学した学生は、専攻が決まっているにもかかわらず一般教育に大半費やすこととなる。もし一般教育の履修結果が専攻先を決めるシステムであれば、一般教育の存在意義はもっと違うものになっていたはずである。入試時点で専攻を決める方式がなぜ一般化したかは不明であるが、おそらくCIEの示唆ではなく日本側の配慮の結果と思われる。なぜならCIEが単位制度を導入した背景には、大学前期課程修了後の他大学転学を容易ならしめる意図があったからである。転学は法的には可能であるが、各大学ごとの運用により実際はほとんど機能していない。このあたりにも、一般教育を閉鎖的なものに封じ込める国内的ベクトルを感じさせるものがある。

(2) **大学人の意識**

新制大学の一般教育を担当したのは、主として旧制高校、旧制大学予科、旧制専門学校の教員たちであった。それは旧制高校の教養教育機能からして、当然の成り行きであった。しかし人事の問題とは別に、この教育体制がもたらした教員の意識の問題、そしてその意識が作り上げる教育実践の実態、これはまた別な根の深い悩ましい問題でもあった。戦前の高等教育は、基本的に国家の中枢を担うエリートの専門教育や職業教育を担当していた。このような大学観は、制度改革が行われても人間が変わらない限り、牢固として生き続けるものである。大学人の意識が、まさにそうであった。新制大学の一般教育担当者の多くが旧制大学で教育を受けてきた者であり、一般教育とはいえ大学内に地位を得ることで、専門研究者というアイデンティティと一般教育担当者というそれとが混在し、自己確立に苦悩したことは当然に予想さ

れる。しかし大学内で制度的に優勢な地位を占めたのは、旧制大学から移行した専門学部所属の教員であった。ここに同じ大学内部での意識格差、すなわち一般教育担当者と専門教育担当者との壁が生じる素地があった。もちろんそのような不健康な意識の張り合いには関与せず、一般教育に傾注した教員も存在していたと思われる。しかし現実は、そう簡単ではなかったようである。戦後、日本側教育家委員会や教育刷新委員会の委員でもあり、北海道大学教育学部の創設にも尽力した城戸幡太郎は、そのあたりの微妙な心理のヒダを紹介している。つまり、専門教育担当者への対抗意識が、逆に一般教育担当者の意識の上での一般教育離れと専門回帰を助長させ、一般教育理念の空中分解を招来させたと見ている[30]。新制の一般教育を担当する場合の典型的な形は、旧制高校を母体とする場合は文理学部、旧制高校がない場合は師範学校を母体とする学芸学部を創設して、それぞれに委ねたケースである。ところが新制大学が発足した翌年の文部省による調査では、ほとんどの文理学部が文学部と理学部に分離したいとの意向を表明している。関はこの事実から、一般教育と専門教育の総合という文理学部創設の積極的意味も、すでに当時から危うい状態だったと推察している[31]。現実に文理学部も学芸学部も、その後ほとんどすべて独立学部へと分離独立の道をたどった。

　こうした意識格差を更に外野から助長させたのが、財界や産業界からの専門教育重視論であった。新制大学発足まもなくの頃から、日経連から新教育制度の見直し論が出され、1950年代だけでも「新教育制度の再検討に関する要望」(1952) など5つの提言が行われている[32]。いずれも、主として理系分野の専門カリキュラムの充実が狙いである。この在野からのプッシュ要因は、政策次元で文部省を動かすことになり、例えば1956年の「大学設置基準」省令化の際、基礎教育科目の導入ということで専門教育強化への配慮がなされた。以後一般教育理念の浸透というよりは、少なくともカリキュラム的には専門教育による一般教育浸食が進行していく。それは大学人の意識においても、パラレルに進行したと見てよい。

### (3) 高度経済成長と大学大衆化の影響

　これまで述べてきた中で、戦前の旧制大学は専門教育や職業教育に特化し

ていたとの性格付けをしてきた。確かに理系専攻学部の場合、それはほぼ妥当する話であるが、文系学部の場合、実際はどうであっただろうか。実はこの点に関して藤井は、「すでに戦前から高等教育は、とりわけ文科系統において職業教育としてほとんど用をなさず、……略……それでも企業が文科系統を含む高等教育機関卒業者を優遇したのは、その専門的知識・技能よりは高度で幅広い教養を評価したからであろう」と述べている[33]。正確にいえば、専門教育や職業教育を学ぶ過程で教養も身につくことへの大いなる期待があったものと思われる。戦後になると文系の場合、更に産業界からは専門知識習得への期待は薄れ、専門志向の多くの大学人意識とは逆に、むしろ一般教育への充実が求められた。一方理系の場合は、戦後のキャッチアップ政策も絡み財界提言や審議会答申に示されるように、特に製造業分野からの専門教育・職業教育充実には根強い要請があった。というよりも技術革新の急速な進歩により、学部での完成教育ではなく大学院教育に期待がシフトし、理系の学部レベルに限れば一般教育的な水準しか期待できなくなっていった。こうした中、戦後の高度経済成長は文系・理系を問わず大企業を中心として終身雇用制度慣行を確立し、人材教育は採用後に自前で行う体制に移行していった。この傾向が徹底したのは、とりわけ文系学部である。学部の性格やそこでの学習内容に対して採用側の関心は次第に薄れ、逆に広い意味での一般教養が精々期待される程度となった。1960年に大学短大進学率が10%、70年には23%に達し、漠然と進学する学生も目立つような大学大衆化が現実のものとなった。注目すべきは、学生の専攻分野で見た場合、圧倒的に文系学生が多いという事実である。1960年当時、4年制大学生の専攻分野別割合は、人文系12%、社会系42%、理学プラス工学系18%、その他28%となっている。そうした状況下で大学を揺るがせたのが、1960年代末からの大学紛争であった。ほとんどすべての大学が巻き込まれ、教育機能は麻痺状態に陥った。1969年「大学の運営に関する臨時措置法」によってようやく収束に至ったが、大学教育にはしばらく負の余韻が漂った。ここにきて産業界のみならず、一般社会からの大学教育に寄せる眼差しは、最早昔日のものではなかった。大学人の意識は、それでも夥しい教育改革プランの数で知れるように一般教育の見直しに熱心であった。しかしすでに社会の側が大学一

般教育を理解しようとする意欲を喪失していた。それは専門教育に対しても、程度の違いはあれ同様であった。就職協定があるにもかかわらず、大企業は学事日程を無視した早い学年からの採用活動を平然と行い続けた。戦後改革で専門教育年限が「制度的縮小」をこうむった上に、更なる「社会的縮小」が加わったわけである。こうして大学教育の社会的存在理由が揺れ動いている中で、1991年に「大学設置基準」の大綱化が現実のものとなった。この大綱化は、大学一般教育の危機を更に助長する動きとの見方が支配的とはいえ、他方でそれは米国教育使節団や初期CIEが描いていた、一般教育の特色ある自由な展開を開く契機ともなりえる。日本の大学の一般教育は、重大な岐路に立たされ続けている。

（注）

1　寺﨑昌男、『大学教育の創造』、東信堂、1999、30頁。
2　文部科学省の調査によると、大綱化を踏まえたカリキュラム改革は、平成12年現在で全体の99%の大学で行われている。『大学と学生』452号（平成14年6月号）46頁。
3　同上書、47頁。
4　大崎仁、『大学改革』、有斐閣、1999、312頁。
5　1945年9月いち早く出された文部省の「新日本建設の教育方針」は、その保守的性格のためGHQに相手にされなかった。
6　『アメリカ教育使節団報告書』（村井実訳）、講談社、1997、116-117頁。
7　ワナメーカーは、学校制度問題を担当していた第3委員会の所属であった。
8　秦郁彦、『旧制高校物語』、文芸春秋、2003、242-244頁。
9　竹前栄治、『占領戦後史』、岩波書店、1992、337頁。
10　「日本側教育家委員会」は正確には「日本教育家ノ委員会」であるが、本稿では前者を用いた。
11　「学校体系に関する意見」（海後宗臣『戦後日本の教育改革1』東大出版、1975、471-478頁）。なおこの意見は委員会の正式総会決議ではなく、大多数の委員の賛同を得た意見である旨、付記されている。
12　土持法一「戦後の学校制度改革」（『戦後教育の総合評価』国書刊行会、1999）、63頁。
13　秦郁彦、前掲書、246-247頁。大崎によれば、この日本側教育家委員会の報告書はその後、南原からCIE顧問の岸本英夫教授を通じて非公式にCIEに渡ったとされる。大崎『大学改革』、28-29頁。
14　秦、前掲書、247頁。
15　大崎、前掲書、26頁。
16　加藤節、『南原繁――近代日本と知識人――』、岩波書店、1997、157頁。
17　日本側教育家委員会、教育刷新委員会を通じて南原らの方針に異を唱えたのが天野

貞祐であった。彼の考え方によれば、学校教育は基礎知識を与えることにとどまり、多くの人は社会において生きた学問をすべきという。従って複線型の学校体系を構想しており、例えば6-3-3-4以外にも6-3-5あるいは6-4-4の並立を可とし、後者の2つの場合必要であれば4年制大学の後期課程にも編入可とする。また廃止となった旧制高校は、3年制を2年制の初級大学としてその教養大学的雰囲気を存続させ、卒業後は4年制大学の後期課程に自由に編入可とする。しかし彼のプランは公式には認められることなく、戦後教育の複線型構想は日の目を見ることはなかった。天野貞祐『学生論』河出書房、1952、36-52頁。

18　安藤良雄編、『昭和史への証言・4』、原書房、1993、84頁。南原の同様な発言は別のインタビューでも行っている。「教養というのは一つの知的作業ですネ、必ずしも宗教みたいにするのではなく一般の知識ですネ、それを新制高校と大学とに両方ということです。それは動かせないことでした」(『戦後大学改革を語る』東京大学教養部一般教育センター、1971、9頁)。

19　教育刷新委員会で、一般教育の個別問題がほとんど協議されなかったとの証言は多々ある。例えば次のもの。『戦後大学改革を語る』83、清水畏三・井門富二夫『大学カリキュラムの再編成』、玉川大学出版部、129頁。

20　海後宗臣・寺﨑昌男『戦後日本の教育改革9』、東京大学出版会、1969、517頁。

21　このほか、イールズは「アクレディテーションの概念」について、ホームズは「新設大学の設立認可について」を話した。

22　ウィグルスワースの講演記録抄は、次の文献に記載。大崎仁『戦後大学史』、第一法規、1988、103-110頁。なおウィグルスワースは5月12日の会合を最後に帰国している。

23　大崎、『大学改革』、97頁。

24　寺﨑昌男「大学基準協会」(久保・米田・駒込・児美川編著『現代教育史事典』、東京書籍、2001、140頁)。

25　マグレール、「新制大学と一般教育」(海後・寺﨑『戦後日本の教育改革9』、488頁)。

26　これらの質疑応答については、次の文献を参照。海後・寺﨑『戦後日本の教育改革9』、402-403頁。

27　ここでは、医学部などの措置以外を前提に論を進める。また大学予科、高等師範学校、師範学校、青年師範学校なども昇格したが、ここでは単純化するため割愛した。

28　関正夫、『日本の大学教育改革』、玉川大学出版部、1988、25頁。

29　黒羽亮一、『新版・戦後大学政策の展開』、玉川大学出版部、2001、56頁。

30　城戸幡太郎、『戦後大学教育を語る』、113-114頁。

31　関正夫、『21世紀の大学像』、玉川大学出版部、205-206頁。

32　この他には次のもの。「技術者養成制度改正に関する意見」(1951)、「当面教育制度改善に関する要望」(1954)、「新時代に要請に対応する技術教育に関する意見」(1956)、「科学技術教育振興に関する意見」(1957)。いずれも、日経連からの提言である。財界の動きに関しては、次を参照。「財界教育提言の変遷とその意味」拙著『現代若者の就業行動』学文社、2004、129-145頁。

33　藤井信幸「日本の高等教育システムと企業」川口浩編『大学の社会経済史』、創文社、2000、168頁。

# 第8章　高校多様化と教育政策の迷走

## 1　はじめに

　池田勇人首相による高度経済成長政策は、教育投資論という形で教育政策をも巻き込んだ戦後の大きな一大政策転換でもあった。経済成長を実現するためには人材の効率的運用が不可欠であり、折からの技術革新時代を迎えて特に技術者や技能者の養成が学校教育に求められた。その中でも最も緊急度が高かったのが、後期中等教育である高校での養成であり、なかでも工業科が期待されることとなった。この動きは、もともとは経済界からの強い要請に文部省が応えたものであったが、更に文部省はベビーブーム世代の高校入学者急増への対応としてもかかる工業科の新増設を政策化し、結果として工業をはじめとした商業・農業などの職業課程の充実を図るとともに、普通課程とも併せていわゆる高校の多様化を促進させた。しかし急速な技術革新は職業教育の中身をやがて時代遅れのものとし、また職業課程よりも普通課程を希望する国民意識は職業課程の存在意義を逆に低下させることとなった。このような事実は、当時の教育政策の在り方に改めて疑問を投げかけるものでもある。ここでは、以上のような問題意識から、特に1960年代高校多様化に介在した種々のベクトルとその背景を考察するものである。

## 2　高度経済成長と高校多様化政策

### （1）高校多様化への助走

　戦後の高校教育において、いわゆる多様化が本格的に進展したのは1963年の経済審議会・人的能力部会答申「経済発展における人的能力開発の課題

と対策」や1966年の中央教育審議会答申「後期中等教育の拡充整備について」などの諸答申以降の動きとされている。しかし高度経済成長期を1955年から1973年までとする通説に従うならば、この高校多様化は1950年代からすでにその動きを見せていたとすることも可能である。なぜならば、高校多様化は戦後日本の経済発展ときわめて深い関係を有し、とりわけ中堅技術者・中堅労働者を必要とした経済界は、職業教育の充実を期する観点から高校多様化への熱いまなざしを早くから注いでいたからである。

　その意味での具体的な動きは、占領下の1951年に出された政令改正諮問委員会による答申である。この答申策定のための委員会は、占領軍総司令部司令官マシュー・リッジウェイの指示に基づき吉田茂首相が設置した私的諮問機関であり、委員には経済界の有力者が名を連ねていることから、当時の経済界の利害を反映した答申と推察することができる[1]。「教育制度の改革に関する答申」として出されたこの答申によれば、終戦直後の一連の教育改革について、それが「国情を異にする外国の諸制度を範とし、徒らに理想を追うに急で、わが国の実情に即しないと思われるものも少なくなかった[2]」とし、次のような提言を行っている。すなわち、6・3・3・4制の学校体系は基本的に維持するものの、普通教育偏重を改め職業教育を強化し、特に高校教育に関しては普通課程に重点を置く学校と職業課程に重点を置く学校とを分けるよう求めている。1948年にスタートした新制高校は、高校三原則、とりわけ普通科と職業科を併置する総合制を新機軸としたのであるが、すでにこの時点で見直しの方向が示されていたのである。

　この動きをさらに加速させたのが、財界有力団体の一つである日経連（日本経営者団体連盟）による執拗な教育改革への提言である。先ず1952年の「新教育制度の再検討に関する要望」で、産業教育振興の観点から実業高校の充実を強く求め、続いて1954年の「当面教育制度改善に関する要望」においても同様趣旨の職業教育強化を訴えている。更に西欧先進諸国で進む科学・技術者養成計画に触発されつつ、わが国においても技術者・技能者の早急な養成が課題であるとして、1956年に「新時代の要請に対応する技術教育に関する意見」を打ち出している。そこでは、特に高校レベルでの要請として、初級技術者養成機関たる工業高校について、以下のように述べている。「高

校においても大学と同じく普通課程と職業課程との間に均衡を失し、……（略）……今後産業の需要を充足しえない状況にあるので、普通課程の高校はできる限り圧縮して工業高校の拡充を図るべきである[3]」。更に日経連は翌年の1957年、「科学技術教育振興に関する意見」を政府予算編成の直前に発表するという念の入れようであった。そしてその中で「小、中、高等学校の理数科教育および職業教育について」と題する項目をたて、「初等中等教育制度の単線型を改めて複線型とし、中、高等学校教育において生徒各人の進路、特性、能力に応じ普通課程（必要により、更に人文系と理工系）と職業課程に分けた効果的能率的な教育を実施すること[4]」と述べ、直截な要請がなされたのである。

　以上に見られるような職業教育充実への提言、とりわけ中堅技術者・中堅労働者を送り出す高校への期待にはそれなりの理由があった。すなわち旧制専門学校レベルの職業教育機関が新制ではすべて大学に昇格し、その代替となる専門的な職業教育機関が空白状態となったことが先ず指摘できる。一方で新制高校の目的は、学校教育法でいうように「高等普通教育及び専門教育を施すことを目的とする」とされており、総合制を建前とする制度のもとでは、普通教育はもとより職業教育においても中途半端な教育をまぬかれなかった事情がある[5]。要するに、経済界の労働力確保への危機感は相当なものがあったと思われる。

　しかし高校多様化の流れに関与したのは、産業高度化の一方の当事者たる経済界だけではない。生徒の進学動向や、その底流にある進学意識の側面も無視できない。周知のように高校進学率は戦後、急速な伸びを見せ、多くの識者の予想をはるかに超えるスピードで上昇した。例えば1950年の進学率は42.5％、1955年は51.5％、1960年は57.7％という実績値であった。もともと新制高校は旧制の中学レベルが昇格したわけであり、「旧制中学が20％以内の就学率でしたから、高等学校はそれよりも少なくなろう[6]」との当時の文部省高官の述懐もあったほどである。この高官の見通しは、戦前の複線型教育制度のもとで、いかに多くの若者が中等教育進学を断念していたかの証左でもあろう。それが戦後一転して単線型教育制度となり、特に新制高校は旧制の中学・実業学校・高女が昇格し統合され、さらに高等教育へも接続

したわけであるから、進学意欲が高まったのも自然である。しかも、すでに戦前から旧制中学と農・工・商などの実業学校との間には、巷にいう学校間格差が歴然とあり、それは新制高校になっても普通課程と職業課程との格差として存在し続けた。こうして多くの生徒にとっての高校進学行動は、高校普通課程への進学を先ず視野に入れつつ展開されたのである。

　実際、新制高校発足時の卒業に必要な単位は85単位以上で、うち必修科目が普通課程38単位・職業課程36単位、それ以外はすべて選択科目であった。まさに単位制による自由な選択履修方式を前提にしたものであり、ある意味で旧制中学的エリート感覚も手伝い、生徒のポジティブな自発的学習に期待するところ大であった。しかしその後の進学率の急上昇は生徒集団の多様化に拍車をかけ、非一貫的・非系統的な選択履修に流されやすい事態を招き、またカリキュラム編成や運営上も種々問題が指摘された[7]。つまり戦前のエリート生徒集団と異なり、同一年齢の半数前後が進学する状況となれば、能力や適性が多岐にわたる生徒集団が形成され、学習が散漫になりやすいのは必定である。

　こうした問題に対応するため、文部省は教育課程審議会からの答申を受け、政策レベルで動いた。それが、昭和31年版・高等学校学習指導要領改訂であった。この改訂の眼目は、必修科目の増加と履修に際しての類型制（一般にコース制と呼ばれた）の導入である。普通課程では必修が45〜61単位、職業課程で39〜55単位といずれも従来単位から増加である。類型制の導入は、特に普通課程において基本的に五種類の履修類型[8]を設定し、生徒は類型選択によって系統的な学習を担保できるという趣旨の試みである。政策当局としても、進学率向上に伴う多様化傾向に対応して、生徒の個性差に配慮する狙いを表明している[9]。

　この改訂のわずか4年後、昭和35年版・高等学校学習指導要領が出され、基礎学力の向上や科学技術教育の充実を期して必修科目が更に増加となるとともに、普通課程の類型制を強化する観点から同一科目をAとBに分け、一般向けのA類型と進学向けのB類型にシンプル化して事例提示するなどした。あわせて職業課程についても、「中堅産業人の育成を期するため」として普通教育及び専門教育の充実を求めた。

こうした高校教育課程にみる政策対応は、増加の一途をたどる進学率をにらみつつ、多種多様な生徒をいかに学校に適応させ、同時に進学や就職への道筋をつけていくか、そのことへの苦肉の策と思える。もちろん一方で、経済界からの中堅労働力への人材要請にも首尾よくこたえねばならない。この意味で文部省サイドの苦渋の一端が読み取れるのは、1954年の教育課程審議会答申「教育課程の改善、特に高等学校の教育課程についての第一次答申」と、1960年の教育課程審議会答申「高等学校教育課程の改善について」とにみられる、生徒の「適格者観」の変化である。前者では、〈改訂の方針〉の中で、「上学年に進むにつれて生徒の進路・特性等に応じて分化した学習を行いうるようにすること[10]」(傍線部筆者) とあるが、後者では、〈基本方針〉の中で、「生徒の能力、適性、進路等に応じて適切な教育を行うことができるようにすること[11]」(傍線部筆者) と変化している。つまり、1960年代以降本格化する能力主義的高校多様化政策への下地が、すでに1950年代から準備されていたものとしてみることが可能である。

### (2) 高校多様化の政策意図

　先にも触れたように、新制高校が発足した当時はその前身となった旧制中学の名残りもあり、多くの関係者にとって高校のイメージが不透明であった。しかし経過としては第一次米国教育使節団の報告書や教育刷新委員会の建議を受けて学校教育法が成立し、翌1948年に新制高校がスタートした。混乱の中での実施ということもあり、文部省は実施に備えていくつかの通達を都道府県宛に出している。そのうちの一つである「新学校制度実施準備の案内」(1947・2・17) では、高校は「中学校終了後更に学校教育を継続しようとする者を全部収容することを理想」とする旨の記述がみられる[12]。つまり、高校の希望者全入原則を早い段階から公的に表明していた。
　しかし新制中学卒業生が新制高校に入学した1950年、高校進学率が42.5％[13]となり、生徒の意識・学力や置かれた背景に想定以上の多様性が生じてきた[14]。さらに1955年の進学率は51.5％に上昇したこともあり、高校入学者選抜の在り方に微妙な変化がみられる。当初の政策理想では、入学者選抜は原則全員入学であったが、1948年の文部省通達「新制高等学校入学

者選抜について」では、中学校からの報告書による選抜とし、学力検査は実施せずとされた。その後1951年の通達では、場合により学力検査も認めることとし、更に1954年には中学校からの報告書とともに学力検査も実施となり、この流れをうけて1956年に学校教育法施行規則が改正され、入学者選抜に当たっては高校による学力検査実施が法令上明記された[15]。

　こうした背景には、進学率の上昇に直面した高校側の懸念、すなわち生徒の個性差・学力格差・進路選択の多様化にどう対応するかの苦慮が、当然ながら潜んでいたと思われる。すでに1950年代半ば、小学区制は崩れかけていた状況で、高校側は学力検査によって可能な限り均一な生徒集団を確保し、教育上の効果を求めたとしても故なしとしない。先述した1954年の教育課程審議会答申に盛られた「生徒の進路・特性等に応じて」という文言は、そうした雰囲気を表している。もちろんそこには、高校レベルの職業課程強化を要求している経済界への配慮も込められており、「生徒の進路・特性等に応じて」教育するという点では、緩やかな複線型教育制度も視野にあったかと思われる。例えば学科別生徒数の変化を1955年と1960年とで比較すると、この間、普通科は1.22倍であるのに対し、商業科は1.45倍、工業科は1.36倍である。戦前戦後を通じて国民の根強い普通課程志向の中で、職業課程の比率増加は高校多様化への動きとしてみることもできる。しかし1960年の教育課程審議会答申にみられる「能力に応じた多様化」教育の観点は、1955年前後の時点では未だ公的には明確にはされていない。

　能力による高校多様化が本格的に政策に現れてくるのは、1960年12月閣議決定の「国民所得倍増計画」(1961～1970)にかかわる一連の経済計画の登場からである。池田内閣の下での「国民所得倍増計画」は余りにも有名であるが、その地ならしともいえる経済計画は、すでに1950年代に「自立経済三ヵ年計画」(1951～1953)「経済自立五ヵ年計画」(1956～1960)「新長期経済計画」(1958～1962)が策定されており、中でも「経済自立五ヵ年計画」は経済計画に組み込まれた教育計画を提示している点で知られている[16]。また「国民所得倍増計画」自体も、池田内閣直前の岸内閣時代に諮問された経済審議会答申を受けたもの[17]という意味で、経済の計画化はすでに1950年代後半から大きな潮流となっていたと考えられる。

第8章　高校多様化と教育政策の迷走　155

　これらのうち、「国民所得倍増計画」は1960年11月1日に経済審議会答申として出されたものを、同年12月27日に閣議決定したものである。教育にかかわる部分は、その中の第二部「政府公共部門の計画」の第三章で「人的能力の向上と科学技術の振興」と題して述べられている。しかしそれは、同年10月25日に経済審議会・政府公共部門部会・教育訓練小委員会から出された「所得倍増計画にともなう長期教育計画」を簡略化したものであり、ここでは後者を手掛かりにみていきたい。

　経済の計画化を所得倍増路線で一大国家政策とさせ、その一環として教育が長期の計画化対象に上ったことが、1960年代の新味であった。すなわちこの「所得倍増計画にともなう長期教育計画」の冒頭でも、「科学技術の急激な発達に支えられた技術革新の時代の要請は、教育訓練等人間能力の開発問題を更に積極的に取り上げる必要を生ぜしめている[18]」との問題意識から、中学や高校を含めた中等教育のあるべき方向を大胆に提示している。そこにみられる基調は、折からの技術革新が必要とする労働力を科学者、技術者、技能者とし、それぞれの養成をとりわけ後期中等教育の充実に期待するものとなっている。そしてこれら人材は「なるべく早い時期に発見され、またなるべく国民各階層から選抜されることが望ましい[19]」と述べる一方で、「今日、高校教育は国民の常識となりつつあるが、中等教育を学校教育に限定することは適当でない[20]」として、選抜は中学や高校はもとより、それ以外のルートも含めた多様な養成訓練でなされることを想定していた。

　例えば高校について言えば、技術革新への社会的要請から、普通課程と職業課程の比率を6対4から5対5にし（1970年を目標年）、工業高校卒レベルの技術者不足を補うため工業高校定員を増加する（1967年までに8万5千人増員）など、商業や農業等の課程も含めて産業中堅人の養成を求めている。また学校教育外については、企業内訓練や職業訓練機関や各種学校等を活用したり、またこれらと高校との連携を模索したりするなど、主として技能労働者の養成にも言及している。あきらかに、学校の外も射程に入れた多様化への動きと見ることができる。

　実はこの計画や文書は、関係省庁役人も適宜スタッフとして参画しているとはいえ、公式には経済審議会の手になる答申であった。学校教育や後期中

等教育のあるべき方向を提言しているとしても、文部省が直接述べたものではない。その点で、1962年に出された教育白書ともいうべき『日本の成長と教育――教育の展開と経済の発達』は、教育政策当局の政策意図を世に示すものであった。すなわち、その第1章で次のように明言している。「従来一般にいわれるように教育は消費の性格をもつものではあるが、同時に投資として重要な意義をもっている。教育は、生産の展開において、特に技術革新の行われるときにおいて、技術革新の成果を生産過程の中におりこんで軌道に乗せてゆくための、欠くべからざる要素である。このような時代にあっては教育を投資とみる視点がいっそう重視されねばならない[21]」。ここに示されているのは、まぎれもなく当時の欧米ですでに流行していた教育投資論、人的資本論の考え方である。教育が経済の発展に貢献する投資であれば、マン・パワーすなわち人的能力は無駄なく効率よく活用されねばならない。かくしてその後の後期中等教育や高等教育の政策としての方向性は、すでに進行している「国民所得倍増計画」路線を踏襲するものとなる旨、世に闡明されたこととなる。

　これに先立つ1960年秋、文部省・初等中等教育局長の内藤誉三郎は、中学2年と3年の全員に対する「人材開発テスト」構想を発表した。これは内藤の回想によれば、進学率上昇もあり問題化し始めていた高校入学者選抜について、公平・客観的な学力テストを実施することで能力判定が可能となり、やがて高校入試も全廃できるとの目論見だったという[22]。結局、1961年から実施したものの1964年で中止になったが、内藤の真意はともかく、「国民所得倍増計画」のもとでの人材の早期発見が念頭にあった企てと言えよう。文部省の動きでこの時期に特筆すべきもう一つは、高校入学者選抜の「適格者主義」を巡る問題である。すでにふれたように1956年に学力検査は法令化されていたが、1963年に学校教育法施行規則を改正し、入学志願者数や定員にかかわらず学力検査等による選抜を行うこととなった。更に通達で、「高等学校の教育課程を履修できる見込みのない者をも入学させることは適切ではない[23]」という念の入れようであった。このように内藤が抽出ではなく悉皆の学力テストにこだわった点、また能力を学力検査で測ることを一層求めた点に、当時の文部省による能力主義的多様化シフトを垣間見ることが

できる。

しかしその文部省以上に、「国民所得倍増計画」に沿って人的能力の効率的活用を求めていたのが経済審議会であった。経済審議会は同審議会内に人的能力部会を新設し（1961年4月）、経済発展と人的能力の開発について検討を行い、その結果を1963年1月「経済発展における人的能力開発の課題と対策」として答申した。この答申では、1960年に同審議会が出した「所得倍増計画にともなう長期教育計画」を更に発展させ、人的能力政策を前面に押し出し「能力主義」という用語を随所に使用するなど、経済界が教育政策に求めるものが露骨に示されている。すなわち「最もすぐれた労働力を能率的に養成し、活用するかといつた課題」を基調とし、「人的能力が経済社会の各分野に適正に配分されることが必要」であるとの認識のもと、中等教育のあるべき方向を示している。先ず産業構造の変化が重化学工業中心の第2次産業発展にあるととらえ、急速な技術革新に対応できる科学者、技術者、技能者、高質な事務・管理関係従事者の養成を求めている。そして「能力主義の徹底に対応して、国民自身の教育観と職業意識も自らの能力や適性に応じた教育を受け、そこで得られた職業能力によって評価、活用されるという方向に徹すべき[24]」とする一方で、次のようにも述べている。「画一的な教育を全員に与えるものとして中等教育の完成を理解すべきではない。中等教育完成の問題はいかなる形態の下ですべての者に中等教育を与えるかということになる。その場合、適性の発見と進路指導が合目的的に行われることは当然必要である。そして高校へ進まなかった人々に対しては、各種の職業教育や職業訓練を中等教育の体系の中にとり入れつつ拡充し、そこで一般教育も充実していくと考えられるべきであろう[25]」。ここにみられる発想は、能力に応じた進路や職種を見極めるプロセスにおいて、高校レベル以上への進学者と義務教育に留まる者との、いわばキャリア上の縦の多様化を推し進めるものである。その頂点に位置づけられたハイタレント層が、同一年齢層の上位3%程度であるとする経済審議会の概念規定[26]も、この発想から派生したものに他ならない。この経済審議会による1963年答申を引き取る形で、約半年後、荒木万寿夫・文部大臣は中央教育審議会に対し、「後期中等教育の拡充整備について」を諮問している。

4年余り続いた池田内閣において、丸3年の長期に渡り文部大臣をつとめたのが、五高・京大を通して池田と同級生であった荒木万寿夫だった。しかし、「国民所得倍増計画」に連なる教育の能力主義や多様化が当時の教育政策の本筋であった中で、荒木の存在感は別なところにあった[27]。すなわち日教組への敵視政策ですでに名をはせていた彼は、その頃懸案となっていた高校生徒急増問題を巡ってイデオロギー的な反応を示しつつ、結果として本筋の教育政策に収斂させていく荒業を見せた。高校生徒急増問題とは、団塊世代の高校進学が1963年から始まり、前年比で一挙に40万人もの増加が予想されることから、危機感を持った母親・総評・日教組などが展開した「高校増設・高校全入」運動にかかわる問題である。1962年4月結成の「高校全員入学問題全国協議会」(全入全協)が、その運動組織である。これに対し文部省は、主要運動体である日教組へのイデオロギー的反発から、「高等学校生徒急増対策と"高校全入運動"の可否」(1962年5月)と題するパンフを配布し、全入運動は日教組の政治運動であると非難し黙殺しようとした[28]。この強気なスタンスの背景には、もちろん荒木自身の強固なイデオロギーもさることながら、膨大な高校増設費用の問題、そして高校進学者増が経済界の危惧する中卒労働者不足を招く問題も存在していた。しかし別な背景として、当時の文部省が高校進学への「適格者主義」的見通しから、進学率を60%台に抑え込む意図を有し、増設するとしても若干の補助金と起債で乗り切れる判断をしていた点も重要である。

 ところが国民の高校進学意欲は文部省の想定外の高揚を見せ、1963年で進学率66.8%、1964年で69.3%、1965年には70.7%となった。荒木にとって高校全員入学は到底受け入れ難いものであったが、もともと大臣就任の翌年には高校増設を工業高校中心に予算措置する旨、国会答弁していたのもまた事実である[29]。そこで文部省としては、一つには大きなうねりとなっている高校全入運動への懐柔策として、もう一つには経済界からの要請への配慮として、つまり工業科など職業課程中心の増設を行いピーク時の高校生急増を吸収する、いわば二正面作戦の対応に出た。この対応の首尾については、またあとで触れる。

 このように文部省の高校多様化政策は、まず経済界からの能力主義的発想

に基づく若年労働力確保対策として起動され、さらに団塊世代の想定外の高校進学率がもたらす国民不安への当面措置がそれに乗る形で、いわば主体的にというよりも他動的に立案され駆動されるという経過を辿った。

### (3) 高校多様化政策の破綻

先述したように、1963年の荒木文部大臣からの諮問にこたえる形で、1966年10月、時の有田喜一・文部大臣に対し、中央教育審議会から「後期中等教育の拡充整備について」が答申された。経済審議会からの教育政策に対する度重なる要請を、この答申によって文部省マターにオーソライズすることの意味は大きい。諮問時の高校進学率は66.8%であるのに対し、答申時は72.3%となっており、生徒の適性・能力・進路・環境がさらに多様化していることを意識した内容となっている。

ここでは既述した「所得倍増計画にともなう長期教育計画」(経済審議会・1960)との比較でみてみよう。1960年の高校進学率は57.7%であり、この長期計画における後期中等教育の対象は進学者とともに非進学者にも向けられていた。明らかに非進学者の労働力化を前提に、教育の多様化は構想されていた。「中等教育を学校教育に限定することは適当ではない[30]」との文言はその意味である。これに対し1966年の中央教育審議会答申では、非進学者への職業教育[31]及び教養教育的配慮はあるものの、すでに進学率7割を超える高校生の現状を十分に意識し、その上で「各個人の適性・能力・進路・環境に適合するとともに、社会的要請を考慮して多様なものとする」と明記している[32]。さらに「高等学校教育の改善」という項目の中で、次のように述べている。「普通教育を主とする学科および専門教育を主とする学科を通じ、学科等のあり方について教育内容・方法の両面から再検討を加え、生徒の適性・能力・進路に対応するとともに、職種の専門的分化と新しい分野の人材需要とに即応するよう改善し、<u>教育内容の多様化を図る</u>[33]」(棒線部筆者)。ここには、必ずしも明示的ではないが、非進学者も含めた後期中等教育の多様化路線から、高校教育そのものの多様化路線へと微妙な政策変化がうかがえる。その背景について、次に見てみよう。

高校生急増対策への文部省による二正面作戦については、先にも述べた。

先ず言えることは、高校全入運動にみられるように国民の進学需要が底堅く、進学者数を抑え込むことはもはや現実的でないとの認識が、すでに1960年代初頭の文部省にはあったと考えられる点である。例えば1961年時点での文部省初等中等教育局による「急増対策の全体計画[34]」によれば、高等学校在籍生徒数を1959年（実績値）と1965年（予測値）で比較し、約112万人の増加と予測している。そしてこの増加分を、公立学校で約67万人、私立学校で約43万人の内訳で吸収するとしている[35]。しかし、実際の経過はどうであったか。在籍生徒数予測値が根拠としていた進学率において、予測進学率よりも実際の進学率が約10%も上回ったため、公立学校では吸収しきれず私立学校が増加分の多くを引き受ける形となった。すなわち予測値では1965年の国公私・在籍生徒数を約434万人としていたが、実際は約507万人であった。私学について言えば約136万人の予測に対し、実際は166万人となり約30万人の増加である。公立も増加したものの、約43万人増にとどまる。当時の公立・私立の在籍生徒数の比率が、大体7対3であったことからすれば、高校生徒急増対策は、実質的には私学側の経営努力に依存せざるを得なかったことがわかる[36]。

　一方、経済界からの工業科など職業課程充実要請に対しては、「急増対策の全体計画」は次のように述べている。「学校の新設に当たっては、工業課程の新設に重点を置くものとし、新設のうち公立学校にあってはその60%を工業課程とし、また、私立学校にあってはその35%程度が工業課程の学校になるようにするものとする[37]」。この文部省の指導に対し、実際の動きはどうであったのか。すなわち学科別の在籍生徒数比率でみると、工業科比率は1960年で10.0%、1965年で12.3%となっている。これに対し普通科比率は1960年で58.3%、1965年で59.4%であった。確かに工業科比率は増加しているが、普通科比率も微増である。1960年の経済審議会による「所得倍増計画にともなう長期計画」では、普通課程の比率を六割から五割に減らすことを求めていたが、実際は逆行している[38]。この理由は、高校生徒増対策が結果として私学に依存する形で推移した経緯にあると思われる。つまり公立高校と異なり独自の経営判断で動く私学の場合、費用負担の大きい工業科増設よりも普通科増設を大幅優先することは容易に想像できる。経済審議会や

文部省の思惑は、すでにこのあたりから崩れかけていたとみることができる。

にもかかわらず文部省は、経済界からの要請もあり、能力・適性・進路等に応じた進学や就職を絶妙な配分で行うべく、政策的に誘導する道をたどった。それは普通課程とともに職業課程にも配慮するという形で、また高校進学者にも非進学者にも目配りする形で、少なくとも建前的には一貫した政策スタンスであった。しかしもともと高校設置は国ではなく都道府県の権限でしかなく、文部省はガイドラインを示すのがやっとである。そのような中、文部省の思惑をよそに、普通課程をメインルートとした進学需要は依然として強く、文部省としても非進学者よりも進学者の動向を注視せざるを得なくなり、次第に高校教育本体の多様化を模索する情勢となった。しかし職業課程、なかんずく工業科増設を重要政策の一つとしていた文部省は、ここでも思惑外れに直面することになった。

それは、経済界、特に大企業を主体とする財界筋が望んでいた経営秩序の近代化に関する問題である。経済界は戦後の早い段階から、日本的労働慣行を欧米スタイルに転換し、日本的親子関係に擬せられた雇用関係から脱却したい意向を持っていた。産業の高度化、高まる技術革新、人材の効率的運用が世界の流れである時、日本的労働慣行はもはや時代錯誤ととらえられた。教育での能力主義徹底は、まぎれもなくそこから派生した要請でもある。例えば1960年の「所得倍増計画にともなう長期教育計画」の中で、「企業内において勤労者の個性創意が、十分に発揮されるように<u>経営の民主化が促進されなければならない</u>[39]」(棒線部筆者) とある。また今日でも実現できていない「同一労働同一賃金」の実現についても、経営民主化の一環として求められている[40]。さらに1963年の「経済発展における人的能力開発の課題と対策」においても、「経営秩序なり労使関係なりの近代化の推進が急務」であるとか、「労働力移動の円滑な推進」などが求められ[41]、さらには「経営秩序近代化の方向に対応し、個人の職業能力を客観的に判定するための各種の資格検定制度を拡充整備することも重要である[42]」と提言している。ここには、欧米並みの横断的労働市場の確立を目指す意図が濃厚である。進学・非進学を問わず、また進学したとしても普通課程・職業課程を問わず、さらに職業課程での学科の種類を問わず、資格を引っ提げての自由な労働移動が展開さ

れてこそ、経営近代化に資するとの基本思想がみられる。

しかしすでによく周知されているように、高度経済成長期の労働力不足、特に少子化や進学者増に起因する若年労働力不足は経営側にとって深刻であり、若者をいち早く採用し企業内で育て上げることの優位性が確認されるとともに、技術革新の速度があまりに急速なため、企業や職場固有のノウハウ継承を内部労働市場で行うメリットが再認識されることとなり、財界などが理念として掲げた横断的労働市場の確立はとん挫してしまった。戦前期日本では、労働者横転率が当時の世界で最も高かった[43]とされる土壌がある中でのそうした経過は、高度経済成長期の職場がいかに激変に見舞われたかの証左でもあろう。かくして経済界やその意を多分に受けた文部省などの理念的思惑とは別に、「終身雇用」「年功序列」に象徴される日本的雇用慣行が、少なくとも大企業を中心としてその後進行することになる。

とりわけその跛行的「ちぐはぐさ」が象徴的に表れたのが、高校・職業課程の多様化であった。すでに1951年の「産業教育振興法」成立以来、職業教育や科学技術教育充実への動きは着々と進められてきた。すなわち文部省下の「中央産業教育審議会」（1951年設置）やそれが改組された「理科教育及び産業教育審議会」（1966年設置）の答申、あるいは学校教育法改正や学習指導要領改訂によって、産業の分化に適合した職業教育の多様化が目指されていた。例えば後期中等教育を高校教育に限定せずと高らかに明言していた頃、文部省は事業所内訓練と高校定時制・通信制を技能連携させるカリキュラム形態を編み出した。それは1961年の学校教育法改正によるもので、定時制・通信制の生徒が事業所内の技能訓練施設で教育を受けた場合に高校での履修とみなし、「職業訓練そのものに高等学校教育の外形を与えよう[44]」という意味での大胆な「多様化」の一面であった。その中には、1963年に設置され1976年に廃止となった神奈川県立技術高校[45]や、1962年設置され1977年に廃止された兵庫県立相生産業高校の例などがある。いずれも当初は産学連携のモデルケースではあったが、高校で学ぶ技術と連携先事業所との技術格差の問題、徐々に顕在化していく生徒の意欲低下など、置かれた状況の凄まじい変化に主として事業所側が耐えきれず、ほどなくして制度そのものが存在理由を失った[46]。

さらに1967年の「理科教育及び産業教育審議会（第1次答申）」で職業課程の14学科や理数科設置が示され、翌1968年の第2次答申で職業課程の3学科が示されるなど、産業の分化に合わせるかのような学科細分化が進行した[47]。しかし職業課程を中心に展開されたこのような多様化・細分化・区分化が、果たして経済界からの期待に本当に沿うものであったのか、あるいは生徒の進学希望を満足させるものであったのか、それは大いに疑問である。前者については、専門特化する一方で基礎教育が手薄な職業課程に対し、技術革新や職場環境への適応力・応用力の観点から採用側が次第に不満を抱くことになったことが指摘できる。後者については、文部省による生徒アンケート調査結果（1972）が如実に示している。すなわち高校に入学した者のうち、別な学科に行きたかった者の比率は、普通科37％、工業科45％、商業科57％、農業科56％、家庭科59％となっている[48]。

　こうして1960年代以降、後期中等教育レベルで強力に推し進められてきた高校多様化政策は、学校教育現場でようやく「制度的に」根を下ろしつつある頃には、経済界の求めている期待を「現実的に」裏切る様相を呈し始めていた。端的に言えば、工業科を卒業することが中堅技術職を約束するというルートは、すでに「リアリティのないものとなっていた」（木戸口正宏）のである[49]。そしてそれは同時に、先のアンケートが示すように、国民の旺盛な進学志向をも裏切る結果となった。先ず産業の現場がME化やOA化にさらされるとともに、職業課程で学んだ専門知識よりも一般教養を基礎とした適応力・応用力が重宝されることになり、普通課程卒業者が優先されるようになる。この流れが、もともと底流にあった普通課程志向の風潮を更に刺激し、いわゆる普通科的偏差値による一元的能力尺度が、中等教育現場全体に浸透してくる[50]。いったんこの流れが出来ると、職業課程は偏差値序列で普通課程の下位に位置づけられ、さらに普通課程自体も序列化の渦に巻き込まれ、多様化というより格差化が自立展開する様相となる。この状況は、ある意味ですでに国の教育政策意図の届かないところで事態が進行し、国民が自己本位に（あるいは受益者負担を受容する感覚として）教育や進学を思念する姿とも見える。いわば教育が「私事化」され独り歩きし始めたわけであり、1970年代に入るとともに、もはや高校多様化の政策破綻は文部省自身も認めるとこ

ろとなった[51]。

## 3 教育政策の力学と帰趨

(1) 教育政策のアクター

これまで高校多様化政策にかかわる動きについて、文部省を中心に眺めてきたが、教育政策はもちろん文部省だけでなしえるものではなく、政党や利益団体ときにはマスコミなども加わって、さまざまなベクトルが融合し政策化されるものである。これら政策に関与する主体を、ここでは「政策アクター」と呼び、特に1960年代を中心とした高校多様化政策の局面で、どのような政策アクターが影響力を行使してきたかをみておこう。一般的に政策アクターと考えられる主体については、いろいろな整理がなされている[52]が、ここではもっとも簡潔な分類として熊谷の例[53]に従いながら論を進めていく。熊谷によれば、教育政策形成機関として、①政党、②文部省、③審議会、④関係官庁をあげている。ここでは、特に重要と思われる①から③までについて確認しておこう。

まず教育政策に対する政党の存在であるが、ここでは55年体制の政権政党であった自由民主党（以下、自民党と略）および（例外はあるものの）自民党員でもあった文部大臣を取り上げる。自民党の教育政策を実質的に決めていく組織としては、政務調査会の下での文教部会や文教制度調査会が一般に知られている。世にいう「文教族」とはこの組織を基盤として教育政策に政治力を発揮する自民党議員のことである。しかし文教族が文字通り政治的パワーを発揮し始めるのは1970年代以降のことであり、ここで問題にしている1960年代まではそれほど影響力は大きくなかった。その理由としては、1955年の結党以来まだ日浅く、「自民党は教育政策のあらゆる領域に関与するだけの専門知識を持っていなかった[54]」という指摘がある。むしろ印象的なのは党よりも議員個人であり、自由党・吉田茂内閣時代に登用された岡野清豪・文部大臣や大達茂雄・文部大臣の反日教組的体質は、その後の自民党・歴代文部大臣にも基本的に受け継がれ、とりわけ1960年就任の荒木文部大臣は、大達とともに「教育に対する彼らの主義主張からというより、治安

対策での強硬な姿勢で知られていた[55]」と言われている。実際、イデオロギー的な言動で日教組対策に精力的であった荒木は、文部省内の実務については初等中等教育局長（のちに事務次官）の内藤誉三郎ら幹部に任せていたという[56]。

そこで第2として、1960年代教育政策の直接の当事者であった文部官僚について、その影響力がどうであったか見ておこう。現・文部科学審議官の前川喜平は、文部省の政策形成過程を紹介する自らの論稿（2002）の中で、文部省が「昔から外部の権力に従属するという事大主義的習性をもつ官庁だった[57]」と喝破し、「文部省の政策には従来から政治主導の外発的創発によるものが多かった[58]」とも語っている。55年体制の下では、「自民党文部局」と揶揄される所以でもある。ただし前川のこの指摘は、戦前期の内務省影響下にあった時代や自民党文教族の存在感が高まってきた1970年代以降はともかく、1960年代についてはどう解釈されるべきか。例えば戦後間もなく文部省に入り当時を良く知る元・初等中等教育局審議官の奥田真丈は、「1950年代から60年代には、文部官僚が指導的な役割を果たしていた[59]」と回想している。あるいは昭和初期に文部省に入り、その後事務次官を経て自民党議員となり、1960年代後半に佐藤栄作内閣で文部大臣となった剱木亨弘は、「族議員の出現以前には、ほとんどの教育政策は文部省によって作られていた[60]」と認めている。確かに終戦直前に文部省に入った元事務次官・内藤誉三郎や、終戦直後に入った元事務次官・天城勲らは、1960年代に幹部として教育政策の責任ある立場にあり、生粋の文部省育ちの部下たちとともに政策づくりにまい進したことは想像できる。しかし当時の彼らが自覚していたか否かはともかく、文部官僚としての彼らがどのような方向に向いて指導力を発揮していたかは、また別問題である。その意味で、戦後の教育政策を注視してきた元朝日新聞記者・八木淳の観察は興味深い。「たとえば高度経済成長政策の展開に強い関心を持つグループが省内に厳然と存在していた。そのグループの代表格が天城勲調査局長（のち文部次官）であり、天城らが編集して37年11月に発表した教育白書『日本の成長と教育』は、文部省のこの種の文書としては極めてユニークなものであった。……略……しかし反響のあまりの大きさにとまどった文部省は、その後の教育白書には二度と教育投資論を登場させていない[61]」。この見方には、政策指導力はあるにし

ても「外発的創発」に敏感な、当時の文部官僚的体質が垣間見える。

　第3の政策アクターとしての審議会は、政策の表舞台よりは裏舞台での役回りが実質的に重要である場合がある。元文化庁長官の安嶋彌は、審議会諮問の形式に関して、三つのタイプがあるという[62]。すなわち、①当局に明確な腹案があり、それを示しつつ諮問するケース、②腹案はあるがそれを伏せながら、審議会の自主性に委ねる形の諮問ケース、③腹案がないので諮問するケース、である。ここでは1960年代の教育政策に引き付けて、審議会のありようを眺めてみたい。文部省の政策決定上、もっとも重要な審議会は中央教育審議会である。しかし1950年代には18の中央教育審議会答申を数えるが、1960年代では一転して三つの答申しか為されていない。しかもその三つのうち、中等教育関係はわずか一つ（「後期中等教育の拡充整備について」）である[63]。厳密に言えば1971年答申の「今後における学校教育の総合的な拡充整備のための基本的施策について」（通称「四六答申」として知られる）は、諮問自体は1967年に剱木文部大臣からなされたものである。この「四六答申」の諮問について、先の安嶋は当時の文部省の事情もあり、明らかに③の腹案なしのケースであったと明言している[64]。こうした様子からすると、1960年代の高校多様化を巡る緊迫した政策状況にもかかわらず、中央教育審議会の一見した低調ムードは疑念を抱かせるに十分である。もちろんそれには理由があり、その頃の教育政策に大きく関与していた経済審議会の存在を指摘しておかねばならない。経済審議会[65]は財界出身の委員を通じて、学校教育に対しても経済界サイドの発想[66]から1960年、1963年に重要提言をしたことは既述のとおりである。すなわち当時、経済成長優先の国家計画に沿うべく多くの政策が推進された中で、教育政策マターでありながら、中央教育審議会よりも経済審議会が重視されていたのは間違いない。事実関係としても、1963年の経済審議会答申を受けて約半年後、文部大臣が中教審に「後期中等教育の拡充整備について」を諮問し、その中教審の特別委員会審議が先の経済審議会答申の説明会からスタートした、というのは有名な話である[67]。そしてその結果が中教審答申（1966）に結実し、多少の官僚的修飾は施すものの、経済成長路線の大筋に見合う高校多様化へと政策化されたこともすでに触れたとおりである。

このように政策決定に当たっては、一般的に政権政党ないし有力議員・時の大臣・官僚・必要に応じて変幻自在に活用される各種各レベルの審議会などが重要な役回りを演じ、さらに様々な圧力団体・利益団体・マスコミ論調・時に外圧[68]などが加わり、これらが複雑なベクトル合成をなし「落としどころ」を得ることで事が進んでゆく。

(2) 高校進学率推計を巡る動き

ではこれらのアクターが政策を練り上げていく過程で、具体的にどのようなプロセスを辿るのか、ここでは1960年代の高校進学率推計で展開された経緯を追ってみよう。すでに述べたように、1963年から1965年にかけての時期は第1次ベビーブーム世代の高校入学期にあたり、進学希望者数と高校収容力とのバランス、つまり高校急増問題が社会問題化していた。さらに急増期のあとの急減期がどのような推移となるのか、この点も全く不透明であった。いわゆる高校生の急増急減問題である。この問題の難しさは、予想される進学率をどう推計するかがポイントであり、それを巡って様々な利害が交錯していたことにある。そこでは単に文部省だけではなく、労働省、大蔵省、経済企画庁などの関係諸官庁、野党系組織、経済界、地方教育現場などのステークホルダーが「自らに有利な進学率」を求めて動いていた。

高校進学率をどう予測するかは、当時いろいろな機関がそれぞれの立場で行っている。それをまとめたものが、表6である。これらの中で最も影響力のあったのが、④の経済審議会・教育訓練小委員会による「所得倍増計画にともなう長期教育計画」で提示された予測である。そこでは、「国民所得倍増計画」の目標年度である1970年（昭和45年）までの毎年の予想進学率が示されており、最終年度の進学率を72.0％としている。文部省予測の⑤と⑦、及び経済審議会予測の⑥は多少の数値の違いはあるものの、基本的に④を踏襲していると考えてよい。

この1970年の予測値72.0％は、実際に確定した実績値82.1％と比較すれば約10％も低い値であるが、では推計作業が行われた1960年当時の予測値としてみた場合、かなり低く見積もられた数値かと言えばそれは違う。当時、経済審議会・教育訓練小委員会の委員としてこの推計作業の一員であった元

表6　各種機関による高校進学率の予測値（昭和35～45）

(数値は％)

| 番号 | ① | ② | ③ | ④ | ⑤ | ⑥ |
|---|---|---|---|---|---|---|
| 推計の実施機関 | 文部省『わが国の教育水準』昭和34年度 | 文部省・非公式推計（教育施設整備に関する推計調査） | 日本私立中学高等学校連合会 | 所得倍増計画にともなう長期教育計画（経済審議会・政府公共部門部会・教育訓練小委員会） | 文部省『進みゆく社会の青少年教育』 | 日本経済の長期展望（経済審議会・長期経済展望部会） |
| 推計の公表年月日 | 1959 S.34.11.1 | 1960 S.35.4.26 | 1960 S.35.9. | 1960 S.35.10.25 | 1960 S.35.11.1 | 1960 S.35.12.20 |
| 出典 | (注1) | (注2) | (注3) | (注4) | (注5) | (注6) |
| 昭和35 | | | 57.8 | 59.7 | 59.7 | 66.0 |
| 昭和36 | | | 58.8 | 63.3 | 67.4 | 67.0 |
| 昭和37 | | | 59.8 | 61.5 | 61.3 | 55.0 |
| 昭和38 | 56.3 | | 60.8 | 58.0 | 58.0 | 55.0 |
| 昭和39 | 58.7 | | 61.8 | 59.6 | 59.7 | 57.0 |
| 昭和40 | 61.0 | | 62.8 | 61.4 | 61.4 | 62.0 |
| 昭和41 | | | 63.8 | 63.3 | 63.3 | 65.0 |
| 昭和42 | | | 64.8 | 65.3 | 65.3 | 70.0 |
| 昭和43 | | | 65.8 | 67.3 | 67.3 | 70.0 |
| 昭和44 | | | 66.8 | 69.5 | 69.3 | 70.5 |
| 昭和45 | | 87.5 | 67.8 | 72.0 | 72.0 | 71.0 |

(注1)　文部省、『わが国の教育水準』（昭和34年）、1959、24頁。
(注2)　『戦後日本教育史料集成　第7巻』、三一書房、1994、182頁。
(注3)　菊池城司、「教育水準と教育機会」（市川昭午編著『戦後日本の教育政策』、第一法規出版、1975）所収、244頁。
(注4)　『戦後日本教育史料集成　第7巻』、三一書房、1994、82頁。
(注5)　文部省、『進みゆく社会の青少年教育』、1960、128頁。
(注6)　経済審議会・長期経済展望部会、『日本経済の長期展望』、1960、682頁。
(注7)　『戦後日本教育史料集成　第7巻』、三一書房、1994、188頁。

東大教授・清水義弘（当時は助教授）[69]は、文部省サイドの予測では過去の進学率推移から判断し、もともと66％程度を見越していたと述懐している[70]。つまり推計作業の途中経過では、文部省は更に低めの予測をしていたことになる。逆に経済企画庁は一人当たり国民所得との相関を根拠に算定し、この推計作業の試算段階では85％は間違いないとしていた[71]。

　こうした予測値の極度なバラツキの一方で、進学率の高低に対するスタンスにも、ステークホルダー間の利害関係が明らかに反映していた。例えば労働省や経済界サイドからは、中卒労働力確保との関係で予測進学率を低めに設定したい意向が、また大蔵省は財政負担の観点から推計作業自体に冷ややかな態度が、それぞれ見られたという[72]。そのような中で最も意味深い態度

| ⑦ 急増対策の全体計画（文部省初等中等教育局） | ⑧ 高等学校生徒急増対策と「高校全入運動」の可否（初等中等教育局） | ⑨ 「高校全員入学問題全国協議会」 | ⑩ 公立高校生徒急増対策（閣議了解） | ⑪ 国民所得倍増計画・中間検討報告 | ⑫ 文部省『わが国の高等教育』昭和39年度 | ⑬ 文部省『我が国の教育水準』昭和39年度 | ⑭ 実績値 |
|---|---|---|---|---|---|---|---|
| 1961 | 1962 | 1962 | 1963 | 1964 | 1964 | 1964 | |
| S.36.4. | S.37.5.9 | S.37.春 | S.38.1.22 | S.39.5.1 | S.39.9.1 | S.39.11.1 | |
| （注7） | （注8） | （注9） | （注10） | （注11） | （注12） | （注13） | （注14） |
| | | | | | | | 57.7 |
| | | | | | | | 62.3 |
| | | 61.0 | 66.3 | | | | 64.0 |
| 58.0 | 60.0 | 64.8 | 61.8 | | | | 66.8 |
| 59.7 | 61.5 | 68.3 | 63.5 | 63.5 | 69.7 | 70.6 | 69.3 |
| 61.4 | 63.0 | 70.3 | 65.4 | 65.4 | 71.8 | 71.8 | 70.7 |
| 63.3 | 64.5 | 72.3 | | | 72.0 | 72.0 | 72.3 |
| 65.3 | 66.0 | 76.0 | | | 72.5 | 72.5 | 74.5 |
| 67.3 | 68.0 | 78.0 | | | 73.0 | 73.0 | 76.8 |
| 69.3 | 70.0 | 80.0 | | | 74.0 | 74.0 | 79.4 |
| 72.0 | 72.0 | 82.0 | | | 75.0 | 75.0 | 82.1 |

（注8）　『戦後日本教育史料集成　第7巻』、三一書房、1994、200頁。
（注9）　小川利夫・伊ケ崎暁生、『戦後民主主義教育の思想と運動』、青木書店、1971、225頁。
（注10）　『戦後日本教育史料集成　第7巻』、三一書房、1994、189頁。
（注11）　経済審議会、『国民所得倍増計画・中間検討報告』、1964、404頁。
（注12）　文部省、『わが国の高等教育』、1964、194頁。
（注13）　文部省、『我が国の教育水準』（昭和39年）、表78、http://www.mext.go.jp/b_menu/hakusho/html/hpad196401/
（注14）　文部科学省、『文部科学統計要覧』（平成24年版）、2012、36頁。

を示したのが、文部省であった。進学率推計という作業からして、文部省は所管官庁でもあり、確かに多方面への配慮が必要であるという事情は理解できる。しかし客観的な推計作業を試みること以上に、予測進学率をあえて低めに誘導しようとしていたのも文部省であった。当時入省して間もなかった菱村幸彦（元・初等中等教育局長）は後年振り返って、適格者主義の観点から進学率は抑制されるべきである、というのが当時の文部省をはじめ教育界の雰囲気であったと回顧している[73]。もちろんそれだけではなく、いくつかの背景や理由が考えられる。羅列すれば、①新増設財源不足への懸念、②急増急減による混乱回避への思惑、③過去の推移からの低め希望的予測、④全員入学を掲げる日教組へのイデオロギー的反発、⑤中卒労働力確保を要請する

経済界への配慮、⑥私立高校の新増設への淡い期待、⑦高校新増設は本質的に都道府県マターとの認識[74]、という諸般の事情が底流に渦巻いていたと思われる。そしてそれらが、当時の文部省による抑制的進学率予測へと収束していったという構図である。そして事実経過としては、高め予測の経済企画庁と低め予測の文部省とが調整、すなわち政治的妥協を行い、1970年の進学率を72.0％と公式決定したのが真相であり、その経緯については清水義弘が様々なところで内輪話的に披瀝している[75]。

　さてこの間の高校進学率の実際の推移は、表6の⑭で実績値を示しているように、公式予測値よりもはるかに高い値での推移となっている。問題の1970年も、プラス約10％の大きな誤差をもって確定している。にもかかわらず進学が物理的に可能となったのは、一つには私立高校の経営努力の結果であろう。もう一つは、国が示した72％というガイドラインを基準としながらも、独自の教育計画を推し進めた各都道府県の裁量もあった[76]。もちろんその更なる背景には、国民の旺盛な進学意欲、しかも普通課程への進学意欲がもはや抑制しがたい状況となっており、地方の公立や私立の高校が受け皿となっていった現実がある。そうした経過が国の政策当局のコントロールを離れていたという意味で、「教育の私事化」現象と評されるのもすでに指摘したとおりである。

　かくして低め進学率に拘泥していた文部省も、年々の想定以上の進学率に直面し、予測進学率の高め微修正を繰り返すこととなる。表6の⑧、⑩（⑪も基本的に⑩と同じ）、⑫（⑬も基本的に⑫に同じ）がそれである。では文部省は低め誘導と思われる試算しか為しえなかったのか、この点について付言しておこう。実は表6の②は、1960年時点での非公式ではあるが公表された文部省の試算である。ここでの推計は、1963年からの急増期に対応した教育施設整備のために行われたものであり、1970年時点での予測進学率を87.5％と明確に述べている。これはその頃の経済企画庁試算とほぼ同じ数値であるし、その後の実績値とも近い。文部省内推計の際立つ対照を単なる相違と見るべきか、それとも更に踏み込んで政策意図の思惑をそこにみるべきか、興味あるところである。いずれにしても、その当時、省をあげて推進しようとしていた高校多様化政策と全く無縁ではなかろう。

### (3) 高度経済成長期における教育政策の位相

このように見てくるとき、1960年代に政策化された高校多様化は、当初の思惑や意図が必ずしも貫徹したわけではなく、様々な紆余曲折を経てなし崩し的に軌道修正されながら、やがては破綻に追い込まれていったことが理解できる。もちろん「国民所得倍増計画」という国家政策の一環であったことからすれば、高校多様化政策が他の諸政策から影響を受け、場合により掣肘すら受け、政策の変更を余儀なくされた事情もあろう。ただそのことの当否を問うことよりも、当時の文部省による高校多様化政策がどのように起動されその後変節していったのか、その核心を知ることに意味があると思われる。それを知るには、1960年代を戦後教育政策の一つの位相として捉え、高校多様化政策がその時代状況とたまたまどう絡み合ったのか、その究明作業が不可欠と思われる。以下、3点に集約して述べてみたい。

第1点目は、世代論的な面からの解明である。もともと文部省は戦前から行政組織的にも人脈面においても内務省からの影響が強かった。特に戦前は、「文部官僚という組織はなく、文部省独自の教育理念も存在しなかった[77]」とすら、黒羽は述べている。戦後内務省が解体され文部省が存続するという事態になっても、しばらくはこの隠然たる関係は生き続けたわけである。ちなみに1950年代から60年代にかけて、文部省事務次官であった者のうち、田中義男、緒方信一、小林行雄らは内務省出身である[78]。戦後のかなりな部分を日教組と対峙し続けた文部省の対応は、治安対策を任務とした内務省的体質から派生したものとみることは不自然ではない[79]。また内務省出身ではないが、初等中等教育局長を異例の五年余り勤めその後も事務次官となった内藤誉三郎も、日教組に対して辣腕をふるったことで知られる。これら当時の幹部に共通するのは、その内務省的体質とは別に、当然ながら戦前のエリート教育を受けて育った点である。戦後の新制高校の前身である旧制中学での彼らの体験は、新しい戦後の高校教育のあるべき姿にどのように作用したのか。高校入学者選抜における適格者主義を巡る混乱は、理念と現実で揺れ動いた政策の軌跡ではなかったであろうか。元初等中等教育局長の菱村幸彦が文部省に入ったのは、1959年である。その彼が新制高校に入学したの

は、1951年であったと自ら述懐している[80]。つまり文字通り戦後教育を受けて文部省に入った世代が、1960年代にやっと新人として登場することになる。こうした世代関係を念頭に憶測すれば、能力主義的発想からの高校多様化を仕掛けた当時の幹部は、内務省的感覚の戦前派エリート官僚であったと言えば言い過ぎであろうか。天城がリードした教育投資論的教育白書、『日本の成長と教育――教育の展開と経済の発達』(1962)は、その後必ずしも省内の全面的賛同を得たわけではないのだが、すでにその頃には戦前派と戦後派の政策的肌合いの違いも生じていたのかもしれない。

　第2点目は、経済成長と学歴及び学習歴との関係である。高度経済成長時代の1956年から1973年までの年平均経済成長率は9.1%であった。その後の1974年から1990年までが4.2%、1991年から2012年までが0.9%であった[81]ことから比較すると、確かに1960年代は日本経済史上特異な時代であったと言える。また同時に、高校進学率がほぼ5割から9割へと急上昇した時期でもある。それは一見、経済成長と学歴の相関を示唆するようでもあるが、実は必ずしもそうではない。つまり猪木武徳が言うように[82]、学卒労働力が職場で労働生産性に寄与するには10年から20年を必要とすると考えれば、この高度経済成長時代を実際に支えたのは、昭和戦前期に学卒就職した者たちとなる。そしてその昭和戦前期の若者は、多くが低学歴でしかなかった。例えば1940年（昭和15年）当時の徴兵検査によれば、最終学歴が大学及び高専卒程度が約4%、中卒程度が約10%、高等小及び尋常小卒程度が約84%、不就学その他が約1%となっている[83]。この事実からすれば、高度経済成長を下支えしたのは低学歴の若手中堅労働者であって、そこからは学歴による経済成長への効用は不透明である。更に次のことにも注目したい。高度経済成長期、とりわけ1961年から1973年までの間、数年の例外期間を除いて、常に有効求人倍率は1.0倍を超えていた[84]。端的に言えば、人手不足状態であり続けたわけである。それはこの時期、経済界が若年労働力の確保に腐心していた事実とも合致する。しかも高度経済成長期の後半は著しく人手不足であったにもかかわらず、成長率自体は前半よりもむしろ高めに推移している。その理由としては、先ず労働生産性の向上にある[85]と思われ、また人手不足に対しては農村余剰人口の都市流入が奏功した点[86]が指摘でき

る。こうしたことから、何が言えるか。確かに財界をはじめとした経済界は、高度経済成長期に突入する以前から学歴に応じた能力の適正配分に神経質であった。そのことは産業の高度化・分化に従っての多様な学習歴、つまり高校教育の職業的多様化を求める流れを作ってきたわけであるが、現実の経過では皮肉にも、技術革新による労働生産性の向上が職業的多様化をそれほど必要としなくなった。また懸念されていた若年労働力不足も、労働生産性向上と農村からの豊富な労働移動により杞憂に終わった。つまり経済界の経営的感覚からの目先の要請の一方で、技術革新というハード面での変化や過密過疎に象徴される猛烈な人口移動を読み切れなかった誤算が、この結末をもたらしたと思える。文部省は、当時の全社会的趨勢とはいえある意味でそれに巻き込まれた立場と言ってよいであろう。

　第3点目は、戦後導入された6・3・3・4の単線型教育制度の功罪に絡む問題である。それは第一次米国教育使節団からの示唆もあり、また日本側にも同様のプランもあり、戦前の袋小路然とした複線型教育制度への反省も込めて、期待とともにスタートした制度であった。高校に限ってみれば、1948年に新制のスタートであるので、1960年前後で10年を経過していることにもなり、国民の意識においても定着してきたのが高度経済成長期であったともいえる。米国の制度に倣ったこの単線型スタイルは、将来への進路決定を先送りする、つまり中卒・高卒段階よりも大卒以後で決めても良いとする思想がもともと根底にある。確かに米国のように、カラフルかつリカレントなキャリア形成を是とする社会にあっては、この思想は受け入れやすい話である。しかし長い歴史と伝統の国家であり、明治以来の画一的生き方に慣らされた日本において、それはまた別なキャリア像を導くことになる。戦前期からすでに普通課程のエリート教育への羨望が強かった国民の多くは、機会が均等に開かれた単線型教育の階梯を前にして、進学意欲を掻き立てられないはずはなかった。事実、高校進学率は普通課程を中心に急上昇し、1974年には90％を超えた。この成り行きについて、すでに事務次官を退官していた天城は、1977年のインタビューに答えて次のように本音を語っている。「6・3制の問題というのは、ある意味では単線型の学校制度ですけれども、大変機会均等で袋小路がないという点で民主的な教育制度で結構だと

思うんです。しかし特に日本のように教育熱の高い国民の中でこれをやりました場合、私も含めてですけれども、これほど短時間に、これほど急激に6・3・3の中身が量的に膨張するということは予想されなかった。これはいまになって考え直している点ですが、当時は良くわかりませんでしたが、単線型教育制度の宿命なんですね。節がないんですよ、どこにも[87]」。この天城の言う「節のない」戦後教育制度に対し、高度経済成長路線が国家的政策として重なり合ったのが1960年代と言える。当時、学識経験者としてこの政策に関与した清水義弘は、機会均等が強調され過ぎ「能力に応ずる」ことが軽視されている現状を疑問視し、能力主義的教育の観点から高校多様化を理論的に支持し、国民の職業選択よりも国家の産業育成の大切さを唱えている[88]。もちろんそれは当時の経済界が求めていた多元的な能力主義教育への布石でもあったわけであるが、事態はそのような展開にはならなかった。その誤算の原因は、日本企業が抱える構造的な重層性にある。技術革新や経営手法の最先端にある大企業は、高校レベルの即戦力的職業課程には次第に期待しなくなり、むしろ一般的抽象能力や応用力への期待にシフトすることで、普通課程を優先し始める[89]。その一方で多くの中小企業や町工場では、従来型の職人的人材、すなわち即戦力を求めていた、これも事実である。とすれば経済界や産業界がその時期、本当に求めていた高校教育とは何であったのか、あるいは統一したイメージがあったのか、実は定かではなかったことになる[90]。いずれにせよ、この日本的企業の重層性に応えるという意味では、1960年代の単線型教育制度はすでに機能麻痺を起こしつつあった。しかし制度として維持し続けたこの仕組みは、国民の潜在的・顕在的期待も手伝って、普通科的一元的能力主義をますます加速させるパイプラインとして制度定着することになる。その点では、単線型教育制度であることがむしろ効果的に作用したという力学も指摘できよう。大脇も指摘しているように、高校多様化政策が破綻して以降、新設された高校はほとんどが普通科であったことが、それを物語る[91]。その頃になると、特に職業課程の一部では「制度として存在するが故に生徒を募集するという、本末転倒の事態」までも現出した[92]。このような状況は、硬直した教育制度と激変する現実界との壮大なる社会的タイムラグの為せる事態ともいえ、ここに至って文部省も徐々に政策

転換していくことを余儀なくされるに至る[93]。

## 4 おわりに

　高校多様化政策はその後、高校教育の弾力化・柔軟化という形でいわば「内向きの」収束を図る動きにつながっていく。ただその政策変化の過程で、新たな不登校・中退・校内暴力などの教育病理に直面し、初等中等教育を通じてのいわゆる「ゆとり教育」が導入されることとなる。このようにどちらかと言えば他動的政策展開を特徴とし、しかも教育環境の急速な変化によるタイムラグを抱え込む政策体質を有し、事態への後追い政策に終始してきたことが、戦後教育政策に少なからず見られたのではなかったか。もとより、先取り政策としての教育政策の計画化という試みも1960年代の一連の政策をはじめ、その後も政策の節々で為されていることも確かに認められる。例えば1970年代の高等教育の計画的整備、1990年代の大学大綱化や大学院拡充計画、2000年以降の専門職大学院制度の導入、国立大学の法人化、教員免許更新制導入など、将来を見据えた制度設計であり政策判断であったはずである。しかしここに上げたいずれも、当初の思惑とは異なった展開を見せているのが現実である。それについてはここでは触れないが、このあたりに教育政策が本質的に胚胎している困難さがうかがえる。誤解を恐れずに言えば、それは政治主導か否かは別として「外発的創発」(前川喜平)による日本の教育政策の宿命なのであろうか。1960年代高校多様化政策の顛末は、その意味でまことにシンボリックであった。

(注)
1　委員は、石坂泰三、板倉卓造、小汀利得、木村篤太郎、中山伊知郎　原安三郎、前田多門、石橋湛山である。
2　宮原誠一・丸木政臣・伊ケ崎暁生・藤岡貞彦編『資料日本現代教育史2』、三省堂、1974、35頁。
3　『資料日本現代教育史2』、100頁。
4　『資料日本現代教育史2』、102頁。
5　更に言えば、一つの高校に普通科や工業・商業・農業等の職業課程を併置させる総合制は財政負担が大きく、終戦直後の厳しい財政状態では非現実的であったのも事実

である。この制度の導入には米国の示唆があったものと推察されるが、理念と現実のズレが結果的には総合制解体への一因になったと思われる（村松喬『教育の森・7巻』、毎日新聞社、1967、152頁）。
6 元文部省調査普及局長・関口隆克の言。浜田陽太郎編『討論・戦後教育の潮流』、日本放送出版協会、131頁。
7 普通科高校の中には、こうした弊害からすでに1950年代半ばの早い段階で、受験対策を念頭に学校主導のコース・カリキュラムを導入するところも多々あった（西本勝美「企業社会の成立と教育の競争構造」渡辺治編『日本の時代史27・高度成長と企業社会』、吉川弘文館、2004、所収、160-161頁）。
8 教育課程審議会が示した5類型は、次のとおりである。A比較的どの教科にもかたよらないもの、B芸術・家庭・職業のいずれか、またはその3つ以上に重点をおくもの、C国語・社会・数学・理科・外国語に重点をおくもの、D国語・社会・外国語に重点をおくもの、E数学・理科・外国語に重点をおくもの（『資料日本現代教育史2』、253頁）。
9 当時の文部省担当官である徳山正人の言より（菱村幸彦『教育行政からみた戦後高校教育史』、学事出版、1995、39頁）。
10 『資料日本現代教育史2』、240頁。
11 『資料日本現代教育史2』、269頁。
12 山口満編『教育課程の変遷からみた戦後高校教育史』、学事出版、1995、14頁。
13 ちなみに、1935年当時の旧制中学校、実業学校、高等女学校の進学率は、18.5％であった（大脇康弘「戦後高校教育の歴史」大阪教育大学教育学教室『教育学論集・第23巻』、1994、48頁）。
14 山口満編、前掲書、16頁。
15 この間の事情については、以下参照（大脇、前掲論文、48頁）。
16 小川利夫・伊ケ崎暁生『戦後民主主義教育の思想と運動』、青木書店、1971、52頁。
17 正村公宏『戦後史（下）』（ちくま文庫）、筑摩書房、1990、194頁。
18 加藤地三・八木淳・山崎政人・望月宗明・藤田隆編『戦後日本教育史料集成第7巻』、三一書房、1994、78頁。
19 『戦後日本教育史料集成第7巻』、81頁。
20 『戦後日本教育史料集成第7巻』、83頁。
21 文部省『日本の成長と教育──教育の展開と経済の発達』、帝国地方行政学会、1962、7頁。
22 内藤誉三郎『戦後教育と私』、毎日新聞社、1982、138頁。
23 菱村幸彦、前掲書、58-59頁。
24 『戦後日本教育史料集成第7巻』、141頁。
25 『戦後日本教育史料集成第7巻』、144頁。
26 宮原誠一・丸木政臣・伊ケ崎暁生・藤岡貞彦編『資料日本現代教育史3』、三省堂、1974、64頁。
27 山崎政人『自民党と教育政策』、岩波書店、1988、42頁。
28 『戦後日本教育史料集成第7巻』、193-203頁。
29 1961年4月4日、衆議院文教委員会での答弁より（荒木万寿夫『私は教育をこう考える』、洋々社、1961、181-182頁）。

30 『戦後日本教育史料集成第7巻』、83頁。
31 もちろん職業教育は、当時の労働省など文部省以外が第一義的に所管しているという事情はある。
32 加藤地三・八木淳・山崎政人・望月宗明・藤田隆編『戦後日本教育史料集成第8巻』、三一書房、1985、71頁。
33 『戦後日本教育史料集成第8巻』、71頁。
34 『戦後日本教育史料集成第7巻』、186-188頁。
35 このほかに、国立学校分が若干予定されているものと思われる。
36 ちなみに高校在籍生徒数における私立高生の比率は、19.7%（1955）、28.7%（1960）、32.8%（1965）となっており、1965年にかけての比率増がこのことを裏付けている。なお2011年現在での私立の割合は、29.9%である。
37 『戦後日本教育史料集成第7巻』、187頁。
38 その後の普通科割合の動きは、多少のブレはあるものの着実に増加し、6割から7割へと変化している。2011年現在では、72.3%である。
39 『戦後日本教育史料集成第7巻』、79頁。
40 『戦後日本教育史料集成第7巻』、91頁。
41 『戦後日本教育史料集成第7巻』、135頁。
42 『戦後日本教育史料集成第7巻』、147頁。
43 堺屋太一『日本とは何か』、講談社、1994、294-295頁。
44 宮原誠一『青年期の教育』、岩波書店、1972、53頁。
45 校数としては、県立平塚技術高校など全部で7校が設立された。
46 相生産業高校の顛末については、以下のルポに詳しい（「破綻した多様化産学連携の結末」『教育の森』、毎日新聞社、1977年3月号、22-27頁。）。また次のような辛辣な見方もある。「中学を卒業しただけで働く若い人たちに高校教育を与えるのは、根本的に正しい。ただここにみられる傾向は、そこで学んだ『高校教育を受けた能力』は期待されていないことで、期待されているのは、学びながら『働く』ことである」（村松喬『教育の森・七巻』、毎日新聞社、1967、68頁）。もしそうであれば、その若者の働きに見切りをつけた以上、事業所が産学連携から撤退するのは当然の成り行きであろう。
47 1965年に171種類であった職業学科は、1970年には252種類に急増したといわれる（山口満編、前掲書、92頁）。
48 佐々木享『高校教育の展開』、大月書店、1979、162-163頁。さらに職業科7・普通科3のいわゆる「7・3体制」を強力に推進した富山県の高校教育でも、多くの職業科生徒は不本意入学であったとされる（天野隆雄「富山県下の高校における七・三教育」『国士舘大学文学部・人文学会紀要・第27号』、1995、1-18頁）。
49 木戸口正宏「教育の『能力主義』的再編をめぐる『受容』と『抵抗』」（大門正克ほか6名編『高度成長の時代2・過熱と揺らぎ』、大月書店、2010）所収、163頁。
50 終身雇用制度の定着と一元的能力主義の浸透との関係については、以下の文献が詳しい（乾彰夫『日本の教育と企業社会』、大月書店、1990）。
51 山住正己『日本教育小史』、岩波書店、1987、237頁。
52 例えば中村昭雄による政策アクターは、政党（政調会、族議員、派閥、野党）、官

僚、利益団体（市民運動、住民運動）、世論・マスメディア・選挙、内閣・審議会・地方政府・裁判所、外圧となっている（中村昭雄『新版・日本政治の政策過程』、葦書房、2011、47-55頁）。またレオナード・J・ショッパによる教育政策アクターは、自由民主党、文部省などの官僚、利益団体として財界や地方教育行政官、日教組や野党の反対勢力が示されている（レオナード・J・ショッパ『日本の教育政策過程』小川正人監訳、三省堂、2005）。

53　熊谷一乗「教育政策の立案と背景」(市川昭午編著『現代教育講座2・戦後日本の教育政策』、第一法規、1975) 所収、57頁。
54　レオナード・J・ショッパ、前掲書、57頁。
55　レオナード・J・ショッパ、前掲書、56頁。
56　八木淳『文部大臣の戦後史』、ビジネス社、1984、171頁。
57　前川喜平「文部省の政策形成過程」(城山英明・細野助博編著『続・中央省庁の政策形成過程』、中央大学出版部、2002) 所収、194頁。前川は執筆当時、初等中等教育局教職員課長だった。
58　前川喜平、前掲論文、194頁。
59　レオナード・J・ショッパ、前掲書、61頁。
60　レオナード・J・ショッパ、前掲書、57頁。
61　八木淳、前掲書、181頁。
62　安嶋彌「四六答申始末記」(『月刊・高校教育』、学事出版、2012年6月号) 所収、43頁。
63　ちなみにルーチンワーク的意味合いのある教育課程審議会は、1960年代に8つの答申を提出している。
64　安嶋彌、前掲論文、43頁。
65　経済審議会は1952年創設され、経済企画庁に置かれた内閣総理大臣の諮問に応ずる機関で、1960年代は「国民所得倍増計画」を支えるシンクタンク的役割も果たしていた。
66　財界有力者の一人であった諸井貫一は、経済界が教育界に要望することの正当性を述べている。以下、諸井貫一の『経団連月報』(1955年) での言葉を参照（ダイヤモンド社編『財界人の教育観・学問観（財界人思想全集・第7巻）』ダイヤモンド社、1970、340-341頁）。また財界団体の一つである日経連の思想として「教育を本来の目的ではなく、労働者に生産性向上を可能にする技術を身に着けさせる研修課程として捉えていた」と見る指摘もある（J・クランプ『日経連・もう一つの戦後史』渡辺雅男・洪哉信訳、桜井書店、2006、99頁）。一方、経済界からの要望を受ける側の文部省高官で、元・生涯学習局長の斎藤諦淳も、種々の理由から経済界が教育問題に提言し政策形成に影響力を行使するのを認めている（斎藤諦淳『文教行政にみる政策形成過程の研究』、ぎょうせい、1984、58-59頁）。
67　山崎政人、前掲書、54頁。
68　1960年代の教育投資論的観点からの教育政策に対しては、OECD（経済協力開発機構）の長期教育計画が決定的な影響を与えていた、と斎藤諦淳は指摘している（斎藤諦淳、前掲書、71頁）。
69　教育訓練小委員会は7名の学識経験者で構成され、労働省推薦3名、文部省推薦2名、経企庁推薦2名（うち1名が清水義弘）であったと、清水は回想している（清水義弘

『教育と社会の間』、東京大学出版会、1973、111頁)。
70 清水義弘『現代教育の課題』、東京大学出版会、1977、73頁。
71 清水義弘『現代教育の課題』、72頁。
72 清水義弘・河野重男・新井郁男『戦後教育を語る』、ぎょうせい、1977、82頁。
73 菱村幸彦、前掲書、63-64頁。
74 清水は、その辺の進学率推計作業での事情を次のように語っている。「三十四年ごろまでは、文部省は『高校までは都道府県が処理する問題』であって、国には直接の責任はないという考え方であった」(清水義弘『教育と社会の間』、127頁)。
75 中でも最も詳しく述べているのは、以下のものである(清水義弘「戦後における教育政策と経済政策の一接点」清水義弘『教育と社会の間』所収、107-131頁)。
76 三原芳一「高度経済成長と後期中等教育の制度化」(岡村達雄編『戦後教育の歴史構造』、社会評論社、1988)所収、147-150頁。
77 黒羽亮一「教育をめぐる全体力学」(新堀通也・青井和夫編『日本教育の力学』、東信堂、1983)所収、192頁。
78 同時代に事務次官を経験した天城勲は、戦前に拓務省から朝鮮総督府に移り主に警察行政に携わったのち、終戦後文部省に入った(政策研究大学院大学オーラルヒストリーより。http://www3.grips.ac.jp/~oralreport/view?item=100083)。
79 ちなみにこの頃文部大臣であった大達茂雄や灘尾弘吉も、内務省・事務次官の経験者である。
80 菱村幸彦、前掲書、16頁。
81 社会実情データ図録より。http://www2.ttcn.ne.jp/honkawa/4400.html
82 猪木武徳『学校と工場』、読売新聞社、1996、121-122頁。
83 『完結・昭和国勢総覧・第3巻』、東洋経済新報社、1991より。
84 勝又壽良『戦後50年の日本経済』、東洋経済新報社、115頁。
85 勝又壽良、同書、116頁。
86 宮崎勇『証言・戦後日本経済』、岩波書店、2006、147頁。
87 天城勲のインタビュー発言より。江藤淳「もう一つの戦後史・第9回」(『現代』1977年9月号、講談社)所収、298頁。
88 清水義弘『清水義弘著作選集・第4巻・教育計画』、第一法規出版、1978、54-55頁。
89 産業教育振興中央会が、1968年に大手84社にアンケートした結果では、①普通科・職業科を区別せずに採用しているところが多い、②実技より普通教科の基礎学力をつけてほしい、③躾は厳しくしてほしい、という結果であった(黒羽亮一『ジャーナリストからみた戦後高校教育史』、学事出版、1997、68-69頁)。
90 同様趣旨の発言を寺﨑がしている(浜田陽太郎編『討論・戦後教育の潮流』、日本放送出版協会、146頁)。
91 大脇康弘、前掲論文、55頁。
92 山本雄久『教育の経済学』、文芸社、2002、79頁。
93 文部省の元高官の斎藤諦淳は、その動きを「文教行政の柔軟化」と表現している(斎藤諦淳、前掲書、113頁)。

## コラム4　地方短大の生き残り条件

### 1　はじめに

　世にいう「大学冬の時代」を目前に、このところ大学の将来戦略論がかまびすしい。大きな外圧（幕末の黒船、第2次大戦後の占領など）でもなければ、なかなか動こうとしない国民性のためか、大学もこれまで太平の時代を謳歌してきた観があった。その大学にとって今何が外圧かと言えば、その一つは否応なくやってくる18歳人口の急減であろう。大学喫茶店論というものがあるか否かは別として、顧客が減るという現象は顧客へのサービスを業とする大学に、体質の改善や経営見直しを迫ることになろう。

　ある私学関係者によると、これからの時代に一番強いのは、①大都市の都心型大学、次に②地方の都心型大学、3番目に③大都市の郊外型大学、そして最も割りを食うのが④地方の郊外型大学だ、ということのようだ。では大学と短大ではこれから先どちらがどうかという話になると、やや短大に分が悪い。というのも学歴インフレーションによって、短大卒の肩書きよりは4大卒をという兆候が見え始めているからだ。もちろんそこには女子の高学歴化指向がある。

　とすると短大についても、①大都市の都心型短大、②地方の都心型短大、③大都市の郊外型短大、④地方の郊外型短大、という序列が何やらできそうである。大学はともかく、短大やとりわけ地方の郊外型短大にとって、これからの時代は正念場と言えよう。

　さて短大の生き残り条件を挙げるとしても、常識的な線はこれまでほぼ出尽くしているのではないかと思われる。論議もさることながら、事態は深刻なのだ。つまり今存在する短大の一つ一つは、それぞれに固有な事情を抱えた学園であって、単一の処方箋で診断を下すのはほとんど暴挙に等しい。また当面危機の渦中にある短大のいくつかは、自立回復も困難を極めるほどに条件を欠いている。

　そこでここでは演繹的な条件のピックアップではなく、帰納的なピックアップを試みてみようと思う。実際に短大活性化を実現した（しつつある）個々の短大を追跡調査することによって、どのような試みが奏効したのか、その一端を推しはかることができよう。

## 2 調査から

(1) 調査対象は私立短大(ただし2部のみの短大と、2部の学科は除外した)で、これらのうち、昭和58年度以降、平成元年度まで存続した私立短大が、総計415校ある(当然、昭和59年度以降新設あるいは廃止された短大は該当しない)。この415短大の一つ一つについて、昭和58年と平成元年の各時点の定員充足率(以下充足率と略)を算出した。すると昭和58年時点に比べ、平成元年時点で充足率がアップしたものが計185短大、ダウンしたもの計230短大となった。さらに充足率100%を境に、アップ・ダウンのケースを細分化してみると、図5のとおりである。

まずケースⅠは、昭和58年時未充足(ここでは100%未満をすべて未充足とした)であったが、平成元年度には依然として未充足とはいえ、充足率はアップした場合である。

ケースⅡは、昭和58年時未充足であったが、平成元年時には充足率100%を上回った場合である。

ケースⅢは、昭和58年時ですでに充足率100%を超えていたが、平成元年時にはさらにアップした場合である。

ケースⅣは、昭和58年時ですでに充足率100%を超えていたが、平成元年時になってダウンを見るものの、それでも未充足には至らない場合である。

ケースⅤは、昭和58年時は充足率100%を超えていたが、平成元年時ついに未充足にダウンした場合である。

ケースⅥは、昭和58年時すでに未充足であったが、平成元年時にはさらにダウンし、未充足が一層進行した場合である。

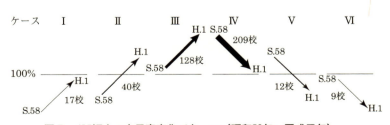

図5 415短大の充足率変化パターン(昭和58年〜平成元年)

ところで昭和58年から平成元年までの期間、18歳人口は172万人から193万人へと増加している。高等教育進学志願率が上向き、一方で定員増が追い着かないというこのところの基調からすれば、18歳人口増加は充足率アップへのプラス要因となる。調査した415短大のうち、昭和58年時に比べて平成元年時に充足校が28校も増加している事実は、この人口爆発が幾分かは追い風として作用したことを示す。

　ただしここで注目したいことは、ケースⅣの209校、つまり調査対象の50.3％の短大が、定員は満たしているものの、充足率のダウンを示している点だ。このパターンの少なくない部分が、200％以上の充足率から100％+$a$％へのケースであり、むしろ正常化への姿とも映る。闇雲に掻き集める時代から、数を抑えることで質（偏差値？）の向上を求める時代への変化をうかがわせる。もしそうだとすれば、比較的余裕のある短大の中で、早くも将来に備えての競争が展開されていることになろう。

　(2) 言うまでもなく未充足にあえぐ短大は、その圧倒的部分が地方に位置する。そこで未充足状態からの脱却を実現した、あるいは模索しつつある短大を追ってみることにする。先の調査で言えば、ケースⅠとケースⅡが該当する。校数は合わせて57校である。

　**表7**はこの57校について、活性化への努力度を昭和58年以降に限って見たものである。もちろん充足率アップへの方策は、各短大の事情に応じて種々様々であろう。ここではデータの手に入れ易さから、組織改変の後を追ってみた。すなわち、昭和58年時と平成元年時とで、全学定員は増えたか減ったか、この間に学科の新設または廃止（募集停止も含む）が1件以上あったか否か、また短大名称・学科名称の改変があったか否か、更に専攻分離措置があったか否か、について調べてみた。#印は、その該当事実があったことを示し、空白はなかったことを示す。「その他」の欄は、キャンパス移転や、第3者による買収の事実を、知る範囲で記載した。校名や名称変更があった短大のうちいくつかは、このM&Aがらみのものも含まれていると推察する。

　対象校数が57と少ないので、はっきりとした傾向がつかめないのは仕方ない。まず地方と言っても関東・東海の中小都市にある短大が、この間に定員増を多く行ったことが分かる。この点は、その他の地方と対照的である。このことは何を意味するか。恐らく概して都市部（あるい

表7　充足率アップ57短大の改組等経過 (昭和58年～平成元年)

| 短大 | 地区 | 人口(万人) | 定増 | 新設 | 定減 | 廃止 | 校名 | 科名 | 分離 | その他 |
|---|---|---|---|---|---|---|---|---|---|---|
| 1 | 北海道 | ～40 | | | | | | | | |
| 2 | 〃 | 〃 | | # | | # | | | # | 移転 |
| 3 | 〃 | ～30 | | # | # | | | # | | |
| 4 | 〃 | 〃 | | | | | # | | | |
| 5 | 〃 | ～50 | | | | | | | | |
| 6 | 東北 | ～30 | | | | | | | # | |
| 7 | 〃 | 〃 | | | | | | | | |
| 8 | 〃 | 〃 | # | # | | | | # | | |
| 9 | 〃 | 〃 | | | | | | # | | |
| 10 | 〃 | ～50 | | | | | | | | |
| 11 | 〃 | ～10 | | | | | | | | |
| 12 | 〃 | 〃 | | | | | # | # | | |
| 13 | 〃 | ～30 | | | | | | | | 買収 |
| 14 | 関東 | ～10 | # | | | | | | | |
| 15 | 〃 | 〃 | | | | | | | | |
| 16 | 〃 | 〃 | | | # | # | # | | | |
| 17 | 〃 | 〃 | # | # | | | # | | | |
| 18 | 〃 | 〃 | # | | | | | | | |
| 19 | 〃 | 〃 | | | | | | | | |
| 20 | 〃 | ～30 | | | | | | | | |
| 21 | 〃 | 〃 | | | | | | | | |
| 22 | 〃 | 〃 | # | # | | | # | | | 移転 |
| 23 | 〃 | 100～ | # | # | | | | | | |
| 24 | 〃 | 〃 | | | | | | # | | |
| 25 | 〃 | 〃 | # | | | | | # | | |
| 26 | 〃 | 〃 | # | | | | | | | |
| 27 | 〃 | ～10 | | | | | | | | |
| 28 | 北陸 | 〃 | | | | | | | | |
| 29 | 東海 | 〃 | # | | | | | | | |
| 30 | 〃 | 〃 | # | | | | | | | |
| 31 | 〃 | 〃 | # | | | | | | | |
| 32 | 〃 | ～30 | | | | | | | | |
| 33 | 〃 | ～100 | | | | | | | | |
| 34 | 〃 | ～10 | # | | | | | | | |
| 35 | 〃 | ～30 | | | # | # | | | | |
| 36 | 近畿 | ～10 | | | | | | | | 買収 |
| 37 | 〃 | 〃 | | | | | | | | |
| 38 | 〃 | 〃 | | | # | # | # | # | | |
| 39 | 〃 | ～30 | | | | | | | | |
| 40 | 〃 | ～50 | | | | # | | | | 移転 |
| 41 | 〃 | 100～ | | # | | # | | | | |
| 42 | 中国 | ～50 | # | # | | | | | | |
| 43 | 〃 | ～30 | | | | | | | | |
| 44 | 〃 | ～10 | | | | | | # | | 移転 |
| 45 | 四国 | ～30 | | | | | | # | # | |
| 46 | 〃 | ～10 | | | | | | | | |
| 47 | 九州 | 〃 | | | # | | | | | |
| 48 | 〃 | 〃 | | | | | # | # | | |
| 49 | 〃 | ～30 | | | | | | # | # | |
| 50 | 〃 | ～50 | | | | | | | | |
| 51 | 〃 | 100～ | | | | | | | | |
| 52 | 〃 | 〃 | | # | | | | | | |
| 53 | 〃 | ～30 | | | # | | | # | | |
| 54 | 〃 | ～50 | | | | | | | | |
| 55 | 〃 | ～30 | # | # | | | # | | | |
| 56 | 〃 | 〃 | | | | | | # | | |
| 57 | 〃 | 〃 | | | | | | | | |

注) 1. 定増：定員増加　新設：学科新設　定減：定員削減　廃止：学科廃止および募集停止
　　　校名：校名の名称変更　科名：学科名の改称　分離：専攻分離
　　2. 2部の改組等については、割愛した。
　　3. 人口は短大本部所在地の市町村人口。～10は10万人未満、～30は10万人以上30万人未満。
資料) 1.『全国短期大学 高等専門学校一覧』の各年度版。
　　　2.『全国学校総覧』の各年度版。

はその近郊）にあると思われる関東・東海の短大は、18歳人口増という追い風もあり、定員増という強気に出て、結果的に上首尾であったのだろう。逆に北海道や九州などの短大では、もともと未充足の上に、さらに定員増へと踏み切ることは困難であったと予想される。学科新設を行った短大について言えば、9校のうち1校だけがその所在地人口10万人未満で、残り8校はすべて10万人以上の地にある。これらのことからすると、定員増なり学科新設への英断は、ある程度の地域性、後背地人口の与件があってこそとも思える。

とは言いながらも、現実にこれら57短大でそれなりに充足率がアップしているのである。バランスのとれた経営体質という観点から言えば、何も定員増や学科新設だけが決め手ではない。場合によっては、減量経営による体質改善というやり方もある。見られるようにいくつかの短大では、定員を削減することにより、充足率のアップを招来している。学科廃止すら手掛けているところもある。この廃止に新設が伴えば、文字通りスクラップ＆ビルドである。

ただこれらの定増・定減・新設・廃止の措置は、予算や人事が絡むためむつかしい面もある。てっとり早いのは、なんと言っても学校名称や学科名称を変えることによるイメージ・アップ作戦である。名称変更自体は、それほど中身の変化を伴っているわけではない（ムードの様変わりはあろうが）が、昨今の若者にはこれが大ウケする。名称変更に伴う若干の出費はあっても、それで学生確保ができるのなら効率の良いことこの上なし、なのであろうか。この57短大の中でも、しかも昭和58年以降の限られた間でさえ、相当数の校名・科名が変更になっている。地域分布で見ると、この反響の多さに期待してか、比較的地方に位置する短大にそのケースが目立つ。そして幸いにも、名称変更は充足率アップに確かな寄与となっているようだ。

（3）では、これら57短大のうちから、3つのケースを紹介してみよう。

短大36は、一学年定員200人という文字通り小規模地方短大である。田舎ということもあって1980年代に入ってからは充足率も5割近くに激減し、経営はひっ迫していた。そこへ別の私立高校経営者が学園を買収し、さらに莫大な投資を行うことによって、女子学生好みの夢のあるキャンパスに塗り変えた。庭付き一戸建ての学生寮、自動車練習場、ゴ

ルフ打ちっ放し練習場、通学用スクールバス、学生用ワンルームマンション等々は、すべてその産物である。総投資額は90億強。昭和58年時充足率は90％を切っていたが、平成元年時は、何と340％に達している。

充足率の伸び率で言えば、さらにその上をゆくのが短大40である。この短大も創設以来人口5万人に満たない地方小都市に立地していたが、若者の地元離れには抗しがたく昭和58年時で充足率わずか12％であった。もちろんこのままでは、経営の将来見通しはゼロである。そこで勇躍踏み切ったのが、県都へのキャンパス移転であった。効果は歴然であった。平成元年時充足率は125％であり、驚異的な伸びを現実のものとした。先の短大36と同様、この短大も特段の改組は行っていない。なのにこの様変わりである。

さらに短大44も典型的地方短大であり、充足率50％を切るという状態が長年続いていた。このままではジリ貧とばかり、思いついたのは近くの小島を買い取って、そこを一大キャンパスに仕立て上げることだった。もちろん乙女ごころをくすぐる設備は、いたれりつくせりである。平成元年時充足率はいまだ100％以下ではあるが、それでも昭和58年時に比べ倍増である。

これらのケースは、かなり思い切った試みには違いない。どこでもが取り組めるというものではない。従って数としてはそう多くはない。しかしそれなりの成果を上げていることは、まぎれもない事実である。つまり充足率をアップさせることに限ってではあるが、そこになにがしかのヒントがあるはずである。買収や移転ということでなくとも、それらからのヒントを各短大固有の事情に翻訳して、着実な学園活性化への契機とすることは求められてよいだろう。

### 3 まとめ

以上、短大間の熾烈な学生獲得戦争の一端を眺めてきた。このサバイバル・レースは、まず地方短大に鋭角的に現れるという意味で、それは地方短大がどう変わりつつあるかを見ることでもあった。結論としては、窮地に立たされている短大の多くが的確な組織改変への手立てによって一応当面の成果を収めている、ということだった。このほかの手立てと

しては、表7に掲げたもののほかに、例えば共学化、入試方法の手直し、推薦枠の拡大、コース制導入、外国大学との提携、4年制大学や専修・各種学校など系列校の併設、併設大学への編入学制度PR、公開講座の開設、有名人のスタッフ登用、奨学制度の充実、周到なマーケティング・リサーチに基づく学生リクルート、資格付与の拡充、施設開放、社会人受け入れ、就職の実績作り、などが上げられる。ただしこれらのことは、すでに各短大が大概手掛けている。その意味では、これらの条件整備は生き残りへの必要条件と言えよう。つまり導入したとしても最早特にユニークでもなくなりつつあり、かと言って導入しなければ遅れをとるのは必至だ。

では生き残りへの十分条件は何か。それはやはり質の問題にかかわってくる。「地方短大」ということに引きつけて言えば、その地方で必要とする学園アイデンティティがあるか否かである。極度の未充足にあえぐ地方短大の一部は、すでに地元の子女にすら敬遠され始めている。それは残念ながら学園アイデンティティを喪失した状態、短大として「その地域での棲み分け」に失敗した姿と言える。

## コラム5　書　評

阿部　美哉著『大学の経営戦略』

〔構成〕
第1章　18歳人口を前にして―大学の可能性
第2章　市場の変化と経営の革新
第3章　アメリカに学ぶ大学経営
第4章　危機に立つ日本の大学
第5章　大学とニューメディア

本書は、著者がこれまで雑誌等に発表してきた諸論稿を1冊にまとめたもので、必ずしも体系的な構成にはなっていない。実際、ページ数で見れば第2章だけで全体の4割を占めている。しかし著者の意図は一貫

したものがあり、そのことは「はじめに」で端的に述べられている。つまり、①今や工業化社会の規格化された教育から、情報化時代の多様化した教育への転換点を迎えている。にもかかわらず、②大学とそれを取り巻く社会とは悪しきミスマッチングで批判にさらされており、③これからの大学経営はこうしたミスマッチングをどう克服するかにかかっている、という基本認識である。

著者の問題意識が確かなものであることは、本書に先立って公刊された『新時代の高等教育』（加藤寛・吉村融との共著）での的確な論議を見ればうなづけると思う。実は評者は今回の書評を依頼されたとき、すでに『新時代の高等教育』もこの『大学の経営戦略』も読了しており、前者の整理された論議と後者の具体的でかつ的を得た分析に、いたく感銘したことを付け加えておきたい。その意味でこれらを2部作のセットとして読むことは有益である、と評者は考える。

ところで、評者として特に印象的に思った点を2つあげておこう。

1つは、18歳人口減が大学教育のレベル低下を招来する問題である。著者はこの予想される事態にすくなからぬ憂慮を抱いているらしく、本書の数個所で触れている（例えば第1章の16〜17ページ、第2章の106〜112ページ）。確かに数年後18歳人口の急減期が到来するわけだが、今日とかくクローズ・アップされるのは、18歳人口減→学生減→経営危機、という図式である。もちろんそれ自体大きな問題ではあるが、一方で18歳人口減→学生減→大学教育水準の低下、という図式は、なぜか脇に追いやられている。著者によると、大学への需要が供給を上回っているからこそ入試というイニシエーションが存在し、それなりに学業に励むわけだが、需要と供給が同じか逆転することでこのイニシエーションが消滅することになり、学業へのインセンティブがなくなると予想される。その時、高等教育のレベル（＝質）維持は、学生数（＝量）獲得という経営上の問題に劣らず緊要なものとなる。

現実問題として、著者の心配には全く同感である。評者もかねがね思っていたことだが、倒産問題ばかりが先走る（いやそれすらも十分ではないが）中で、学生減と連動しそうな教育の質低下云々についてなぜもっと論議されないのか？　もっとも、論議されないところがいかにも日本の高等教育の日本的たる所以と言ってしまえば、それまでだが……。

しかし、憂えるべき兆候はすでに現れつつある。学生の獲得に奔走する余り、入試科目数の削減はまさに連鎖反応的であるし、推薦入試とやらを駆使しての青田買い競争は年々激化の一途だ。評者はこれを、本質的にはこれから来る学生売手市場の悪しき前兆と見ているのだが、それはともかく、その結果すでに一部の大学では学生の全般的学力低下が無視できなくなり、クラス編成に支障をきたす事態も見られる。

今1つのポイントは、大学立地の問題である。著者によれば、伝統的な大学スタイルは「人生の時期がいくつかの段階にはっきり区分できるような安定した社会においては、適切なものであった」。しかし高等教育がマス化し、社会が加速度的に変化する時代にあっては、消費者としての学生に見合った柔軟な組織に大学は変化せねばならない。例えば成人や有職者の受け入れ、企業教育への提携参加、地域へのサービスなど。これらの多種多様な要求に答えるには、やはり社会的インフラの整備された都市に立地することが不可欠であり、また社会的にみて効率的である。その意味でこれからの大学は、都市の機能と大学の機能が有機的に補完できるような形が望ましい、と著者は述べているようだ。著者は、前放送教育開発センター教授というその経歴からしても、ニューメディアを活用した教育の可能性を本書でも熱く説いているが、テレビ、ラジオはもとより衛星やCATVによる高等教育が早晩普及してくれば、地方における高等教育のある部分はそれらで代替されてくる、と評者には思われる。このことはとりわけ都市部以外に立地する大学・短大にとって、若者人口減以外にも考えておかねばならない課題があることを示唆している。

全体としてみれば、本書にはアメリカやヨーロッパの大学事情に精通している著者の持ち味が随所に散りばめられており、それらの国々での経過なり具体的実例が、これからの日本の大学経営戦略にとって大いに参考となるよう記述されている。ただ日本の大学経営者の中には、「アメリカと日本とでは所詮土壌がちがう」とか、「わが大学に限っては将来とも安泰だ」と、この種の議論を聞き流すかあるいはさほど憂慮する風でもない、といったポーズの方々も決して少なくない。個々の大学にとって、それも1つの現実的判断である場合もあろう。しかし高等教育をめぐる「需給関係」は確実に変わりつつあり、大学審議会答申などに

触発された大学内部からの見直しが必至である今、本書はすべての大学関係者にとって、まことにタイムリーなアンソロジーであると確信する。

（霞出版社、1989年）

### コラム6　書評

清水　義弘著『短大に明日はあるか』

〔構成〕
　第Ⅰ部　競争と淘汰　四十年
　　序　今、どこにもある学校だが
　　1　旧制から新制へ
　　2　「恒久化」の代償は
　　3　サバイバルの賭
　　付　前途険しい私立短大
　第Ⅱ部　危機管理は可能か
　　序　危機は制度にあり
　　1　短大と高専
　　2　ふえる女子の大学進学
　　3　地域前期大学をつくる
　　4　これからの短期大学のあり方

　刺激的な本である。書物のタイトルが示すとおり、著者は我が国の短大を歴史的・統計的に分析した上で、その将来に対し極めて厳しい見通しを行っている。第Ⅰ部の大半は本書のための書きおろしであるが、残りの諸論稿は第Ⅱ部の序を除いて、すべて以前発表されたものである。従って著者の思考を追うためには、第Ⅱ部から第Ⅰ部へと読み進めるほうがベターである。にもかかわらず最新稿が第Ⅰ部に置かれているのは、それが本書を通じて著者の力説するところであるからに他ならない。
　第Ⅰ部では特に私立短大を主たる分析対象としつつ、戦後新制短大が発足する経緯から説き起こしている。すなわちGHQ、文部省、教育刷

新委員会が旧制から新制への移行の中で大学・短大をどう位置付けるか、その微妙なやりとりが詳細に記されている。というのも「暫定的に二年又は三年制」でスタートせざるを得なかった短大の発足事情がその後のあいまいな短大基盤を方向づけた旨を、著者が強調したかったからであろう。事実、昭和20年代から30年代にかけては、専修大学案や専科大学案が次々と出され、そのつど短大の存在意義が問われるいきさつが巧みに描写される。そして昭和39年の学校教育法改正で、ようやく恒久的な短大制度が認知されるのであるが、にもかかわらず著者にとっての短大は、未だに多くの問題を抱えていると映る。そのことは、著者が「まえがき」で使用している「危ない短大」、「ちんまりした短大」、「企業まがいの短大」などの表現に象徴されている。

かくして著者は、年次ごとの短大改廃状況を地域別・規模（定員）別・経営母体別の集計によって洗い出し、一方で短大制度の変遷とともに量的上下波動が繰り返される様を描きつつ、他方で地方を中心とした小規模校の苦戦ぶりをも浮き彫りにする。著者の言葉を借りれば、私立短大の3割は慢性的な定員割れ状況にあり廃校予備軍を形成している、という。さらに私立という観点からその営利主義的な経営体質を指摘すると同時に、併設校不在の弱小法人に着目し、そのサバイバル能力を疑問視する。

以上は第Ⅰ部の書きおろし部分の概要だが、その底に流れる著者の思いは私立短大への慨嘆というより、むしろかかる事態を招来した我が国の不毛な高等教育行政への失望、と評者には思える。そしてその精神は、第Ⅱ部の諸論稿についても一貫していると思われる。以下では、評者の全般的感想を述べることとしたい。

第1に、著者も指摘しているように、高等教育行政が現実の動きと重ねて見るとき、概して裏目の政策結果を招いてきた印象を評者も改めて強く感じた。評者流にいえば、中教審の大学・短大進学率予測値が昭和45年当時10年後の進学率を47％と想定しているが現実には38％にとどまったこととか、昭和61年以降の高等教育計画にしても、大学側の旺盛な定員増要求を見通せなかった、などがあげられる。更に平成12年時点での進学率予測として大学審議会答申は3つのケースを想定しているが、予測値を3つも併記するのは著者もいうとおり「異様」である。

知られているように、1960年代の後期中等教育の多様化路線が、結果的には国民の強い大学・短大進学需要によって形骸化した歴史をも振り返るとき、この種の計画と国民の意識とは思いのほか落差があるものと感じた次第である。

　第2に、昭和37年に発足した高専の将来に対し、47年時点での著者の予想はその後の成り行きと照らし合わせればまさに的確であったと思われる。実際、発足時には中級技術者養成機関であったが、今日のそれは明らかに大学が担当するところとなっており、高専はむしろ初級技術者を育てる場になりつつある。受験倍率の低迷、学生の学力低下がささやかれているが、評者自身が先頃ある高専を知る機会を得た体験からしても、20年前の著者の慧眼はさすがというほかはない。

　第3に、著者は第Ⅱ部で地域前期大学構想など短期高等教育の拡充を主張しているが、第Ⅰ部では逆に短大の全般的窮状を憂い、一部短大についてはもはや手遅れかのような筆致で締めくくられているものと評者は拝察した。評者としては第Ⅰ部の論調に共感を覚えるのであるが、それはともかく、時間的間隔を置いた第Ⅰ部と第Ⅱ部の接合をどう理解したら良いのかもうひとつ合点がいかなかった。諸論稿の配列が年次的に逆転していることもあり、その辺の解説を期待したかった。

　第4に、著者が第Ⅱ部で構想している地域前期大学構想は、その理念はよしとしても日本の現実からしてやや非現実的と思われる。著者は従来からの4年制大中心の大衆化路線ではなく2~3年制の短大、すなわち前期大学を拡充し、各地域・各年齢層に提供できる教育機関を考えているようである。しかしその中核となるべき現在の短大は、①18歳人口減の荒波の中で存続自体厳しい状況であり、②大学間トランスファーも制度面・運用面でまだまだ未成熟であり、③社会人入学も頭打ち傾向である今日、とても7~8割の進学率を見込む態勢にはないのではなかろうか。残念ながら事態はますます4年制大中心への流れである。

　第5に、著者は短大を基本的に地域密着型の教育機関と捉えているようである。確かに少なくともこれまでは、それが常識であったと評者も異存はない。しかしこれから若者が減る時代となり、都市化傾向が一層強まる中で最早短大ですら地域と遊離せざるを得なくなる、と評者には思われる。逆に短大が地域性に固執する限り、経営基盤の弱体化を招く

ともいえる。国を挙げての過疎脱却の声にもかかわらず、人口は都市に流れる。地元進学をとの親の思いをよそに（事情が許せば）若者の都会進学は続く。こうした勝手気ままな人の流れは、短大をも巻き込んで地域性をまず物理的に崩壊させてゆくだろう。

　第6に、学校法人の経理実態について著者が若干触れているが、できればこの問題と今後の短大の窮状との関係を掘り下げて欲しかったと思う。「基本金組み入れ」にかかわる学校法人の経理操作についてはすでに中村忠一氏や宮川淑氏らの指摘があるが、実のところ外部の者は私立大や私立短大の「本当の収支」を知るすべがない。誤解を恐れずに言えば、「本当の収支」では意外と余力があり、あるいは特に地方の小規模短大はそもそも収支上の損得を超越した存在であり、であればこそ少々の学生減にもかかわらずしたたかにサバイバルするとの妙な理屈を、ふと評者は考えたりもする。

　思いつくまま、いくつかの同意点や疑問点それに私見を述べてみた。それにしても分からないのは、毎年陸続と新設されてきた短大側の真意である。短大に明日はやってくるのだろうか、それとも……。考えさせてくれるタイムリーな好著である。　　　　　　　　（学文社、1992年）

# 第3部　教育と科学

〔解説〕

　第3部では、教育と科学の関係を扱った。すなわち、人文科学、社会科学、自然科学に通底する科学の特質とはいったい何なのか。科学の客観性は、精緻な数量的操作を駆使した自然科学的手法によって果たして獲得可能なのか。極めて人間的でアナログな教育の世界を分析するには、どのような科学的アプローチが妥当なのか。そもそも科学的営為を社会学的に対象化することの意味は何なのか。これらの根源的問いに対し、ここでは特に教育的眼差しを念頭に置きつつ、大胆に迫った。

　第9章では、1960年代から1970年代にかけて世界を席巻した異議申し立て運動の一つ、科学への批判的見直しの動きをレビューした。そこでは自然科学のみならず人文・社会科学に至るまで、これまでの科学の在り方に疑問が投じられ、科学の客観性が自明のものであるかが認識論的に問われた。例えば自然科学においては科学革命という非合理的なパラダイム・シフトが合理的な科学の進歩に有意味だとされ、人文・社会科学においては社会理論としての妥当性が政治的なイデオロギーと無縁ではないという物言いが為されたりした。

　第10章では、教育社会学という学問が科学として教育にどう切り込めるのか、その理論的可能性を検討した。ここでは1980年代までに出揃ったとされる教育社会学理論を、①社会体系維持を前面に押し出す機能主義理論、②権力闘争によるダイナミズムを重視する葛藤理論、③教育現場に特有な対面的やり取りに着目する相互作用理論、として整理している。さらにこれらをミクロ理論とマクロ理論という軸で統合化する動き、例えば使用言語と階級再生産に着目したバーンシュタイン、身分獲得闘争が紡ぎ出すシステム構築を説明しようとしたコリンズにも言及した。

　第11章では、ネオ・ウェーベリアンであり葛藤理論家でもあるコリンズを取り上げ、その教育社会学理論における位置づけを試みた。彼の教育論は、機能主義にみられる社会統制的視点やマルクス主義にみられる階級闘争的視点から

は一線を画し、学歴を媒介にした身分集団的インナー・サークルの形成に腐心する個人的心情への着目がポイントであり、そうした身分闘争的力学で教育が動いていることを示している。それでいて彼の理論的視野は、彼自身が階層化理論を駆使する葛藤理論家と称されるように、常にマクロ現象の解明を見据えている点がユニークである。

　第12章では、日本の科学社会学が草創期にどのような胎動をみせたのか、その日本的展開の特質について概観する。科学は進化する自律的メカニズムを有するものの、制度としての科学それ自体を考察する「科学社会学的発想」は一般に立ち遅れており、特に日本では長らくタブー視されてきたと言ってよい。そこでブラック・ボックス化されてきた日本的背景を探るとともに、その後1960年代末からの大学紛争が一つの契機となり、先行する欧米の科学社会学からの刺激もあり、ようやく学問的萌芽の兆しを見せるに至った状況を辿る。あわせて、1980年代以降の更なる展開を付記の形で補足する。

# 第9章　科学批判への社会学的視座

## 1　背景

　科学への批判が声高に叫ばれるようになって、すでに久しい。科学の運用のされ方に問題があるのか、それとも科学そのものの功罪が問われているのか、批判の基調は必ずしも一様ではないにしても[1]、科学即善というイメージが通用しなくなりつつあるのは確かだろう。ただし科学批判という際の科学が、往々にして自然科学を想定したものであり、従って科学批判が主に自然科学を舞台にして展開されている点は、注意しておかねばならない[2]。というのも、科学（サイエンス）には人文科学、社会科学、自然科学の三つがあるとすれば、この種の批判的潮流は自然科学だけでなく飽くまで科学全体の動きとして理解すべきなのである。

　ではこの動きとは何か。グールドナーの言葉を借りれば、それは「科学の自己反省」といえよう。あるいは伝統的な科学観への見直しといってよいかも知れない。すなわち、価値自由の名のもとに不問に付されてきた科学に対して、改めてその実態が問われているのである。科学の社会学の内部においてすら、その伝統とこれに対する批判との相剋が現われはじめている。

　以上のような意味からすると、問題とされている範囲は広く、かつ深い。それは突き詰めれば、ものの考え方、つまり認識行為の問題に行き着くと思われるからである。以下では、この点を中心にして述べてみよう。

## 2　何が問われるのか

　科学社会学者のベン-デービッドによると、論文を過去30年位前と比較す

ると、科学の中味やその理論発達を俎上にのせる際、それらが社会構造および価値の観点から論じられなくなっているという[3]。このことは、すなわち学問がすでに「通常科学化」しており、その学問を支えている社会構造や価値が当然視されてきていることの裏返し的現象ともいえよう。

では科学の社会学の中では、この事態は一体どのような形で進行してきたのだろうか。端的にいい表わすとすれば、それはマートン的パラダイムの隆盛および定着として位置づけることが可能である。マートン学派の一人であるストラーは、そのマートン的パラダイムでいう科学観を、次のように述べている。「科学は、一つの社会制度として、すなわちそれ自らを他の領域の社会的行動から区別可能な十分な内的統合性を示す行動様式と、その相互関係の複合体として、理解しうるものである[4]」。ここに示されている科学観は、単にマートン的パラダイムとして語られるだけでなく、広く今日の科学界を支える考え方にまで通底しているといっても過言ではない。

こうしていわゆる科学共同体（scientific community）は、実社会とはかけ離れて存在し、またそれが故に科学共同体の威厳を高めるものとなってくる。さらにそれが高じると、「ちょうどかつての神話的社会において祭司とか巫女がもっていた機能と同じものを、科学者共同体がわれわれの社会全体の中で果して[5]」くるようになる。

しかし科学あるいは科学共同体への把握は、このような見方で尽きるものだろうか。抑制されていた価値の観点、あるいは対社会的な観点から、再び「科学を科学する」方向はあり得ないのか。例えば社会学における動きとして、構造主義、現象学、さらにはエスノメソドロジーといった諸アプローチの隆盛があげられる。それはいうまでもなく、これまで脇役的存在だった「意味」「知識」「認識」といった諸概念を、社会学の中心に置き変えることを意味する[6]。もっといえば、ブルームはこの種の動向を科学社会学上のトレンドとして、①外部的アプローチ（externalist approach）および②認識論的アプローチ（cognitive approach）の興隆として集約する。①は科学の自律性に対する疑義に基づくものであり、②は実証主義的（或いは機能主義的）見方への批判に基づいている[7]。

## 3 科学史及び哲学からの衝撃

　科学史家であり物理学者でもあるクーンは、その著『科学革命の構造』(1962)でパラダイムという用語を世に問うた。彼はその用語を駆使することによって、それまで自然科学において自明視されていた対象としての「客観的事実」がはらむ虚構性を鋭くついた。換言すれば、「客観的事実」は実は任意に採用されるパラダイムによって創り出されるものだ、としたのである。さらにクーンは、パラダイムからパラダイムへの推移を論じることによって、科学は累積的に進歩するのではなく非累積的な科学革命を通して変化してゆく、と説明したのである。伝統的な科学観に対する挑戦でもあったこの提示は、当然かのように、いわゆるパラダイム論争を誘発した。

　当初この論争は科学の社会学を舞台にするというよりも、科学哲学の問題として展開されたと思われる。もっとも激烈をきわめたのは、批判的合理主義に連なるラカトスからのクーン批判である。ラカトスは、クーンの立場に対しそれは客観的真理を認めない極度の相対主義だと決めつけ、彼の学問は「群集心理学」に過ぎないと揶揄する。一方、批判的合理主義の大御所であるポパーは、一見無意味な形而上学が科学的知識の進歩に貢献するとみる点では、クーンと考えを同じくする。しかし客観性に対する見方においては、ラカトスと同様、クーンに批判的である。さらに科学理論の移り行きに対する見解では、クーンやファイヤーアーベントらが理論変換 (theory change) の非累積性を主張するのに対し、ポパーやラカトスは累積性に固執して激しく対立する。

　ところが、クーンのパラダイム論に触発され論争が展開されながらも、実はそこに流れている基調は、既成の科学観に何がしかの反省を迫る点では共通している。事実、クーンもポパーも基本的には帰納主義を批判する立場に立っている。いうまでもなく、帰納主義批判は科学による客観的真理をカッコづけようとする考えに通じることから、それは科学のもつ可能性への見直しを用意するともいえる。

　さらに彼らは、社会から隔絶した自律的科学というイメージに社会性を付与した。例えばクーンは社会集団としての科学者集団に着目し、その集団力

学と歴史性をクローズアップさせた。またポパーは科学の発展を期するためとして、科学者間の自由な討議を可能とする「開かれた社会」の構築を目ざしたのであった[8]。

かくしてクーンのパラダイム論は、伝統的な科学観へ一種の革命的刺激を与えたのである。ただこのパラダイム論争は、それなりの限界をもっていたことも事実である。この限界は、ポパーにおいて典型的に示される。つまりポパーにとって、「科学的認識の成果というものは、先科学的認識の相対性が方法的抽象化によって克服され、より精密化されたものにすぎない[9]」わけであり、その主張の要諦は科学的手続きにあって、科学の内容ではないのである。ダーレンドルフがいみじくも語るように、批判的合理主義者である「ポパーにとって、批判というカテゴリーは、何ら内容の規定をもたない[10]」のである。クーンのパラダイム概念も、なるほど認識論的側面と社会学的側面を同時に合わせもつと評されてはいる[11]。しかしフリードリックスもいうように、クーンの論は自然科学を主として念頭においたものであり[12]、これを社会科学にまで拡げて論じようとすれば、たちまち科学の内容すなわちイデオロギー的局面に逢着せざるを得ない。科学の社会学は、こうした点をどのように発展させようとしているのだろうか。

## 4 社会学における認識革命

以上述べてきたような動きは、科学的多元論（pluralism）に向けての変化としてみれば、「科学における文化人類学化」ともいえよう。つまりわれわれが科学として理解しているものは、われわれの社会にとっての科学に過ぎないのであり、異なった社会的文脈では異なった科学が存在可能である。唯一無二の科学は在りえないわけである。しかしこうした考え方に問題がないわけではない。なぜなら、そこからさまざまな科学間の混乱へは紙一重だからである[13]。その先鋭な一つの現われが、ラディカルな反科学論であろう。そこではこれまでの科学の成果がほとんど認められず、科学そのものが否定される。もし科学的多元論に立ちながらも、事実としての科学の成果を認めるのであれば、科学自体の内容こそが問われることになろう[14]。

ところでマーチンズによれば、今われわれは社会学における「認識革命」(cognitive revolution)の中にいるという[15]。この証言は、先に示したブルームによる二つのアプローチの興隆と符合する。しかしブルームのいうこの二つのアプローチは、厳密には分離できないと思われる。その点は、「科学は、社会的及び認識論的視点をも含めて、科学外的諸要因からの影響を通して、総体的にかつ十分に理解されるべきだ[16]」と、彼が述べていることにうかがえる。われわれはこの立場を、ブルームに従って科学の認識社会学(cognitive sociology of science)と呼ぶ[17]。

以下では、この立場からの主張をみてゆこう。例えばキングやホイットレイによると、マートンが道徳規範を強調するのは、彼の実証主義的認識から発しているのであり、したがってその視点も誰が最初に発見したか(オリジナリティ)にあって、誰が何を発見したか(認識)には存しないとする。とくにホイットレイは社会的用語(例として「科学エリートによる権威の行使」など)のみによる説明を拒否し、認識ファクターによる説明を強調する。さらに彼は、社会的制度化(social institutionalization)と認識的制度化(cognitive institutionalization)の概念を明確にせよと迫る。というのは、科学者のもっている理論枠とその人物の科学的行動との対応関係こそが重要であるからである[18]。その意味で例えばマリンズが行なった分子生物学における学問発達研究は、それぞれの発達段階での理論的問題と社会構造とを分離して考察しており、認識論的アプローチとはまさに対照的である[19]。かくしてワインガルトによれば、科学の社会学の課題とは認識志向と科学の社会構造との関係を検証することとされる。なぜならそうすることによってはじめて、科学変動の要因と力学が追求可能となるからである[20]。

こうした立場に対して、マルケイはやや異なった見解に立つ。彼はいわゆるマートン学派と認識社会学派との間に位置して、マートン的パラダイムを再評価しながらも、その規範構造概念への批判を行う。その批判の前提となる彼の科学共同体観は、こうである。つまりもし科学が外部世界を客観的に把握し表現しえるとすれば、その媒体となる科学共同体は当然それに見合った特性をもつと解さねばならない。そして事実これまで、科学共同体は政治的には中立でかつ科学の自律性を保証するような、知的に開かれた普遍的な

規範構造をつねに有するとみられてきた[21]。しかしマルケイにとって、そのような科学共同体は飽くまでも、「もし (if)」の世界である。ではどうなのか。マルケイは科学者が規範にコミットする点は認める。ただその場合、マートンがいうような「普遍主義」とか「共有性」などに対してではなく、科学的な認識枠組とか技法に対してなのである[22]。つまり抽象的な規範にというよりも、具体的内容をもった規範にというわけである。さらにマルケイは、マートン的パラダイムに基づく理論成果をそれなりに評価する一方で、それは単に機能主義的解釈というイデオロギーの発露に過ぎない点をも指摘する[23]。

かくして科学の自律性という考えは放棄され、科学と他の社会的行為（例えば政治的行為）との相互関係こそ、科学の社会学の中心課題となる[24]。ここまでくれば、「広範に分化した専門領域内で作業する科学者たちが、確固たる科学的基礎に基づきながらも、まったく対立した結論に達することがありうる[25]」との見方もそれなりの真実味を帯びてくる。

ポパーらの哲学論争においては、科学の内容にまで立ち入った説明は行われなかった。一方で科学の認識社会学においては、社会学的考察という枠を保ちつつ、しかも認識主体としての科学者の役割に大きなウェイトが与えられた。そしてマルケイは、イデオロギーとしての科学を浮き彫りにした。彼はいう。「科学における経験的な結果は、解釈を施して作り出されたものであり、特定な時点における特殊な社会集団に都合のよい文化財によって制約を受けている[26]」。次にそのイデオロギー一般が特定なイデオロギーに置き換えられるとき、科学がどのように把握されるかを眺めてみよう。

## 5 批判の方向

グールドナーは、彼の「自己反省的社会学」を構築するために一つの発想転換を行なった。それは、「科学者は科学者である前に、先ず人間である」という冷徹な認識である。つまり科学者は社会の中でさまざまな人間関係をとり結び、日々一喜一憂する生身の人間なのである。したがってこの「自己反省的社会学」は一つの人間学でもあり道徳社会学でもあることから、当然

ある望ましき方向性をもつべきことになる。彼はその方向を次のようにいう。「この社会学は、現代への批判に関心をもつと同時に、人間がそこでよりよく生きる新しい社会やユートピアを積極的に定式化することにも関心を示すのである[27]」と。

このようにグールドナーにとって、社会理論は人間のもつ情念のほとばしりでさえある。もっといえば、社会理論の性格や運命を真に決定づけるのは、理論家の個人的な体験に基づく価値や感情を核とした非明示的先行仮説なのである。科学理論としての社会理論を基礎づける先行仮説の存在は、後述するハバーマスにおいても「事前了解（Vorverständnis）」という表現で構想されている。両者ともに社会理論を念頭においての用語法と思われるが、基本的には自然科学での理論にも妥当する概念として解釈できよう。

ところでグールドナーと同様、一つの方向をもった科学観を呈示しているのがハバーマスである。彼はいわゆるフランクフルト学派の系譜に連なる人物として、社会の「批判的理論」をめざす。そして本章のテーマに即していえば、彼の理論の要諦は二つあると思われる。

第一に、科学者の科学活動つまり「研究過程」をどう把握するかという問題である。彼は、研究過程をそれが包み込まれる社会過程との構造的連関のもとに理解する。なぜなら、個々の研究はその置かれている社会から独立してあるわけではないからである。このことは、次の彼の言葉によって容易にうかがい知れる。「社会科学的理論は、むしろ発端においてすでに、特定範囲の実践的問題にとって重要な事前了解によって、導かれている。この主導的な意味了解は、理論的原則の選択や、モデルを基礎づける仮定の選択に決定的な力を及ぼす[28]」。とすれば、当然にもここでいう事前了解の内容が問われることになろう。

第二に、科学相互間における「越権行為」の問題である。ハバーマスにとって、自然を対象とする科学と社会を対象とするそれとは決して同じではない。それぞれの科学に課せられている役割には、明確な区別が存在する。ところがこの区別が無視され、方法論上の「越権行為」があるとき、それは科学の名を借りた暴力ともなりかねない。とりわけ今日、本来自然現象の解明になじんできた経験的分析的科学が、社会理論の世界に入り込む事態が散

見される。ではそれを防ぐにはどうすべきか。このことは、二つの科学が人類の解放を意識することによって可能となる。彼の立場によれば、この意識が先の事前了解の内容と結びつくべきであることは、いうまでもない。

みられるように、社会の「批判的理論」は同時にこれまでの科学のあり方への批判でもある。グールドナーの「自己反省的社会学」についても、同様である。そしてそれらには、批判をするという行為に必然的に付随する、ある視点が存在する。しかしこのことは、逆に「社会科学は当然カテゴリーやモデルの選択における想像上の自由を失う[29]」ことにも通じる。つまり一歩踏み越えれば、そこには批判のための批判という陥穽が再び待ち受けているのである。

以上、批判的科学論として、やや強引に過ぎるほどの粗雑な紹介を試みた。もとより紹介した論者たちは全体の一部を構成するに過ぎずまた系譜も異にするなど、このようなかたちで同列に論じること自体きわめて危険である。ただ確実に言えそうなことは、今や既成科学へのカウンターパンチが、ラウネ(気分)としてでなくテーゼ(理論)としてその威力を示し始めた、ということであろうか。

(注)
1 中山茂、『転換期の科学観』日本経済新聞社、1980、101頁以下。
2 この意味では、科学の社会学も同様な傾向を帯びていると思われる。
3 J. Ben-David, Introduction, *International Social Science Journal*, Vol.22 (1), 1970, pp.7-27.
4 T.パーソンズ編、東北社会学研究会訳『現代のアメリカ社会学』誠信書房、1969、204頁。(訳文の一部を変えた)
5 村上陽一郎、「科学史の現在」『現代思想』8巻、4号、1980、115頁。
6 S.S.Blume, Introduction, *in* S.S.Blume (*ed.*) *Perspectives in the Sociology of Science*, John Wiley and Sons, 1977, p.9.
7 S.S.Blume, *ibid.*, p.4.
8 この点、M.ウェーバーが科学の客観性を獲得する手だてとして、単に科学者個人の責任に委ねたのと異なって、K.R.ポパーの論は、はるかに科学の社会的局面に着目している。
9 山口節郎、「現象学と社会学」『現代社会学』2巻、1号、講談社、1980、77頁。
10 R.ダーレンドルフ「カール.R.ポパーとテオドール.W.アドルノによる報告をめぐる討論への註解」、T.W.アドルノ他、城塚登他訳『社会科学の論理』河出書房新社、

1979、153頁。
11　中山茂、「パラダイムの運命」『現代思想』3巻、2号、1975、117頁。
12　R.W.Friedrichs, *A Sociology of Sociology,* Free Press, 1970, p.3.
13　菅孝行・村上陽一郎対談、「岐路に立つ現代科学」『週刊読書人』、1979、11月5日号。
14　かくして幾つかの科学批判自体も、同列にあるというよりは、その多様さを誇る。例えば、次のものなど。T.ローザク『対抗文化の思想』ダイヤモンド社、1972、柴谷篤弘『反科学論』みすず書房、1973、B.ディクソン『何のための科学か』紀伊國屋書店、1977、J.R.ラベッツ『批判的科学』秀潤社、1977。
15　H.Martins, Time and Theory in Sociology, in J.Rex (ed.) *Approaches to Sociology,* Routldge and Kegan Paul, 1972.
16　S.S.Blume, *op. cit.*, p.5.
17　S.S.ブルームによれば、科学の認識社会学が発生したのは、およそ1970年頃とされる。
18　R.Whitley, Cognitive and Social Institutionalization of Scientific Specialties and Research Areas, *in* R.Whitley (*ed.*) *Social Processes of Scientific Development*, Routledge and Kegan Paul, 1974, pp.66-95.
19　S.S.Blume, *op. cit.*, pp.11-12.
20　P.Weingart, On A Sociological Theory of Scientific Change, *in* R.Whitley (*ed*), p.56.
21　M.J. Mulkay, *Science and The Sociology of Knowledge*, George Allen and Unwin, 1979, p.118.
22　M.J.Mulkay, Norms and Ideology in Science, *Social Science Information,* 15, 415, 1976, p.639.
23　マルケイはいう。「これまで科学の規範構造としてみなされてきたものは、イデオロギーとしてみた方が、よりベターである」M.J.Mulkay, 1976, p.637.
24　S.S.Blume, *op. cit.*, p.4.
25　D.Robbins and R.Johnston, The Role of Cognitive and Occupational Differentiation in Scientific Controversies, *Social Studies of Science,* 6, 1976, p.352.
26　M.J.Mulkay, 1979, p.119.
27　A.グールドナー、栗原ほか訳『社会学の再生を求めて (3)』、新曜社、1975、228頁。
28　J.ハバーマス、「分析的科学理論と弁証法」『社会科学の論理』(前出) 193頁。
29　井上純一、「実証主義の諸問題」徳永恂編『社会学講座 (11) 知識社会学』、東京大学出版会、1976、168頁。

# 第10章　教育社会学のミクロ理論とマクロ理論

## 1　はじめに

　どのような社会科学理論も、対象に迫るために妥当とされる方法論を持つ。例えば最も制度化が進んでいる経済学の分野では、ミクロ経済学とマクロ経済学というように截然と知識が体系化・教科書化されている。社会学の場合は経済学ほどには制度化されてはいないが、ミクロ社会学・マクロ社会学という用語にもみられるとおり、扱う対象に基づく方法論の相違はかなり明確化している。教育現象が専らのターゲットである教育社会学においても、事情は同じである。現在いくつかの諸理論が混在し、独自の視点と方法論で現象を解明している。しかし現象そのものが複合化し、幾重にも因果関係が介在する今日的事情では、既存の理論では十分捉え切れないことも少なくない。もし方法論的に射程範囲を越えて無理やり対象に迫るとすれば、それは科学の名を借りた歪曲を生むだけである。そこで教育社会学における諸理論の特徴と今後の動向を、特にミクロ・マクロの統合化に焦点を当てつつ眺めてみたい。

## 2　代表的な理論

　ここでは教育社会学をリードしている諸理論を以下の三つに整理し、それぞれの立場を紹介する。

### (1) 機能主義理論

　教育社会学の学問的な祖は、一般にデュルケムと見なされている。彼は教

育に触れたそのいくつかの著書[1]を通して、主に次の二点を強調している。①社会はその成員の有機的な相互依存によって、はじめて成立する。②その社会が維持・統合されるためには、価値の内面化に基づく成員間でのコンセンサス（合意）が必要である。つまりデュルケムは、とりわけ近代以降の社会において学校が果たす社会化機能を全体社会に欠かせないものと見た。この彼の考え方は、教育に対する機能主義理論の出発点と言われている。

　機能主義理論はさらにパーソンズらに受け継がれ、1950年代には隆盛期を迎えることになる[2]。パーソンズは彼の有名な論文[3]の中で、学級を一つの社会と見立ててその重要な機能を社会化および選抜であるとした。学校とは、何よりも子どもが大人の役割遂行に向けて訓練される機関なのである。具体的には社会規範や価値の内面化を通して社会人としての役割を取得すると同時に、客観的な成績によって判別された能力に応じ、個々人にふさわしい職業へと配分される。それは別な表現をすれば、社会の構造を維持・発展させるため、成員の能力が最も効率よく使われる姿としてみることができる。機能主義理論が、しばしば人的資本論[4]と結びついて語られる所以である。このように機能主義理論は、教育現象をより大きな社会構造とのつながりの中で、言わばそのマクロな機能を考察するところに特色がある。

　しかし1960年代とともに、機能主義理論の視点や説明力に対し異論が投げかけられることになる。この批判は主として以下で紹介する二つの理論からのものであるが、そのポイントを述べておこう。第一に機能主義理論は社会を静態的に捉えるため、内部の多様な利害対立や葛藤を分析できない。第二にマクロな考察に終始し、個人間の相互作用とか教育過程の中身など、ミクロな現象への分析力が乏しい。事実、コールマン・レポートなどが各種の教育調査によるそれまでの楽観的な将来予測を覆したこともあり、機能主義理論の保守的なスタンスや理論としての有効性が大きく問われた[5]。

(2) 葛藤理論

　この理論は社会を権力の有無による支配・被支配の図式で捉えるという点で、マルクス主義と大きなかかわりを持つ。しかし教育社会学の理論としては、長い間それ程影響力を持つことはなかった。その理論が着目され始めた

のは、先に紹介した機能主義理論が衰退の兆しを見せ始める1960年代である。そしてその多くがマルクス主義の教育への応用という意味において、ネオ・マルクス主義理論とも称される。

　葛藤理論を駆使する理論家は少なくないが、マルクス主義の理解の仕方によって多岐に別れているのが実情である。例えばアルチュセールは唯物論を信奉する立場から、教育は被支配階級を抑圧するためのイデオロギー的国家装置であるという[6]。他方、よりヒューマニスティックな見方に立つグラムシによれば、教育は決して物質的経済の直接的反映物ではなく、むしろ教育システムを通して文化的ヘゲモニーを握ることが解放への橋頭堡になると説く[7]。

　しかし教育を直接的に対象とした分析としては、ボールズとギンティスの成果[8]が有名である。彼等の考えによると、教育は既存の階級構造を再生産する役割を担っており、学校社会と労働社会との間には強い対応関係があるという。すなわち資本主義社会における特権階級と労働者階級が、教育という一見だれにも開かれたシステムを共に通過することにより、結果的には同じ状況の再生産を行っているに過ぎない。そしてそれは単に物質的富のみならず態度・信念など文化的な次元においても、同じ階級での世代的再生産が繰り広げられていると主張する。

　先の機能主義理論では、教育システムとは社会の維持・統合に資する人材発掘のための階層移動システムであり、またそれだけに機会均等の保証が常に最大課題でもあった。しかし葛藤理論では、開放されたメリットシステムとしての教育は、階級再生産のメカニズムを包みかくす手のこんだ装置でしかない。

　こうした葛藤理論は一般にマクロなレベルでの分析を得意とするが、ウォーラーの研究[9]は学校現場で不断にみられる葛藤状況を考察したものとしてユニークであり、学校社会学の嚆矢とされている。ウォーラーにとって学校とは、教師と生徒の間の永遠の闘争の場である。そこでは教師による様々な社会統制（命令、罰、表情、試験、進級）が辛うじて学級・学校秩序を保っているが、基本的には合意よりも強制が支配している[10]。

　この様にみてくるとき、葛藤理論の特色として次の諸点があげられる。①

機能主義理論が小さくまとまった実証研究にとどまり易いのに対し、教育を社会構造や歴史動態の中に位置付け、主題・手法の多様化に貢献した。②教育現象といえども、諸種の利害対立・権力闘争の世界と微妙に絡んでいる現実を前面に押し出した。

にもかかわらずマルクス主義自体の有効性を問うかたちで、根強い葛藤理論への批判も存在する[11]。

### (3) 相互作用理論

この理論は確固としたテーゼのもとにまとまっているというより、いくつかの学派の総称といった性格を持つ。教育社会学における相互作用理論は、それまでの伝統的機能主義理論をラディカルに否定する中で、1970年代始め華々しく登場した経緯がある。具体的には、象徴的相互作用論、現象学的社会学、エスノメソドロジーといった日常の対面的な交渉過程に焦点を当てる諸学派が該当する[12]。またその意味で、「新」教育社会学と呼ばれることもある。

相互作用理論を代表する人物の一人は、ヤングである[13]。彼は多分に現象学とマルクス主義の影響を受けており、その主張はかなり急進的である。彼によると伝統的教育学は教育する側の持つ概念・カテゴリーを当然視し、その意味・前提・解釈を何ら疑うことがない。しかし此の世のあらゆる知識が社会的脈絡の中で意味づけられているとすれば、その過程・中身を問い直すことが先決問題となるはずである。この発想によれば、研究対象としてとかく見過ごされてきた側面、例えば学級内の相互作用過程・カリキュラムの内容などがクローズアップされることになった。特に現象学的社会学の観点からは、あらゆる知識の相対化をはかることによって、既存の教育システムに内在する不合理さが摘出されようとした。

象徴的相互作用論も極めてこれに近い立場であるが、とりわけ眼目としている点は行為者によるその時々の状況定義である。我々の日常生活は、言語・身振りなどによる意味のやりとりで成立している。学校の教室も、まさにシンボル（象徴）による交渉の場にほかならない。ハーグリーブスらは早くも1960年代の末からこの種の学校研究を進めており、いわゆる落ちこぼ

れや逸脱者の生成プロセスを解明している[14]。

さらにエスノメソドロジーの手法では、集団内の会話や対面関係の記述・再構成から、「何が彼らをそうさせるのか？」をその場に即して素朴に追及する。ここでの関心は、日常みられる暗黙の規範がいかにもろいものであるかを暴露することである。教師がタテマエとは裏腹に、家族背景などによって子どもを偏見視する様を調べたケディー論文[15]や、カウンセラーの評価行動に着目したシコレルたちの成果[16]も見逃せない。

もちろんこれらの相互作用理論も、若干の難点を有している。その第一は何よりも視界がミクロな次元に限定され、そこでの社会的相互作用を生じさせている広範なコンテクストへの考慮がない、第二に多分に現象の忠実な記述に終始し、因果関係の推測・解明などへの関心に乏しい、第三に相対化という手法は、論理必然的にすべてを確定できないという無限後退を招く、などがあげられる。

## 3　ミクロとマクロの理論的統合へ

これまで知られている教育社会学理論は、それぞれ固有のパースペクティブをもちながらも、その射程はミクロかマクロかのいずれかに片寄っていることが多い。複雑に絡み合い、かつ激しく変貌する教育現象をより適切に分析するには、その両者の視点を積極的に取り込むような理論が求められる。

そこでミクロ理論とマクロ理論の統合について、教育社会学の親学問 (parent discipline) である社会学に即して少し触れておこう。社会学理論の主たる対象が、その性格上ミクロ的次元かマクロ的次元かいずれかに偏向しやすいのは、良く知られるところである。その一つの大きな理由は、社会観あるいは人間観といった哲学的前提が科学的な方法論を事実上制約している点に求められる。すなわち社会は個々の人間に還元できない特殊な構造を持つと見るか、逆に社会はあくまでも個々の成員の具体的な結びつきから成立すると見るか、この相違である。いずれの立場にせよ、社会学上の諸理論の一つとして社会現象なり教育現象の説明にそれなりの説得力を持つことは、これまで説明してきたとおりである。

しかしそうした諸理論の前提には、どうしても社会あるいは人間に対する安易な見方がつきまとっていた。科学的理論の組立ての必要性からは、確かにある程度割り切った社会モデル、人間モデルが不可欠であろう。それは学問の生成発展の一つのステップとしては、避けることのできない過程でもあろう。ただ理論としての整合性を求める以上に、社会学は社会現象を十分に説明できることが肝要であることを忘れてはならない。そのことに気付くには、やはりホモ・ソシオロジクスとしての人間に対する反省なり見直しが重要な契機になるであろう。事実、我々の日常的・世俗的なレベルでの歴史的出来事がその媒介となった。例えば1960年代のアメリカ公民権運動、世界を席捲した学生反乱、東西の緊張緩和とイデオロギー論争の退潮、社会主義神話の崩壊、マイノリティグループのアイデンティティ闘争、などが上げられるであろう。その結果、既成学問の周辺に新しい学問（社会経済学、経済人類学、象徴人類学、心性史、歴史社会学、政治人類学など）が登場し、あるいは人間科学構築への志向もそれに加えて良いだろう。つまり人間に対する型にはまった見方ではなく、可能性・蓋然性を秘めた存在としての人間像を再認識しようとする動きがそこから湧出してくる。換言すれば、単に社会の鋳型には留まらぬという意味で主体性を持つという一面と、主体性を保持しつつもそこで互いに交わし合う相互作用がある種の秩序を作り出す一面とが改めて強調される。社会学においてミクロとマクロの統合が叫ばれるにはこうした背景があり、いくつかの諸成果が現れている[17]。

　ではミクロとマクロの統合は、具体的にはどのように展開しつつあるのか。この課題に迫る論者は決して多くはないが、敢えて二つのタイプに分類できると思われる。それは、①マクロ社会学の立場からミクロ社会学を取り込む方向の統合（代表的論者　A.ギディンズ、R.コリンズ）、②ミクロ社会学の立場からマクロ社会学を取り込む方向の統合（代表的論者　J.S.コールマン、P.M.ブラウ）である。いずれの論者もミクロとマクロの理論的統合を目指している点では共通するものであるが、学問的キャリアの出発点やその後の経緯などから統合へのベクトルに相違が見て取れる。ただ筆者には、②より①の方向が統合への動きとしては比較的主流に思える。その①に見られるマクロとミクロの相対的意味付けを、次の表現はよく示している。「社会秩序の問題は、社会

秩序に対する伝統的アプローチを逆転させることによって、再定義される。社会秩序は個人の意志をどのようにしてか統制することにより社会を維持するという秩序ではなく、世俗的ではあるが仮借ないこうした意志の取引のうちに生じる秩序なのだ[18]」。

そこで、①を代表すると思われるギディンズとコリンズの主張を見てみよう。先に述べたように、両者ともいわゆるマクロ社会学のミクロ社会学的再構築という作業を行っている点で同一線上にある。まずギディンズはもともと構造主義的立場からマルクス主義社会学理論の再生を目指していたが、1970年代に入ってエスノメソドロジーなどの行為理論による自らの理論補正の必要性を認識した。すなわち「構造の観念と、行為する主体が必然的に中心に位置するという見方を、どのようにして我々は調停すべきなのか[19]」という課題のもとに、構造化の理論（structuration theory）を構築した。彼の言葉によると、こうである。「構造化の理論は行為の社会的（機能的）決定という中心的概念に代えて、社会の生産と再生産の概念から始める。即ち社会的相互作用は、いたるところ、そしてあらゆる状況において行為者の偶発的な遂行とみなされ、また行為の自己反省的合理化の条件のもとで維持される熟達した生産とみなされる[20]」。ここで彼の言う「行為者の偶発的な遂行」は、重要なタームである。というのは、彼の理論において枢要な位置を占める「予期せざる結果の仮説（hypothesis of unintended consequences）」が、まさにそのことを述べているからである。言い換えれば、次のようになろう。即ち社会が人間をつくるとか逆に人間が社会をつくるといったストレートな因果関係は、いずれにせよ現実的ではない。なぜなら人間のする社会的行為のかなりな部分が偶発性を帯びているのであって、現実には自らの意志とは異なった行為が積み重ねられる。その積み重ねは当然一つの社会構造として結実し、今度は社会成員としての個人を制約するであろう。しかしその制約は完全なものではなく、再び意志を持つ個人による相互作用とその偶発的結果がかもしだす新たな社会構造が再生産される。

次に、コリンズの考え方を見てみよう。彼も1960年代後半、文化主義的、主意主義的理論などへの批判から出発した。しかしその後この姿勢が薄れ、1970年代にはいってからはエスノメソドロジー、フロイト学説、デュルケ

ム理論などと構造主義理論との結びつきに腐心している。かれはギディンズ以上にミクロな相互作用に関心をもち、従ってある意味ではギディンズより徹底したミクロ社会学の取り込みを構想する。彼の基本テーゼによれば、マクロ現象という実体は何ら存在せず、強いて言えばそれは所詮多くの類似したミクロエピソードの集まりと繰り返しで成り立つものとされる。その意味で、集合仮説（aggregation hypothesis）ともいう。ただしこうしたミクロエピソードとして現れるような、「我々の日常行為は、必ずしも合理的な認識決断によっているのではない。むしろ暗黙の了解などの作用によって導かれている側面が強い[21]」という。つまりあくまでも非合理的性格を帯びた相互作用という単位の集合がマクロ事象を構成する、とみる。この相互作用を生み出す状況を、彼は「慣行的相互行為の連鎖（interaction ritual chains）」と呼ぶ。従って、彼にとって、「社会学的概念は、それを作り上げている典型的ミクロ事象の例の中で構築されることによってのみ、十分検証できるものと成り得る[22]」。こうして彼は、反証に耐えうる多次元的（multidimensional）葛藤理論を目指す。

このように両者とも、人間の意図的行為を前提にした社会科学を構想する姿勢において、共通するものがある。しかしその論を少し踏み入って眺めると、微妙な論点の相違に気付くが、ここではこれ以上立ち入らない[23]。

## 4　教育社会学における統合化

さてこうした中で、教育社会学におけるミクロ・マクロ論議はどうであろうか。これまでのところ、方法論争としては活発とはいえない。この問題を論じた数少ない一人であるハマーズリーも、ミクロ・マクロの理論統合の必要性は唱えるものの、むしろそれ以前の問題として個別理論の確立が先決だと述べるにとどまっている[24]。この不活発さの原因は、教育社会学が具体的な教育現象を研究の主たるターゲットにし、方法論は二義的になりやすいという学問的性格に求められよう。しかし教育現象の解明に当る個々の研究の中では、理論統合を志す成果も現れつつある。例えば言語と教育の関係に着目した諸成果や、教育社会学理論内で一つの流れを形成しつつあるネオ・

ウェーバー学派などは、まさしくミクロ理論とマクロ理論の総合を試みていると言える。次にその若干を紹介しておこう。

### (1) 言語表現と階級再生産

家庭や学校で使われる言語のスタイルが社会的地位の再生産に関係すると述べたのは、バーンシュタインでありブルデューらである。バーンシュタインはもともとデュルケム理論、従って機能主義理論の系譜に立つ学者であるが、日常言語のやりとりに注目することにより、相互作用理論のパースペクティブも意欲的に活用している[25]。彼の説によると言語は二種のコードで成り立ち、一般に労働者階級は制限コード、中産階級は精密コードに親しむ機会が多いとされる。しかし公教育制度のもとでは精密コードを使ったコミュニケーションが支配的であり、自らの言語コードとは異質な文化を強制される労働者階級は、半ば必然的に教育からの脱落を余儀なくされる。そしてこの現実は単に言語を媒介とした対面的相互作用でのみ説明できるというよりも、階級の再生産という意味あいから構造的な理解も必要だという。

一方ブルデューらは常にマルクスを意識しつつ彼ら独自の「ハビトゥス（持続された態度）」「文化資本」などの概念を用い、言語を含む文化一般が実は教育制度を介して見事に文化的再生産されていると主張する[26]。とりわけブルデューは高等教育就学者の社会的出自を分析することにより、その出自の相違が就学機会を実質的に選別していることを突く。そしてその際大きな役割を果たしているのが、言語表現を中心とした学校教育の文化範型とそれによる選別機能である。そこには、機会の平等化が逆に機会の不平等化に変質しているとの思いが込められている[27]。

### (2) 身分文化をめぐる闘争

社会的行為は、その行為者が意図した目的の観点から理解されねばならない。このウェーバー社会学の基本テーゼを生かしつつ、マクロなアプローチで教育現象に迫ろうとするネオ・ウェーバー学派が存在する。先述したコリンズはその流れを汲む一人であるが、彼によれば教育システムは内部の現実的利害対立に基づくバランスの上に維持・存続するのであって、決して機能

主義理論が説明するようにシステムの要請からなのではない。とはいえ、マルクス主義的葛藤理論のいう経済的・物質的利害のみがその対立を規定しているのでもない。そこにはもっと生々しい感情、例えば然るべき地位・権力・富などを獲得したいとする人間らしい情念が存在し、これらの総体としての身分文化を求めつつ、人々は教育システムに参加する。このような観点から、彼は現代アメリカで進行しつつある高等教育拡張と学歴インフレーションをダイナミックに説明している[28]。

## 5 おわりに

　教育社会学の主要な理論は、1970年代末までに出揃ったと言ってよいであろう。その上で今日求められているのは、これら諸理論の特質を考慮しつつ、より新しいテーマに挑戦することである。もちろん教育機会や教育達成の平等・不平等問題は、古くて新しい課題として今後も多くのメスがいれられるであろう。ミクロ理論とマクロ理論を統合する試みは、これらのチャレンジに大いに役立つはずである。

　さらに付け加えるならば、このミクロとマクロの実りある統合を模索する上で、以上の理論的俯瞰とは別に、ある種の概念自体が持つ統合への豊かな可能性をも忘れてはならない。それらは例えば「互酬性（reciprocity）」であり、「アイデンティティ（identity）」という概念である。もともと前者は人類学、後者は心理学に発する概念ではあるが、ミクロ・マクロの統合という意味合いにおいて、教育社会学的考察に際しても十分鍵（キイ）概念たりうる。互酬性は二者間のミクロな交換行為を基盤にしつつもマクロな社会的規範をも射程にいれる概念であり[29]、アイデンティティはそもそも社会と個人との弁証法的関係を捉えるための概念に他ならない[30]。ここではこの面での成果を詳述する余裕はないが、より新しいテーマでのミクロ・マクロの統合化は、これらの隣接科学からの積極的な「学問的輸入」によっても大きく期待できる。

(注)

1 E.デュルケム、佐々木交賢訳『教育と社会学』、誠信書房、1976。
    E.デュルケム、麻生　誠・山村　健訳、『道徳教育論　1・2』、明治図書、1964。
2 機能主義理論に基づく諸成果は、次の著書に多く収められている。
    A.H.ハルゼー、J.フラウド、C.A.アンダーソン編、清水義弘監訳『経済発展と教育』、東京大学出版会、1963。
3 T.Parsons,"The School Class as a Social System", *Harvard Educational Review,* Vol.29, No.4, 1959, pp.297-318.
4 G.S.ベッカー、佐野陽子訳『人的資本』、東洋経済新報社、1976。
5 批判の代表的な例としては、C. S.ジェンクス、橋爪貞雄・高木正太郎訳『不平等』、黎明書房、1978。
6 L.Althusser, *Lenin and Philosophy and Other Essays*, New Left Books, 1971.
7 C.Boggs, *Gramsci's Marxism*, Pluto Press, 1976.
8 S.ボールズ、H.ギンティス、宇沢弘文訳『アメリカ資本主義と学校教育ⅠⅡ』、岩波書店、1986、1987。
9 W. W.ウォーラー、石山脩平・橋爪貞雄訳『学校集団——その構造と指導の生態』、明治図書、1957。
10 同じような試みとして、次の書は大変興味深い。
    P.E.ウィリス、熊沢　誠・山田　潤訳『ハマータウンの野郎ども——学校への反抗・労働への順応』、筑摩書房、1985。
11 例えば次のもの。
    J.Goldthorpe, et al., *Social Mobility and Class Structure in Modern Britain,* Clarendon Press, 1980.
    A.H.Halsey, et al., *Origins and Destinations: Family, Class and Education in Modern Britain*, Clarendon Press, 1980.
12 このほかに交換理論を挙げてもよい。
    G.Richmond, *The Micro-Society School: A Real World in Miniature*, Harper & Row, 1973.
13 M.F.D.Young (ed.), *Knowledge and Control: New Directions for the Sociology of Education*, Collier-Macmillan, 1971.
14 D.Hargreaves, et al., *Deviance in Classrooms*, Routledge & Kegan Paul, 1975.
    このほかの例としては、次のものなど。
    R.Nash, *Classrooms Observed*, Routledge & Kegan Paul, 1973.
    M.Hammersley and P. Woods (eds.), *The Process of Schooling*, Routledge & Kegan Paul, 1976.
15 N.Keddie,"Classroom Knowledge"in M.F.D. Young (ed.), *Knowledge and Control*, 1971.
16 A. V.シコレル、J.I.キッセ、潮木守一訳「選抜機関としての学校」、J.カラベル、A.H.ハルゼー編　潮木守一ほか訳『教育と社会変動』（上）東京大学出版会、1980、所収。
17 著書に限って言えば、例えば次のものなど。
    K.Knorr-Cetina and A.V.Cicourel (eds.), *Advances in Social Theory and Methodology*:

Toward an Integration of Micro-and Macro-Sociologies, Routledge & Kegan Paul, 1981.
　M.Hechter（ed.）, The Microfoundations of Macrosociology, Temple University Press, 1983.
　J.C.Alexander, B.Giesen, R.Munch and N.J.Smelser（eds.）, The Micro-Macro Link, University of California press, 1987.
18　K.Knorr-Cetina,"Introduction: The micro-sociological challenge of macro-sociology: towards a reconstruction of social theory and methodology", in K.Knorr-Cetina and A. V.Cicourel（eds.）, Advances in Social Theory and Methodology: Towards an Integration of Micro-and Macro-Sociologies, p.7.
19　A.ギディンズ、宮島　喬ほか訳『社会理論の現代像』、みすず書房、1986、49-50頁。
20　同上書、54頁。
21　R.Collins,"On the Microfoundations of Macrosociology", in American Journal of Sociology, Vol.86, No.5, 1981, p.985.
22　Ibid., p.988.
23　ギディンズがコリンズに言及したものとしては、次を参照。
　A.Giddens, The Constitution of Society, Polity Press, 1984, pp.140-142.
　コリンズがギディンズに言及したものとしては、次を参照。
　R.Collins,"Interaction Ritual Chains, Power and Property: The Micro-Macro Connection as an Empirically Based Theoretical Problem", in J.C.Alexander, B.Giesen, R.Munch and N.J.Smelser（eds.）, The Micro-Macro Link, p.205.
　要するにギディンズにとってコリンズはミクロ事象への還元主義に走り過ぎていると見えるし、一方コリンズにとってギディンズは、多分に経験性を欠いた認識論への傾斜が懸念される、と見える。
24　M.Hammersley,"Some reflections upon the macro-micro problem in the sociology of education", in Sociological Review, Vol.32, No.2, 1984, pp.316-324.
25　B.バーンシュタイン、萩原元昭編訳『教育伝達の社会学』、明治図書、1985。
26　P.Bourdieu et J-C.Passeron, La Reproduction, Ed. de Minuit, 1970.
27　尚、次の書はブルデューの対談集であるが、数少ない彼の邦訳書の一つとして参考になる。P.ブルデュー、石崎晴己訳『構造と実践』、新評論、1988。同様な視点からのものとして、次の書を参照。R.ブードン、杉本一郎他訳『機会の不平等――産業社会における教育と社会移動』、新曜社、1983。
28　主な成果として、例えば次のもの。
　R.コリンズ、新堀通也監訳『資格社会――教育と階層の歴史社会学』、有信堂高文社、1984。
　R. Collins,"Some Comparative Principles of Educational Stratification", in Harvard Educational Review, Vol.47, No.1, 1977.
　M.Archer, Social Origins of Educational Systems, Sage, 1984.
　R.King,"Organisational Change in Secondary Schools: An Action Approach", in British Journal of Sociology of Education, Vol.3, No.1, 1982.
　教育社会学におけるネオ・ウェーバー学派については、次の論文に適切な紹介がある。
　R.King,"Weberian Perspctives and the Study of Education", in British Journal of Sociology

*of Education*, Vol.1, No.1, No.1, 1980, pp.7-23.
29　この概念による日本の学問的風土分析の事例として、次を参照。
　　H.Befu,"Power in Exchange: Strategy of Control and Patterns of Compliance in Japan", in *Asian Profile,* Vol.2, No.6, 1974, pp.601-622.
30　この概念を駆使し、一政治家のパーソナリティ形成と近代日本の政治動向を追ったものとして、次を参照。
　　栗原彬、「近衛文麿のパーソナリティと新体制」、同著『歴史とアイデンティティ』、新曜社、1982、所収、37-113頁。

# 第11章　R.コリンズの教育社会学理論

## 1　はじめに

　教育社会学という学問は、社会学の学問的手法を教育現象に応用して見せる学問であると考えれば、コリンズ（R.Collins）の研究はまさにその典型と言える。彼の理論的立場は葛藤理論である。その理論で分析するにふさわしい対象の一つに教育がある、という認識である。従って彼の研究スタイルは、教育社会学の理論構築にのみ傾倒する兆候はみられない。例えば彼の学位を見ると、スタンフォード大学から心理学のM.A.を、カリフォルニア大学バークレー校から社会学のM.A.とPh.D.を取得している。特にPh.D.論文の作成指導者の一人にトロウの名が見えることからすれば、コリンズの関心の一つに教育があったことは想像に難くない。しかしどちらかと言えば、コリンズは教育の周辺から教育を眺めその考察に赴いたとの特徴を指摘できる。
　このアプローチは、コリンズの特異な理論形成を導くこととなる。すなわち旧来の教育社会学理論に対し、その非現実性、ミクロ現象への没入、硬直したイデオロギー論争といった不毛さを突きつけ、代わりに人々の意識や社会の現実に即した自らの理論を提示する。彼のこの姿勢は、教育社会学の内部にも当然影響を及ぼす。教育社会学におけるネオ・ウェーベリアンとしての確固たる位置付けが、それを表している。しかしその後、彼自身教育社会学から一歩離れるに及んで、必ずしも更なる展開がみられたとは言えない。この点むしろブルデュー等のフランス系学者が、対照的である。本章ではこうした特質を有するコリンズの理論を、教育社会学にからめて今一度洗い直す作業を試みたものである。

## 2　コリンズ理論における教育社会学の位置

### (1) 前期コリンズ

　コリンズはその学問的経歴の中で、教育にどのような関心をいだいていたのか。別な言い方をすれば、コリンズ社会学理論の中で教育社会学はどう位置付けられるのか。それを知るには、彼の業績を追って年代的特徴を見るのがよい。表8がそれである。ここでは彼の業績92点のうち主要なもの45点を抽出し、それらを各領域ごとに分類した[1]。ちなみに1960年代と1970年代とを前期コリンズ、1980年代を中期コリンズ、1990年代以降を後期コリンズとしておこう。これによると、各年代で明確な関心の相違と変遷が読み取れる。　特に教育への関心について言えば、ほとんどすべて前期に集中していると言える[2]。そして中期には一転して方法論などミクロ社会学に傾斜している。つまり彼の教育社会学は、時期的に非常に限られたものであることが分かる。彼の教育に関する幾つかの業績の中で、『資格社会』(The Credential Society, 1979) は唯一単著として出されているが、それはコリンズ教育社会学の集大成として位置付けられる[3]。しかし彼の教育社会学は決してそれにつきるものではなく、中期・後期においてもコリンズ理論の一環として通底していることに留意せねばならない。その理由については第1に、彼の教育社会学は階層化理論という枠の中で展開されており、葛藤理論と抱き合わせの形で理論構築されているからである。周知のように、彼はコーザー、ダーレンドルフと並ぶ葛藤理論家の代表的人物である。その意味では彼のすべての業績が、葛藤理論の線上で連なっているといってよい。彼の葛藤理論の理論的集大成は、『葛藤社会学』(Coflict Sociology, 1975) である[4]。この著作と先の『資格社会』とが前期に相次いで世に問われたことは、彼の教育社会学と葛藤理論が密接な連携を持つことを象徴している。中期では特にミクロ社会学の理論的基礎付けが意欲的に試みられているが、それが葛藤理論のためのミクロ社会学的基盤構築であることはいうまでもない。従って彼の教育社会学は、中期以降もその命脈を保ち続けていると見るべきである。事実、1990年代の後期になって専門職への関心を見せているが、その源は『資格社会』の「第6章・専門職業の政治学」にあると言える[5]。

第11章 R.コリンズの教育社会学理論 219

表8 コリンズの年次別業績リスト

| 期別 | 発表年 | 種類 | 階層化理論 教育 | 階層化理論 葛藤 | 科学社会学 | 科学方法論 方法論 | 科学方法論 ミクロ社会学 |
|---|---|---|---|---|---|---|---|
| 前期 | 1966 | 論文 | | | ● | | |
| | 1966 | 論文 | | | ● | | |
| | 1969 | 論文 | ● | | | | |
| | 1971 | 論文 | ● | | | | |
| | 1971 | 論文 | | ● | | | |
| | 1972 | 著書 | | | | ● | |
| | 1974 | 論文 | ● | | | | |
| | 1974 | 論文 | | ● | | | |
| | 1974 | 論文 | | ● | | | |
| | 1975 | 著書 | | ● | | | |
| | 1977 | 論文 | ● | | | | |
| | 1978 | 論文 | | ● | | | |
| | 1979 | 著書 | ● | | | | |
| | 1979 | 論文 | ● | | | | |
| 中期 | 1980 | 論文 | | | | ● | |
| | 1981 | 著書 | | | | ● | |
| | 1981 | 論文 | | | | | ● |
| | 1981 | 論文 | | | | | ● |
| | 1982 | 著書 | | | | ● | |
| | 1983 | 論文 | | | ● | | |
| | 1983 | 論文 | | | ● | | |
| | 1983 | 論文 | | | | | ● |
| | 1983 | 論文 | | | ● | | |
| | 1984 | 論文 | | | | ● | |
| | 1985 | 著書 | | | | ● | |
| | 1985 | 著書 | | | | ● | |
| | 1986 | 著書 | | | | ● | |
| | 1986 | 論文 | | | ● | | |
| | 1986 | 論文 | | | | ● | |
| | 1987 | 論文 | | | | ● | |
| | 1987 | 論文 | | | | | ● |
| | 1987 | 論文 | | | ● | | |
| | 1988 | 著書 | | | | ● | |
| | 1988 | 著書 | | ● | | | |
| | 1988 | 論文 | | | | | ● |
| | 1988 | 論文 | | | ● | | |
| | 1989 | 論文 | | | | | ● |
| | 1989 | 論文 | | | | | ● |
| | 1989 | 論文 | | | | ● | |
| 後期 | 1990 | 論文 | | ● | | | |
| | 1990 | 論文 | | | | | ● |
| | 1990 | 論文 | | ● | | | |
| | 1990 | 論文 | ● | | | | |
| | 1991 | 論文 | | ● | | | |

第2に、彼のPh.D.論文に着目する必要がある。1969年に提出されたこの論文は、メイン・タイトルが「教育と雇用」であり、サブ・タイトルが「階層化力学の研究」である。これらのタイトルが示すように、彼にとって教育とは雇用者と被雇用者との生々しい葛藤の場でもある。学問的キャリアの出発時に抱かれたこの問題意識は彼の理論的モチーフであり、その後葛藤理論を軸にして展開してゆく。特に彼が教育資格の社会学的考察に興味を抱き続けた理由も、雇用メカニズムに潜む葛藤局面を重視したからに他ならない。これらの諸点から、コリンズ教育社会学が前期に突出した様相を見せながらも、階層化理論の一環として葛藤理論と不即不離の関係にあり、中期以降の彼の仕事と決して断絶するものでないことが分かる。

### (2) 身分集団

　周知のように、人間は限られた権力・富・威信をめぐって闘争を繰り広げる。この闘争は個人と個人との闘争であると同時に、個人の所属する身分集団間の闘争でもある。なぜかと言えば、個人は自らのアイデンティティを確立するために特定身分集団へ帰属する性向をもち、さらに集団の力を利用し闘争するほうがより効率的であると考えるからである。コリンズ自身が、「身分集団の凝集力が他の集団に対する闘争の基本的源泉である」と述べているのは、そうした意味合いによる[6]。コリンズがデュルケムの連帯性概念を積極的に評価するのは、まさに闘争のための連帯をデュルケムに見いだすからである。

　この時コリンズが想定する身分集団は、様々な形態が考えられる。彼の挙げている例で言えば、年齢・性・リクレーションへの関心・人種・教育などが身分集団形成への契機となる[7]。もちろん一人一人の人間は、多様な契機に基づく身分集団を同時に体験することはあり得る。そして集団形成の契機に応じて、多種多様な成員資格基準が存在する。特にコリンズが着目したのは、これらの身分集団がそれぞれの集団内に階層化メカニズムを有する点である。もしコリンズが教育に注目しているとするならば、教育の世界で見られる身分集団に着目したからであり、そこでの階層化プロセスに引きつけられたからである。この意味で彼の教育社会学は、葛藤理論の観点からする下

位領域社会学（またはデュルケムの言葉で言う連字符社会学）の中の一つに過ぎないのであり、彼にとっての応用社会学の一例と言える。

　その下位領域の中で彼が最も分析に力を入れたのは、性とならんで教育であった。その理由を2つ示そう。第1には、近代国家において合法的に身分関係を措定できる基準は、学歴が最も有効とされているからである。今の時代、性・宗教・人種・居住地域などは、それ自体が身分を特定することは合法的にはあり得ない。しかし現実には社会階層化プロセスは常に進行しているのであり、そこに特定身分を選別する需要が本質的に存在している。コリンズはこの需要を満たす社会的道具として、とりわけ学歴に注目した。第2には、近代国家は程度の差こそあれ雇用化社会の性格を強め、また今日もその傾向が続いている。それは雇用基準への関心が全社会的に広まることを意味し、具体的には雇用要件としての学歴比重や学歴レベルが高まることなどの現象を招いている。

　こうしてコリンズにあっては、社会階層化プロセスにおける身分集団の重要性が認識され、さらにアメリカなど先進諸国の階層状況を踏まえて教育の果たす役割を考察するに至ったと解される。

### (3) ミクロとマクロの統合

　前期コリンズと中期コリンズに区分する場合、研究内容において対比的であることは先に示した。興味深いことに、この区分はマクロ的方法とミクロ的方法との対比でもある。一般的にはマルクス、コーザー、ダーレンドルフなどのいわゆる葛藤理論家は、マクロな研究方法によるマクロ・スケールな現象分析を特徴とする。この点でコリンズは葛藤理論家としては極めてユニークであり、ミクロ次元への考察にも深い理解を示している。彼は自らの理論的背景として3つの伝統を挙げているが、その一つにミクロ相互作用的伝統がある[8]。特にゴッフマンによるドラマツルギーに負うところが大きく、コリンズの相互作用的儀式連鎖理論（A Theory of Interaction Ritual Chains）は、彼のミクロ社会学における中心概念である。そこで思念されていることの要諦は、日常の相互作用が儀式として捉えられ、しかもお互いの文化資本を背景とした行為の交換が行われることによって身分関係が作られるプロセスと

されている。この時、文化資本の消費が社会構造を反映しているとの前提があり、かくしてミクロな行為がマクロな構造と連携する道筋が導かれる。

　前期コリンズはマクロな次元での葛藤論的考察にウエイトを置き、またその分析対象としては教育をクローズ・アップさせた。例えば1979年の論文では、教育拡張とその衰退の歴史を数世紀に及ぶスケールで描いている[9]。中期コリンズは、そのマクロ理論をミクロ理論によって統合することを試みたと解せられる。事実、「闘争理論への私の主な貢献は、これらマクロ・レベル理論にミクロ・レベルを付け加えることだった」と彼自身述懐している[10]。しかしコリンズの意図にもかかわらず、中期コリンズの成果はミクロ社会学の方法論的考察に終始している観が強く、しかもマクロ理論との統合は必ずしも果たせていないように思われる。そして教育社会学論を念頭においたミクロとマクロの統合に至っては、それ以上に果たせていない。例えば彼の『資格社会』への書評で指摘された学校内部のブラック・ボックス化について、ミクロ理論の立場からどう説明されたのかは不明である[11]。

## 3　教育社会学理論におけるコリンズの位置

(1) ネオ・ウェーベリアン

　教育社会学理論には、分析視点を異にするいくつかの理論がある。恐らく最も一般的でかつ最も簡潔な分類の例としては、キングストンの2分類がある[12]。それらは機能主義と葛藤理論である。もっとも葛藤理論はさらにネオ・マルクス理論と身分葛藤理論とに分かれ、3分類と見ることも可能である。やや細分化した例としては、マーフィーの5分類がある[13]。それによると、機能主義、マルクス主義、新教育社会学、ウェーバー学派葛藤理論そしてブルデューの批判理論となる。もちろんコリンズは、3分類での身分葛藤理論および5分類でのウェーバー学派葛藤理論の旗頭と目され、また彼自身「私のアプローチは、広く言えばウェーバー流であると特徴づけられるだろう」と述べているように、ネオ・ウェーベリアンの一人として位置付けられている[14]。

　キングストンの分類に従えば、コリンズは機能主義に対しても、ネオ・マ

ルクス理論に対しても異を唱える立場である。機能主義に対しては、教育拡張が技術機能的需要以外のメカニズムに基づいて進行しているにもかかわらず、それを説明できないと批判する。またネオ・マルクス理論に対しては、支配者による教化にもかかわらずなぜ被支配者側の教育需要が高まるのか、それを説明できないと批判する。いずれにしても、近代以降の根強い進学需要がなぜ生じるかについて、既存の教育社会学理論は著しく現実味を欠いている点が指摘される。ウェーバーは多元的な因果モデルを採用し、さらに行為主体の意図に対し敏感であったことは周知のことであるが、コリンズはかかるウェーバー的観点を教育分析に取り入れた点が特徴である。すなわちコリンズにあっては、教育は身分集団間闘争のための武器であり舞台なのである。人々は教育に対して、様々な思い入れを行う。個人レベルでは身の栄達、社会的身分の維持・存続など、組織レベルでは雇用要件としてあるいは特定サークルの成員資格として、さらに国家レベルでは社会統制の手段としてそれぞれ教育が期待されるだろう。総じて言えば、これらの期待は身分集団資格（メンバーシップ）をめぐる「人間的な葛藤」として眺められる。この視点が、コリンズのネオ・ウェーベリアンとしての特徴である。この意味で彼の理論が「集団利害モデル」と評されるのは、的を得ていると考える[15]。さらに彼はこの葛藤状況がエスカレートすることにより学校教育の実質的形骸化、そして教育資格のインフレ化を招くと主張する。そしてこのような悲観的見通しは、イリッチ等の脱学校論と基調を同じくするものでもあるが、それよりもコリンズの新味は葛藤理論に基づく現実分析の鋭さにあると言える。

(2) 階層化と教育

　教育が階層化にどう影響するかは、教育社会学のテーマの一つである。少なくとも1960年代までは、教育機会の拡大が社会移動を促し階層の流動性を高めるものと思われていた。しかしコールマンやブードンの研究は、教育拡大が必ずしも社会移動の実質的流動化をもたらさないことを精緻に実証した。社会的正義と結び付いた教育の機会均等論は、再び何が社会的正義かを問うこととなる。

　コリンズはその階層化理論をひっさげて、この皮肉な社会現象を解明する

ことになるが、これまでの先達者たちのような単なる実証ではなく、なぜそうなるかを理論化し検証した点に独創性を持つ。彼にとってはメリットクラシーが必ずしも十全なる社会移動を実現しないとすれば、それを阻む非・メリットクラティックな要因の存在に行き着く。それは業績的要因に対する帰属的要因であり、先に示した性・人種・学歴などを契機とする身分集団として措定される。これらの特定身分集団による優先的なメリットクラシーが展開される限りにおいて、全体的教育達成水準は向上しながらも階層化の内実は元のままに留まる。アフリカ社会での極端な例によれば、近代的教育制度を導入した結果、逆に社会移動率が低下したという[16]。つまり身分集団がどのような権力構造に組み込まれているかによって、メリットクラシーの実体化が多様にコントロールされるのである。しかしコリンズの階層化理論は、マルクス主義あるいはネオ・マルクス主義のそれとは異なる。なぜならマルクス系理論では階級関係は明確であり、たとえ形式的にせよメリットクラシーの入り込む余地はない。存在するのは、イデオロギー的教化である。一方コリンズにあっては、教育達成に基づく地位向上の機会は原則的に開かれている。少なくとも形式的に開放されていることが、地位・身分を求めての人々の闘争機会を保証する。従ってコリンズによれば、階層化は教育を通じて飽くまでも流動的である。ブルデューやボールズ等とコリンズとが異なるのは、この点である。

　しかし身分集団の存在が開かれた階層化プロセスを結果として阻害させるにしても、その克服への理論的解決策は必ずしも説得ではない。コリンズによれば、身分集団は自分たちを有利にするため教育資格を操作し合法的な社会閉鎖を試みるという。その結果いわゆる資格インフレが助長され、やがて資格制度自体が崩壊するという。従って、かかる事態を阻止し階層化プロセス本来の流動性を確保するために資格制度の廃止を提唱するが、この構想はまだ熟していない。


### (3) 相対的自律性

　相対的自律性（relative autonomy）の概念は、マルクス主義者の間で20世紀以降彫琢されてきた。すなわち教育は単に経済システムを反映するのではな

く、部分的には独自の発展を遂げる余地を持つという考えである。ブルデューが果たしてマルクス主義者か否かは大いに問題のあるところであるが、彼が教育の相対的自律性を積極的に認識していたのは事実である[17]。実際彼は、教育が相対的自律性を有し中立的と見なされるからこそ、階級関係の再生産が首尾よく機能するという[18]。しかしブルデュー理論に対しては、コリンズ、マーフィー等が一定の貢献を認めながらも、その静的で抽象的な特質を批判している。特にマーフィーは、権力が教育の相対的自律性を巧妙に利用する様子を権力発動の3類型を示して分析する[19]。そして権力が教育に向き合う場合、教育システムを維持しながらそのシステム活用による恩恵を引き出すやり方が、権力発動としては最も安価であり効果的だと説く。

　コリンズ自身は、教育の相対的自律性という用語を使用していない。彼は葛藤理論に立つとはいえ、マルクス主義の一元論的な解釈とは無縁である。従ってマルクス主義の中から派生したこの概念を、字義通り生かす意図は彼にはない。しかしコリンズ理論は、結果として相対的自律性が作動している教育システムを巧みに明示したものと解釈できる。もっと直截に言えば、特定身分集団を背景とする雇用者の権力は、教育システムの資格賦与権を操作しつつ自らにふさわしい集団成員の補充を図るのである。資格インフレは、進学需要が増大するから生起するというよりも、雇用する側の資格要件引き上げがもたらしたものであり、進学需要は随伴的に増大したに過ぎない。学校教育がスクリーニング機能を中立的に果たしており、加熱機能と冷却機能を使い分けることで人員配分を効果的に行っているとすれば、これは教育の相対的自律性が社会的に承認されていることと等値である。

　このようにマルクス主義の脈絡を離れながらも、教育システムの自律メカニズムに具体的な検証を加えたのはコリンズが最初と言ってよい。ただ彼が主として念頭においていたのは、地方分権的な教育制度と自由市場経済を原則とした多民族社会、アメリカであり、他の社会では必ずしも事情は同じでない。例えば日本のように中央集権的であって、ある程度の規制された市場経済のもとに単一民族社会であるケースではどうなのか。この点で、コリンズ理論の相対的自律性解釈が更にどのような可能性を秘めているのか、注目したい。

## 4 おわりに

　以上の考察から二つのことを指摘しておこう。まず第一に、コリンズ理論においては身分集団が極めて重要な役割を担っているということである。もちろん彼がウェーバーに連なる一人であるとすれば当然とも言えるが、コリンズが現代的状況の中での様々な身分集団を具体的に提示して見せた功績は大である。近代以降の社会にあっては、機能集団は噴出しても身分集団は表向き影の薄い存在になると思われている。少なくとも機能主義社会学は、そうした扱いをしてきた。メリットクラシー化が進行すればするほど、身分集団は潜在化し見えにくいものになる。しかし性・人種・民族・地域・家系などに基づく身分集団は、アイデンティティ獲得のためのインナー・サークルとして潜在的機能を有し続ける。例えば国際化・情報化は人の交流を促進するが、それは自らのアイデンティティの特定化・自覚化を逆に迫ることでもある。アイデンティティの模索が建設的な方向に作用するとしても、事はそう単純ではない。なぜなら人間はその理念に向けて互いに競い合う性向を持つからである。コリンズの青春時代は、母国アメリカ社会での人種対立・公民権運動・ベトナム反戦闘争などと重なっている。彼の理論が現実社会を冷静に反映し、その戦略的アプローチの中心に身分集団が据えられたのも理由のないことではない。

　もう一つは、近代的産物である企業が教育システムを利用するメカニズムを、彼が明らかにした点である。彼の教育社会学理論の最も中心にある問題は、恐らくそのことに係わるものであろう。先の繰り返しになるが、このメカニズムは単なる支配や統制とは異なる。むしろ共存共栄という雰囲気さえある。にもかかわらず企業は雇用要件としての教育資格を設定することで、教育システムを優位に利用できる立場にある。この構図が資格インフレとしてエスカレートするとき、教育システムの中身は確実に形骸化してゆく。このことを初めて示したのは、冒頭述べたようにコリンズである。確かにコリンズへの批判の中には、彼が教育システムの中身に深く迫っていないとする見解もある。ただコリンズ的観点から言えば、教育システムはすでに中身の問題を越えて動きつつある。このことに我々は気付くべきであろう。しかし

今日の教育社会学理論は総じてここで言う中身の問題を追う傾向にあり、いわばミクロ志向の研究が隆盛化している。もしそれが現状とすれば、そうしたアプローチが見失いやすい観点こそ、コリンズが大切にしたいと考えていたものであろう。

（注）
1　45点は書評・小論の類を除き、著書および主要雑誌に掲載された論文を摘出したものである。ただし一部入手できなかったものは割愛した。領域区分は、彼の関心を尊重して設定した。
2　1981年出版の論文集の中には、教育社会学に関するものが4論文収録されているが、そのうち初出年が明らかな3点はいずれも1970年代の作品である。なおこれらの4点は、いずれも書評・小論の類であるため表7には含めなかった。
R.Collins, *Sociology Since Midcentury*, Academic Press, 1981.
3　R.Collins, *The Credential Society: An Historical Sociology of Education and Stratification*, Academic Press, 1979.
4　R.Collins, *Conflict Sociology: Toward an Explanatory Science*, Academic Press, 1975.
5　R.Collins, Market Closure and the Conflict Theory of the Professions, in M.Burrage and R.Torstendahl eds., *Professions in Theory and History*, Sage, pp.24-43, 1990.
R.Collins, Changing Conceptions in the Sociology of the Professions, in R.Torstendahl and M.Burrage eds., The Formation of Professions, Sage, 1990, pp.11-23.
6　コリンズ、「教育における機能理論と葛藤理論」（潮木守一訳）『教育と社会変動（上）』（カラベル・ハルゼー編、潮木・天野・藤田編訳）、東京大学出版会、1980、112頁。
7　R.Collins, *Conflict Sociology*, p.82.
8　3つの伝統は、①葛藤の伝統、②デュルケム的伝統、③ミクロ相互作用的伝統、である。
R.Collins, *Three Sociological Traditions,* Oxford University Press, 1985.
9　R.Collins, Crises and Declines in Educational Systems: Seven Historical Cases, mimeographed, University of Virginia, 1979.
10　R.Collins, Conflict Theory and the Advance of Macro-Historical Sociology, in G. Ritzer ed., *Frontiers of Social Theory*, Columbia University Press, 1990, p.72.
11　C.J.Hurn, Schooling as a Cultural Currency, *Contemporary Sociology,* Vol.9-4, 1980, pp.501-505.
12　P.W.Kingston, Sociology of Education, in E.F.Borgatta and M.L.Borgatta eds., *Encyclopedia of Sociology,* Macmillan Publishing Company, 1992, pp.2023-2024.
13　R.Murphy, *Social Closure,* Clarendon Press, 1988, pp.138-150.
14　R.Collins, Some Comparative Principles of Educational Stratification, *Harvard Educational Review,* Vol.47-1, 1977, p.3.
　　ネオ・ウェーベリアンとして他には、M.S.Archer, R.King, R.Murphy, W.Clement,

D.Swartzらが挙げられよう。
15 S.N.Eisenstadt, Current Theoretical Developments, Research, and Controversies in Sociology, in K.W.Deutsch, A.S.Markovits, J.Platt eds., *Advances in the Social Sciences 1900-1980*, University Press of America, 1986, p.39.
16 J.L.Kelley, and M.L.Perlman, Social Mobility in Toro: Some Preliminary Results from Western Uganda, *Economic Development and Cultural Change*, Vol.19, pp.204-221.
17 The Friday Morning Group, Conclusion: Critique, in R.Harker, C.Mahar, C.Wilkes eds., *An Introduction to the Work of Pierre Bourdieu*, Macmillan, 1990, p.214.
18 ブルデュー、パスロン、『再生産』(宮島喬訳)、藤原書店、1991年、217-218頁。
19 R.Murphy, Power and Autonomy in the Sociology of Education, *Theory and Society*, Vol.11, 1982, pp.179-203.

# 第12章　科学社会学の日本的導入と展開

## 1　はじめに

　本章では、日本における科学社会学の状況を主として1970年代までの草創期を中心に考察する。われわれは当時の科学社会学的考察を行なった論文の多くに、いわば常套文句と化したパッセージをしばしば見出す。そこには科学社会学の学問的未成熟に対する反省と一本立ちへの焦燥が、否応なく突出している。有り体にいえば、パラダイムいまだ定かならざる状況の中でともかくも生成への胎動を経験していたのが、草創期・日本科学社会学であったといえよう。

　このような事態を特殊日本的状況として把握するか、それとも学問発達における単なるテンポラルな一状況として理解するかは別として、まず事態解明への予備的な作業がなされねばならない。その手がかりとなるのは、当時見られた夥しい科学論である。そこに登場するのは、分野でいうところの科学哲学、科学史、科学社会学、科学思想史などであり、論調でいうところの反科学論、対抗文化論、批判的科学論その他である。これらの科学論が、系譜や論調を異にしながらも、科学と社会との相互作用をそれなりに解明してみせるとき、確かにそれは何ほどにか科学社会学の体をなすといえよう。逆にいえば、科学社会学にまつわるイメージは、その程度の明瞭さに留まっていたのかも知れない。

　かかる学問的混迷の中で、とりわけ着目しておきたいのが、科学史と科学社会学との関係である。というのは日本の科学社会学を語るとき、科学史からの影響を避けては通れないと思うからである。誤解のないようにつけ加えれば、その際の影響というのは、よくも悪くもという意味において両義的で

ある。このことの詳しい検討は次節以降に譲るとして、ここで必要なことは、グローバルな学問史における両者の生成事情もさることながら、科学史と科学社会学との方法論的特質にみられる相違を確認することである。ビーバー (D. Beaver) はそれを三つの視点から区別してみせる[1]。三つの視点とは、①時間への態度 (orientation to time)、②自己像 (selfimage)、③分析の基礎単位 (basic units of analysis) である。簡潔にいえば、①は研究の素材を過去に求めるか現在に求めるかであり、②は帰属イメージとして人文科学か社会科学かであり、③は分析単位が個人か集団かである。もちろんこれらはあくまで極度に抽象化された基準であって、現実には程度問題ともいえる。にもかかわらずここで指摘しておきたいのは、科学史と科学社会学とは決して混同されてはならない、ということである。「科学社会学なき科学史は近視眼的 (myopic) であり、科学史なき科学社会学は皮相的 (superficial) である」[2]。この言葉は、両者の相違を意識してこそ意味がある。

## 2　科学社会学の出自

　なぜ科学社会学の出自などと、いささか構えた風情で論じられねばならないか。それは、日本科学社会学の今に至るまでの雑種的 (hybrid) 性格のゆえに、である。確かにその出自としては、まず母胎学問 (parent discipline) たる社会学が考えられるし、さらにここでの基調からすれば科学史も無視できない。興味深いのはその両者の交配がきわめて日本的風土のうちになされつつある、ということである。そのことを、ここではややヒストリオグラフィー風に眺めてみたい。
　まずとり上げたいのは、科学史をめぐる動きである。ある時期まで、狭義の科学社会学か否かは別として、科学と社会との関係を精力的に論じている人の多くは、科学史に自己同一 (identify) を行なっていた。ところで中山茂によれば、日本の科学史は一方でディレッタンティズムの場であり、他方でマルクス主義の培養土であったという経緯をもつ[3]。それは、確かに草創期特有の事情[4]によるのかもしれない。しかしそれと同時に、そのような経緯の存在自体は、すぐれて日本的でもある。

事実、ディレッタンティズムはともかく、戦後一時期の日本科学史を指導したのは、実践的な唯物史観科学史であった。そしてそのための運動機関としては、いわゆる「民科」（民主主義科学者協会）の存在が無視できない。「民科」そのものはほどなくして解体してしまった[5]が、日本科学史にとってそのもつ意味は大きい。確かに、「発足当時には、その活動の中心をなしたのは一群のイデオロギストで」[6]あったにせよ、「『科学者の社会的責任』という発想を日本の科学者運動のなかで提起し、定着させてきた」[7]のは、認められてよい。

しかしその後の歴史的推移の中で、「民科」的発想は次第に大勢として「即自的」位置に押しとどめられることになる。そしてさまざまなベクトルを含むとはいえ、新たに「対自的」発想が登場してくる。その急先鋒は広重徹であり、やや別なアングルからの接近として、中山茂、伊東俊太郎、村上陽一郎らの動きがある。広重にとって、「民科」的科学観つまり科学のもつポテンシャリティを徹底して評価する立場は虚偽でしかない。現代科学は、好むと好まざるとにかかわらず、社会体制のうちに巻き込まれる宿命の下にあり、その意味では極めて世俗的な実体である。したがって、「非世俗的な学問の権威を信ずることは、一つの幻想であり、さらに、真実の事態をおおいかくすイデオロギーとして機能する」[8]ということになる。翻って、では広重の論はイデオロギーか否かという問題もあるが、そのことは本章の直接の課題ではない。ここでは、このテーマにかかわる日本科学史内部の一端が、高度なイデオロギー論をめぐって展開されていたことの確認にとどめる。

一方、中山、伊東、村上らの精力的な活動はどう位置づけされようか。結論からいえば、彼らこそ日本科学社会学の一方の出自たる位置にある[9]。彼らに共通する視点は、比較文化的観点から科学を眺める、ということに尽きよう。イデオロギー論が特定な理論的立場から展開されがちであるということと比較すると、中山らのアプローチは、相対的な視座で迫ることを特徴とする。具体的には、科学社会学的視点を既存の科学史に導入するべく訴え[10]、自ら実践するという行動となって現われている。しかし誤解のないように付け加えれば、このような動きは彼らが科学社会学者になることを意味しない。それはあくまでも科学史内部の事情であって、とかくinternal history of scienceに終始しがちであったアカデミズムに、external history of scienceの血を注入しようとする動き、として解すべきである。では科学史に籍をおく彼らの動きを、なぜここで評価するか。それは彼らの科学史的見地に立った意図とは独立に、彼らの活動がいやが上にも科学社会学の魅力をアピールすることになったからである。特に翻訳活動などを通じての彼らの貢献は、多とせねばならない。

　さて冒頭で述べた科学史からの両義的な影響に、ここで立ち戻らねばならない。日本科学社会学に引きつけてみた場合の両義的という意味合いには、否定的影響と積極的影響との二つが込められている。というより、このことについてはすでに述べてきた中で説明済みである。つまり否定的影響の面においては、なるほど科学および科学者の対社会的関係に分析のメスを投じたのは、日本科学史の見識ではあった。しかし日本科学史の学問史が科学的啓蒙主義の是非をめぐるイデオロギー論争の性格を帯びたことは、無用な誤解を招いた。端的にいえば科学史内部のそうした事情のために、科学社会学の母胎学問たる社会学の内部において、科学と社会との関連を考察することに対する一種のためらいが生じたのではなかろうか。否むしろ、次節とも関連するが、もともと存在していたためらいが一時期補強されたともいえよう。

　これに対して積極的影響とは、科学史学者による科学社会学への着目、理解、紹介そして手法の活用という諸側面に垣間みることができる。欧米の例でいえば、こうした役割は社会学者に帰せられるはずのものである。その意味で、いかに日本的とはいえ、この面での科学史が果たす役割は評価して余りある。以上は、日本科学社会学の一方の出自を日本科学史と見据えた上での考察である。

　次にもう一方の出自に触れねばならない。もちろんそれは、社会学からの系譜である。しかし、ここにも特殊日本的事情が介在する。つまり日本社会学において、科学社会学の祖R.K.マートンの理論社会学的側面は注目されたが、科学社会学者としての扱いはまさにディレッタンティズムの域を長く抜け出なかった。このような状況の中でいわゆる科学社会学的アプローチに先鞭をつけたのは、社会学としては傍流に属する教育社会学であった。教育社会学者である新堀通也の『学閥』(アルプス社、1964)は、日本科学社会学にお

ける嚆矢である[11]。その彼は1973年の時点においても、科学社会学の不在を次のように指摘している。「われわれの見るところによれば、この『科学の社会学』は大学に関心をもつわが国の教育社会学者にも、また社会学者一般にも、ほとんど関心をもたれていない」[12]。まさに、日本科学社会学はやっと胎動期を迎えつつあったといえようか[13]。

このようにみてくるとき、日本科学社会学の現段階はどう位置づけできようか。敢えて比喩的に表現すれば、それは、それぞれ嫡流でない二つの出自のもとに生を受け、自らのアイデンティティを模索する青年期の状況、といえよう。

## 3 科学社会学をめぐる日本的特質

日本において、科学社会学が必ずしも隆盛のきざしを見せないのは、いかなる原因によるものか。ここでは、いわば「科学社会学の社会学」的な考察を試みてみたい。

その手掛かりを、柴谷の発言に求めよう。彼は言う。「日本では、科学者の人間としての生きざま、その文明的な根源と、科学者としての実践とがはなればなれとなって、たてまえと本音の分離がある[14]」。表現は感覚的であるが、社会学的には含蓄がある。特に日本の科学が欧米からの移植の上に成立してきた歴史を思うとき、それは日本人科学者の本質を言いえて妙である[15]。

柴谷の指摘は、さらに村上においては「和魂X才」という概念に集約される。つまり、中国や西欧の皮相的果実を手際よく取り込み、其の実、自らはその基層文化をほとんど変えないという一貫したパターンである[16]。いいかえれば、たてまえ（＝X）と本音（＝魂）を使いわける一方で、その「使いわけ」をするという精神そのものは一向に変化をしていないというわけである[17]。

ところでこうした特質は、もとより日本人一般の行動様式とも考えられるが、とりわけ科学的あるいは合理的思考に接する機会の多い科学者こそ、かかる「使いわけ」を鋭く体現するのではなかろうか。もちろんこの現われ方

は、カムフラージュされて見えにくいのが常ではあるが——。とすればそこにわれわれは、欧米のアカデミック共同体とはどこか異質なもの、つまり日本的なアカデミック共同体の姿を構想できよう。

　日本における科学社会学の状況を説明する一つのポイントは、まさに今述べた辺りに潜んでいると思われる。もう少しストレートに解明してみよう。先ず第一に、たてまえと本音の使いわけ世界に住まう科学者にとって、欧米の論議はいささかたてまえ的に映じるし、したがって自らのナマの科学者的感覚とは異質である。第二に、よしんばたてまえと本音を射程に入れた論議に接したとしても、日本の知的風土にはそもそも本音の部分としてそのような論議を歓迎しない傾向がある。つまり本音として体感すればするほど、それにかかわる論議は既に自明の理として対処されてしまうのである。かかる特殊日本的体質の存在ゆえに、たとえばグールドナー（A.W. Gouldner）らの価値自由論批判が、日本ではセンセーショナルな紹介のされ方にもかかわらず、さしてアカデミックな取り扱いを受けなかったわけである[18]。俗ないい方だが、その種の論議に対しては既に免疫があったとでもいえようか。

　もし科学社会学が科学的営為の社会学的考察を本領とするならば、今述べたような風土はこの学問の発達に対して、逆機能の作用をなしてきたといえよう。少なくとも今までは、そうであったといってよかろう。しかし見方を変えれば、そうした事情の存在こそが、本来ほかならぬ科学社会学の考察対象となるべきものでもある。そのように考えるとき、ここで特殊日本的体質と呼んでいるものこそ、日本科学社会学の発達にとっての潜在的順機能の役割を秘めているものといわねばならない。もとより、この機能をさらに顕在化させるのは容易ではない。またそれへの動きが、欧米諸理論の導入と応用とに一概に抵触するわけでもない。にもかかわらず、敢えて次のことをいわねばならない。グールドナーのひそみにならえば、科学者は科学者である前にまず人間である。そして科学者の背後仮説（background assumption）は、彼の生活体験にこそ根ざしている。この素朴な思想を率直に認めるところから、日本科学社会学の新たな一ページが開かれよう。もっと直截にいえば、泰西の科学者観に引きずられた論議だけでなく日本的感覚に忠実な論議がもっと求められてよいと思われる[19]。

## 4 科学社会学の成果

以上のような事情によって、狭義の科学社会学関係文献は必ずしも多くはない。もっとも、定義の仕方によってはいく分事情も異なってこようが、ここではかなり狭い意味に解した。成果の体裁としては、論文、著書、編書、翻訳書に分けられるであろう。

先ずすでに述べたように、この分野のパイオニアは新堀である。彼は高等教育への関心から学閥問題を手がけ、そのための基礎理論をいくつか[20]著したのをはじめ、日本の大学内部に見られる学閥的な現象を教授人事の面から扱い[21]、また世界約40ヵ国の正教授にアンケートを試み、その社会的属性についての国際比較を行なう[22]など、精力的な活動を行った。それまで顧みられることのなかった大学教授職研究は、新堀らの研究を契機にいろいろな角度からなされ始めた。外国人の目で眺めたものとしては、カミングスのもの[23]があり、中野は外国の事例を参考にしつつ、現代日本の大学教授陣の政治的志向を政党支持傾向という指標を手掛りにして検討し[24]、さらに、「知識」と「政治」という角度からプロフェッションをとらえる視座を提供している[25]。また田中は日本の社会学関係教授市場の実態を明らかにし[26]、有本はアメリカ大学教授市場における成層（stratification）や階層構造に着目して、そこにみられる開放性志向が学問生産性と密接な関連をもつことを示唆している[27]。一方で山野井は、学者のさまざまな社会移動が、大学制度と学問生産性とを結ぶ結節的機能を果たすとし、その実態を定量的に示している[28]。同じ社会移動ながら、国家間移動つまり頭脳流出（brain drain）に注目したのは新富である[29]。人的な流れを追ったこれらの研究とは別に、学者の生産性を実証的に調査する試みもなされた。新堀はテキストでの文献引用回数を調べる、いわゆるcitation analysisによって、生産性研究の道を拓いた[30]。また彼は学界の人口動態、科学の生産性の二つを軸にして、日本の学界を科学社会学的手法で斬ってみせ、それは科学社会学への恰好の手引きとなっている[31]。さらに必ずしも一般向きではないが、科学社会学の現状についての理論的考察と、その成果に基づく具体的な実証研究とで構成した成果[32]もある。これらと同じ系列に属するものとして、大学教師を学問生産性、社会移動、

国際比較の観点から実証的に分析し、あわせて科学社会学の現況も紹介している一書も見逃せない[33]。この外にT.S.クーンのパラダイム論を教育学というディシプリンで実証しようとした試み[34]や、研究者養成機関としての大学院をとりあげ、統計資料に基づいて新制大学院の変動を追跡し、オーバードクター問題など慢性的な悪循環の実態を指摘したもの[35]、その他[36]がある。また科学社会学のオハコともいえる引用分析の例としては、国際的に流通している学術雑誌やレビュー等に日本の研究者が発表している実態を、Current Bibliographic Directory of the Arts & Sciencesを用いて調査したもの[37]や、上田・中山の分析[38]がある。ユニークな発想としては、科学研究をライフサイクルという視点から計量的に究明しようとしたもの[39]がある。やや科学社会学という範疇からはズレるが、明治期の帝国大学教授団の形成過程を歴史的に実証してみせた例[40]も重要である。

　以上はいわゆる実証的研究の主要な成果であるが、さらに特異な位置を占めるものとして、広重[41]と中山[42]の試みをあげることができる。前者は、科学の体制化論の立場から社会史的叙述を行なったものである。また後者は、「クーンのパラダイム論を社会学的な方向へ拡張解釈して」[43]みせた比較科学史の実例である。両者とも科学史家の手になるものではあるが、これらを科学社会学関係文献とみなす評価もある[44]。その意味ではアメリカの研究機関を対象とし、「研究所の研究」という副題をもつ一書[45]も、ここに加えてよかろう。

　次に理論研究での成果をみると、質的にはともかく、量的には寂しい。外国理論の吸収に手いっぱいというよりも、関心の無さあるいはタブー視されてきた状況を如実に反映している。しかし若手研究者の間で静かなブームが起きようとしている気配も看取できないわけではない。たとえば新富はここ数年来一貫してマートン理論をめぐる問題状況に関心を示しており、意欲的な発表を続けている[46]。深沢もマートンに触発されながら、制度としての社会学がかかえているアノミー状況を解剖してみせる[47]。深沢はいわゆる「社会学の社会学」に関心を寄せる一人であるが、片桐もその一人といえよう。彼は研究者の下部構造に着目しながら、その視点を組織理論に統合しようとしている[48]。このほか松本は、とかく科学社会学が科学者集団を外部社会か

ら自律した閉鎖系ととらえがちであり、社会問題として科学を考える視点が欠如していたとし、そのとらえ直しの手がかりを初期マートンに求めている[49]。また、小玉[50]、中山[51]らも理論研究を志向するものとして期待される。機関としてのユニークさでいえば、国立大学中、唯一の高等教育研究機関（当時）である広島大学・大学教育研究センターは、1981年までに大学論集（10点、104論文）、大学研究ノート（54点）を定期的に刊行しており、科学社会学の目からみてもその成果は大である[52]。なお必ずしも科学社会学的成果とはいえないものではあるが、大学院に関する調査[53]や研究補助者の実態調査[54]、それに学術研究活動報告[55]なども無視できない。

翻訳については、末尾の注に示すとおり[56]、散発的に刊行されているに過ぎない。しかも狭義の科学社会学文献となると、さらにきわめてわずかといってよい。もっとも翻訳活動には、出版事業としての採算性、「労多くして効少なし」という俗説などの事情があり、学問的活動としてだけでは割り切れない問題がある。その辺を考慮するとしても、欧米の科学社会学のテキスト的価値をもつ文献は、あまり翻訳されていない。

ここに示した成果は、もちろん全体の一部であり、重大な漏れがあるかも知れない。にもかかわらず、実際にこの分野を手がけている研究者はごく一握りの人びとという感は否めない。特に理論研究の面でそのことがいえる。

（付記）
以上は1970年代までの草創期をレビューしたものであるが、1980年代以降は日本の科学社会学周辺に新たな潮流の変化が見られたこともあり、若干の補足を行っておこう。

日本の科学社会学は先にもみたように、科学史・科学哲学（HPS = History and Philosophy of Science）と社会学（Sociology）のアマルガム的存在でスタートした事情がある。そこにT. クーンによるパラダイム論からの刺激を受けた科学の知識社会学的発想が流入し、科学知識の社会学（SSK = Sociology of Scientific Knowledge）が加わることになる。そこでは、制度論だけでなく科学知識の中味にまで入り込む社会学が意図されるが、さしたる成果が生み出されるまでもなく、やがて時代の変化は科学技術と社会との関係を強く意識させるもの

となっていった。すなわち公害、地球環境、生命倫理、先端医療、原子力利用、IT革命等の諸問題が人間社会に突き付ける課題に対して、科学がどのように対応すべきかが新たに問われるようになった。そこから生まれたのが、科学技術社会論（STS＝Science Technology and Society）である。もちろん欧米で先行した動きであるが、日本においては1990年代に入って学問としても認知されるようになった。

このように科学をめぐるトラッドなアプローチから一転して、現実社会を通底し分野横断的な科学技術が問われるアプローチがメイントレンドとなるにつれ、既成の学会の中から新たな研究者集団が立ち上がってきた。先ず1988年、科学・技術と社会の会（JASTS）という任意団体が立ち上がる[57]。その後1990年、STS Network Japan が緩やかな学術連絡団体として発足する。さらに2001年、STSを本格的に学会組織として設立する機運が生じ、科学技術社会論学会（JSSTS）がスタートした。ここに文字通り、科学・技術と社会の接点を多様な視点から検討する学問研究の場が生まれた。

これらの動向の一方で、1988年発足のJASTSを直接の前身とする科学社会学会（SSS）が、やや遅れて2012年に創設された。この科学社会学会においても科学技術と社会の関係究明が想定されており、一足先に学会となった科学技術社会論学会との違いが気になるところであるが、狭い意味での科学社会学、それに加えて科学史や科学哲学の扱いをめぐるスタンスの差を指摘する向きもある。もちろん活動趣旨が同じであれば二つの学会が存在するはずもないわけで、何がしかのカラーの違いは認めざるを得ないであろう。ともあれ、付記では1980年代以降における広義の科学社会学周辺の動向をふまえて、それらから生まれた文献の幾つかを列挙するにとどめておく[58]。

（注）
1 　D.Beaver, "Possible Relationships Between the History and Sociology of Science", in J. Gaston（ed.）, *The Sociology of Science, Jossey-Bass,* 1978, p.144ff.
2 　*Ibid.* p.140.
3 　中山茂、「科学史学の系譜と動向」『思想』、1963年11月号、岩波書店、73頁。
4 　日本科学史学会は1941年に発足。
5 　「民科」の成立は1946年1月であり、その後1956年をもって全国組織としての活動

を停止するに至る。
6 村上陽一郎、『日本近代科学の歩み』、三省堂、1978、178頁。
7 藤井陽一郎、「戦後科学者運動史の評価をめぐって」日本科学者会議編『講座現代人の科学12 現代科学の展望』、大月書店、1976、181頁。
8 広重徹、『科学の社会史』、中央公論社、1973、271頁。
9 広重が全くそうでないという意味ではない。ただ、以下で述べるように、科学社会学を意識した活動という意味あいにおいて、このような記述をした。
10 たとえば、中山茂「科学史の系譜と動向」、前掲書、72頁以降。
中山茂、『転換期の科学観』、日本経済新聞社、1980、10頁。
伊東俊太郎、「科学史の新しい課題」『読売新聞』、1973年5月11日号。
広重・伊東・村上、『思想史のなかの科学』、木鐸社、1975、261-263頁。
11 これより先、新堀は「ネポティズム社会学の構想」『皇至道博士還暦記念論文集』学研書籍、1962、を論文として発表。
12 新堀通也、「アカデミック・プロダクティビティの研究」『大学論集』第1集、広島大学・大学教育研究センター、1973、11頁。
13 個々の学問的成果は積み重ねられてはいる（第3節参照）。しかし、量的にも質的にもまだ"離陸期"に達しているとはとてもいえまい。マリンズの学問発達4段階に当てはめれば、その第1段階（normal stage）に位置していると思われる。N.C.Mullins and C.J.Mullins, *Theories and Theory Groups in Contemporary American Sociology*, Harper and Row, 1973, p.17ff.
14 柴谷篤弘、「視角」『読売新聞』、1976年5月17日号。
15 当然のことだが、このことは、外国人の目にはさらにビビッドに映じる。松本三之介、『近代日本の知的状況』、中央公論社、1974、207頁参照。
16 村上陽一郎、『日本人と近代科学』、新曜社、1979、215頁以下。
17 同様な指摘として、小室直樹「『社会科学』革新の方向」加藤・久野（編）『戦後日本思想大系10 学問の思想』、筑摩書房、1971、142頁。
18 筒井清忠、「『社会科学における客観性』の現段階」『思想』1977年11月号、岩波書店、38頁参照。
19 ただ個々の実証研究の実績をみれば、この見解はやや的はずれかも知れない。ここでは、実証と理論とを統合した上での議論として考えている。この点については、比較文化論的立場からする村上の科学社会学観が参考となる。村上陽一郎、『科学のダイナミックス』、サイエンス社、1980、85-96頁。
20 新堀通也「ネポティズム社会学の構想」前掲書所収、参照。
M.Shimbori, "Comparative Study of Career Patterns of College Professors", *International Reveiw of Education*, Dec., 1964.
新堀通也、『学閥』、アルプス社、1964。
新堀通也編、『学閥』、福村出版、1969。
21 新堀通也、『日本の大学教授市場』、東洋館、1965。
22 新堀通也・有本章、「大学教授の経歴型の国際比較」『社会学評論』75巻、有斐閣、1969。
23 W.K.カミングス、岩内亮一・友田泰正訳『日本の大学教授』、至誠堂、1972。

24 中野秀一郎、「大学教授における政治的志向について」『関西学院大社会学部紀要』、1974。
25 中野秀一郎、『プロフェッションの社会学』、木鐸社、1981。
26 田中義章、「大学教授市場の一分析」『ソシオロジ』67巻、社会学研究会、1976。
27 有本章、「米国大学教授市場の特質」『大学論集』第6集、広島大学・大学教育研究センター、1978。
　　有本章、『大学人の社会学』学文社、1981。
28 山野井敦徳、「日本の大学教授に関する社会学的研究」『教育社会学研究』東洋館出版社、第35集、1980。
29 新富康央、「頭脳流出」『教育社会学研究』第29集、東洋館出版社。1974。
30 新堀通也、「アカデミック・プロダクティビティの研究」、前掲書所収。
31 新堀通也、『日本の学界』、日本経済新聞社、1978。
32 新堀通也編、「科学社会学の研究」『大学研究ノート』第49号、広島大学・大学教育研究センター、1981。
33 新堀通也編、『学者の世界』、福村出版、1981。
34 新富康央、「教育学の学問構造の一分析」『教育社会学研究』第33集、東洋館出版社、1978。
35 友田泰正、「統計から見た日本の大学院」『大学論集』第2集、広島大学・大学教育研究センター、1974。
36 宮原将平・川村亮編、『現代の大学院』、早稲田大学出版部、1980。
37 沢井清、「論文発表者数からみた日本の科学者と世界の科学者について」『宮城学院女子大学研究論文集』54、1981。
38 上田修一・中山和彦、「国際的学術雑誌と研究者の投稿傾向 Science Citation Index, 1976年ファイルの調査を基にして」、*Library and Information Science,* No.16, 1978, pp.67-78.
39 林雄二郎・山田圭一編、『科学のライフサイクル』、中央公論社、1975。
40 天野郁夫、「日本のアカデミック・プロフェッション」『大学研究ノート』第30号、広島大学・大学教育研究センター、1977。
41 広重徹、『科学の社会史』、中央公論社、1973。
42 中山茂、『歴史としての学問』、中央公論社、1974。
43 中山茂、「パラダイムの運命」『現代思想』3巻2号、青土社、1975、119頁。
44 成定薫の記述、『科学史研究』Ⅱ―14、岩波書店、1975、138頁参照。
45 市川泰治郎、『科学研究体制』、鹿島研究所出版会、1966。
46 新富康央、「R.K.マートンの科学の社会学（Ⅳ）」『佐賀大学教育学部研究論文集』第27集Ⅱ、1979など。
47 深沢健次、「制度としての社会学についての序論的考察」『ソシオロジ』73巻、社会学研究会、1978。
48 片桐雅隆、「研究者の下部構造と組織理論」『社会学評論』103巻、有斐閣、1976。
49 松本三和夫、「科学者集団と制度化の問題」『社会学評論』121巻、有斐閣、1980。
50 小玉敏彦、「科学社会学の形成と展開」『社会学評論』120巻、有斐閣、1980。
51 中山伸樹、「科学の社会学の基層」『社会学研究』37号、東北社会学研究会、1979。

52 「成果あげる高等教育研究機関」日本経済新聞（朝刊）、1982年11月29日号参照。
53 日本学術会議、『大学院に関する調査報告書』1961。
54 日本学術会議、『大学助手・研究補助者の実態調査』1965。
55 文部省、『我が国における学術研究活動の状況』1980。
56 R.K.マートン、森東吾ほか訳『社会理論と社会構造』、みすず書房、1961。
　　M.ゴールドスミス、A.マカイ編、是永純弘訳『科学の科学』、法政大学出版局、1969。
　　J.ベン‐デービッド、新堀通也編訳『科学と教育』、福村出版、1969。
　　L.A.コーザー、高橋徹監訳『知識人と社会』、培風館、1970。
　　D.プライス、島尾永康訳『リトルサイエンス・ビッグサイエンス』、創元社、1970。
　　D.C.ペルツ、F.M.アンドリュース、長町三生ほか訳『組織における科学者』、ダイヤモンド社、1971。
　　T.S.クーン、中山茂訳『科学革命の構造』、みすず書房、1971。
　　J.ベン‐デービッド、潮木守一、天野郁夫訳『科学の社会学』、至誠堂、1974。
　　J.ラベッツ、中山茂ほか訳『批判的科学』、秀潤社、1977。
　　D.クレイン、津田良成監訳『見えざる大学』、敬文堂、1979。
　　H.ズッカーマン、金子務監訳『科学エリート』、玉川大学出版部、1980。
　　E.C.ラッド、S.M.リプセット、中野・柏岡・木下訳『ひび割れた大学』、東京創元社、1980。
　　H.ローズ、S.ローズ、里深文彦ほか訳『ラディカル・サイエンス』、社会思想社、1980。
57 JASTSの機関紙『年報/科学・技術・社会』の創刊号（1992）の中で、田中浩朗は日本の科学社会学の現状を次のように評している。「……今までの『科学社会学』の発展において日本人の研究者の貢献は見られない。外国の『科学社会学』の論文において、日本人の研究が引用・参照されることはまずなかった」（66頁）。厳しい指摘ではあるが、日本では後発の学問ということもあり、1990年代当初としても未だ草創期を脱したとは言えない状況であったと見るべきか。
58 有本章、『マートン科学社会学の研究』、福村出版、1987。
　　金森修、『サイエンス・ウォーズ』、東京大学出版会、2000。
　　金森修・中島秀人（編）、『科学論の現在』、勁草書房、2002。
　　川村康文（編）、『STS教育読本』、かもがわ出版、2003。
　　倉重史、『科学社会学』、晃洋書房、1983。
　　小林傳司、『公共のための科学技術』、玉川大学出版部、2002。
　　小林傳司、『誰が科学技術について考えるのか』、名古屋大学出版会、2004。
　　小林傳司、『トランス・サイエンスの時代』、NTT出版、2007。
　　田中浩朗、「科学者の社会学と科学知識の社会学」『年報/科学・技術・社会』（VOL.1）、弘学出版、1992。
　　中島秀人、『社会の中の科学』、放送大学教育振興会、2008。
　　成定薫、「科学社会学の成立と展開」『科学論（岩波講座・現代思想・第10巻）』岩波書店、1994。
　　成定薫（編）、『制度としての科学』木鐸社、2000。
　　藤垣裕子、『専門知と公共性』、東京大学出版会、2003。

藤垣裕子、『科学技術社会論の技法』、東京大学出版会、2005。
松本三和夫、『科学技術社会学の理論』、木鐸社、1998。
松本三和夫、『テクノ・サイエンスリスクと社会学』、東京大学出版会、2009。
吉岡斉、『科学社会学の構想』、リブロポート、1986。

## コラム7　教育科学論争

### 1　前史

　第2次大戦前における我が国の教育学は、教育の目的や方法を観念的・思弁的に扱うことをもって学問的伝統としてきた。これに対しいわば在野の民間教育運動の形で、しかも反権力の立場から展開されたのが教育科学研究会を中心とする教育科学運動である。しかし戦争の本格化とともに、この動きは次第に消え去った。

　戦後、民主的かつ自由な息吹を取り入れた教育界においては、もはやそれまでの伝統的教育学に満足することなく、科学としての教育学を求める気運が急速に高まってきた。さらにこの動向はいわゆる政治的逆コースへの対応ともかかわって、様々な立場から様々な教育科学観が唱えられ、批判・反批判の応酬という一種異様な展開を見せたのである。

　論争の当事者となったグループの一つに、教育史研究会（教史研）がある。海後勝雄を中心とする教史研は、世界教育史のマルクス主義的書き替えをめざして昭和26年に結成された。実は一連の教育科学論争は、最初この教史研のメンバー内部での論争として始まった。きっかけは、海後の論文「資本主義社会の発展と教育上の諸法則」（昭和29）であった。彼はこの論文の中で、史的唯物論でいう上部構造と下部構造が教育とどう関係するかに触れ、教育は上部・下部のいずれの構造においても位置を占めるものとした。この位置付けをめぐっては、教史研メンバーの桑原作次らと部外者である矢川徳光が機関誌『教育史研究』第2号（昭和29）で批判を行った。そして教育はあくまでもマルクス主義の教説にしたがって、上部構造に属するものであるとして、海後説に異を唱えた。このように、教育科学論争はそもそも史的唯物論と教育をめぐる教育構造論として開始された。

　一方、その後の教育科学論争をリードしたグループの一つが、教育科学研究会全国連絡協議会（教科研）である。このグループは戦前の教育科学研究会の流れを汲み、反権力の立場から現実を踏まえた教育科学の確立を模索し、宗像誠也、勝田守一、宮原誠一らを中心として昭和27年に結成された。教科研の特徴は、教育を総合的かつ科学的にとらえ、しかも教育改革と連動させるという点にある。彼らのいう教育科学は

「人間の科学としての教育学」であり、教育実践の理論化・一般化をめざすものである。

そしてさらに教育科学論争に一石を投じたのが、教育社会学のグループ、というより清水義弘その人である。彼は『教育科学の構造』（昭和30）の中で、当時二つの教育科学が存在していると指摘し、その一つは教育学の基礎学としての教育科学、もう一つは進歩的・啓蒙的イデオロギーとしての教育科学であるとした。清水にとって、後者の教育科学が教史研や教科研の教育科学であったことは言うまでもない。

### 2 教史研の理論

先にも述べたように、教史研は基本的にマルクス主義に立脚し、史的唯物論の立場から教育科学を志向するものである。従ってドイツ観念論の線上にある伝統的教育学も、そして没価値的実証主義の教育社会学も、乗り越えられるべき対象としてしか映らない。海後によれば、教育学は教育哲学・教育技術学・教育科学に分けられ、教育科学のみが社会科学としての教育学とみなされる。

ではその教育科学とは何か。それは資本主義社会、とりわけ戦後日本社会における教育の実情を歴史科学的手法によって一般化し法則化することによって、個々の教育事象が巨視的な社会動向とどうかかわるかを明確化することにある。すなわち先ず理論ありき、である。言い替えれば、唯物史観に基づく理論構築が主要な課題となる。この方向は、実証科学としての教育社会学と当然に対立することとなる。特に教育社会学のもつ「党派性の欠如」と「調査技術の現状肯定性」は、教育科学としての欠格事項とされる。もともと教育社会学の存在理由自体が、価値中立的に党派性を避けながら教育研究にあたる点にあるとすれば、教育の党派性が前提の教史研的立場と教育社会学とはとても相いれない。

こうした教史研の教育科学観は、海後による著書『教育科学入門』（昭和30）で体系的に展開されている。この本は、清水のポレミックな著書『教育社会学の構造』（昭和30）とほぼ同時に出版された（厳密には1カ月遅れで）。その意味では、海後が清水のこの書を特に意識した上で『教育科学入門』を著したとは思えない。しかしこれら二つの書は、それぞれ固有の教育科学論を展開する結果となり、教育科学論争の渦中に

あった代表的かつ対照的な書物となっている。

ところで教史研は教科研と、どのような関係にあったのか。両者とも反権力の立場において共通し、教育科学のイデオロギー性を積極的に標榜する点でも同じである。しかし教育がそもそも運命的に背負い込む教育実践の扱いをめぐって、両者は鋭く対立する。すなわち海後にとって教育実践は教育技術学の対象であって、教育科学の対象には含まれない。せいぜい教育科学の成果を検証するフィールドでしかない。この点、教科研では教育実践の集積が一般化されてはじめて教育科学が成立するとみるのであり、方向は逆である。教史研のいう教育科学が「子どものチラつかない教育学」(清水義弘の評)との印象を与えるとすれば、それは実践よりも理論を優先させる体質に由来していよう。

### 3 教科研の理論

教科研は戦前の教育科学研究運動を引き継ぐ経緯からしても、純粋でアカデミックな研究団体とは趣を異にする。実際、昭和27年3月の第1回全国協議会において「教育科学運動綱領案」が採択され、現場の教師を中心に広範な層からの結集を得て、文字通り「運動」の形で教科研は成長していった。この教科研の特異性は、教育実践の重視に象徴されている。例えば勝田守一は、次のように述べている。「法則性の発見という理論的関心に支えられないで、科学的研究は成立しない。しかし、法則性の発見にたいする理論的関心は、同時に、問題の解決という理論的関心なのである。……教育の科学的研究は、人間性への信頼と人間をより人間とする精神に支えられている。したがって、非人間的諸条件と社会的矛盾にみちている現代の少なくとも日本の社会では、とくに、教育の科学的研究は、実践的課題に直接・間接に連なりをもつことによって、その理論的有効性を期待されている (宗像誠也編『教育科学』昭和31、29頁及び36頁)」。教科研の教育科学とは、そういう科学である。

教育科学論争での大きな争点の一つは、教育実践記録の科学性についてである。教科研の見解はどうであろうか。具体的な教育現場での小さな出来事を書き留めることは、ある意味で厳密な科学的営為ではないかもしれない。しかし壮大なグランド・セオリーが抽象論と化し現実遊離してしまう過ちは、もっと重大な非科学性ともいえる。教育が人間の成

長という当為や規範と不即不離である以上、個々の教育実践記録の積み重ねこそ教育科学の本質的な手法とならざるを得ない。しかも教科研の場合、かかる教育科学はこれに対立する政策当局への批判運動に昇華されねばならない。

このように考えるとき、教科研は教史研の教育科学を次のように批判する。すなわち、海後のように教育実践を教育科学の枠外に置いた上で教育科学を構想するのは、教育の固有な研究対象たる教育実践を不在にしたままの教育科学という意味で、そもそも的外れと言わざるを得ない、と。同様に勝田も教科研の視点から、教育のまわりから教育に迫るのではなく、教育そのものの中に社会矛盾をつかみ取らねばならぬ、と述べて教史研との違いを明確化している（勝田守一「教育の理論についての反省」、昭和29）。

更に教育社会学的方法に立脚する教育科学に対しても、痛烈な批判が投げかけられる。すなわち教育を研究対象とする以上、教育科学は価値観を敏感に反映すべきである。にもかかわらず教育社会学は価値中立性を掲げ、物事の本質を問うことなく科学的と称する手法の範囲内で一面的な認識を得るに留まっている。その結果は多分に誤った教育科学を導くことになる、と批判される。かくして教科研から見ると、教史研も教育社会学（清水）もともに「科学と実践の2元論におちいっている」（成田克矢「実践記録の科学性をめぐって」昭和33）と断罪される。

### 4 清水の教史研・教科研批判

清水は教育社会学者である。彼は社会学者デュルケムに従って、事実としての教育を経験科学的立場から考察することをもって、教育科学の真髄とした。ところが昭和30年、彼が『教育社会学の構造』を上梓した頃、教育科学を標榜しつつも「進歩的・啓蒙的イデオロギーとしての疑似教育科学」(清水）としてしか見えない教育科学が隆盛を誇っていた。言うまでもなくそれらは、教史研であり教科研であった。清水が両者に対し果敢に論争を挑んだことで、教育科学論争は一気にピークを迎える。彼による両グループへの批判は、「教育科学の現段階と教育社会学」（昭和32）という論文に集大成されている。ちなみにこの論文のサブタイトルは、《教科研と教史研の教育科学論を検討し教育社会学の現在的課

題に及ぶ》というもので、400字詰原稿約130枚の大論文であった。

　率直に言って清水の批判は教科研よりも教史研に対して、よりウエイトがおかれていた。彼にとっての教史研は、何よりも「唯物論のとりこ」(清水) に見えるのであり、その歴史主義的アプローチは実証主義的アプローチで置き換えられるべきものと思われた。例えば、教史研の教育構造をめぐる上部構造・下部構造論議に対し、清水の見方は冷ややかである。つまり彼にすれば、教育が社会の上部や下部のいずれの構造に属するかは「毒にも薬にもならない話」(清水) であって、まことに「コップの中の無意味な論争」(清水) に過ぎない。問題はむしろ教育構造自体の内部であるにもかかわらず、教史研はそれをブラック・ボックスに押し留めたままである。この点が、清水のみならず教科研の考え方とも大きく異なっている。従って教史研においては教育現場が脇に追いやられ、ひたすら国家権力による教育が史的唯物論から公式主義的に論じられることとなる。これは清水にとっては、実に柔軟さを欠く議論に映じたわけである。

　これに対し、清水の教科研批判はどうであったのか。彼にとって教科研は、イデオロギー過剰の運動体に見えたようである。特にその研究が教育実践や教育運動に傾きがちであることは、現実社会から見た教育への認識を不十分なものにさせると思えた。教育社会学の本領である「社会における教育」の力動的で客観的な把握こそが、教育科学の本来のあり方と清水は考える。彼のこうした姿勢は、教科研の「教育実践記録志向」を鋭く批判する。彼は教育実践記録の「呪術的性格」を指摘し、それが「特定のイデオロギーの具体化の記録であり、運動の記録である」(清水) とさえ表現している。そしてかかる実践記録に内在する欠陥として3つあげている。それらは第1に「不完全性と主観性」、第2に「文芸的記述のパターン」、第3に「英雄主義や過度の一般化」である。いずれも清水や教育社会学が科学的と見なすには、程遠いレベルということになる。

## 5　論争の結末

　清水の問題提起に対し、まず宗像が教科研の側から反論を試みた。彼が論文「教育科学の科学性」(『教育』昭和32年10月号、国土社) の中

で再度強調したことは、教育科学が価値観的立場と不即不離であることの確認であった。続いて教史研の海後が、「教育学方法論についての総括的提案」という一文を発表した（『教育史研究』昭和33年5月号）。これも従来からの自論展開の域を出なかった。

　結局、この教育科学論争はイデオロギーや人間的感情に引き摺られ、議論として十分かみあうことなく、ひたすら自説の開陳に終始したとの観が強い。興味あるのは、教史研にとって教科研と教育社会学のグループは同じように見え、教科研にとっても教史研と教育社会学グループが似たものに思えたらしいということである。そして教育社会学者・清水も、教史研と教科研は「同類に見えた」と、後年の回顧録で述懐している（『なにわざを。われはしつつか。』東信堂、昭和62、46頁）。このことが、この論争の必ずしも生産的でなかったことをシンボリックに物語っている。もちろん批判のやりとりの中で、教育科学論への幾ばくかの理論的貢献があったことは否定できない。多くの人がこの論争に触発され、教育を考える契機としたのも事実であろう。しかし時代のトーンが「政治」から「経済」に移行する昭和30年代半ば、この教育科学論争はさしたる決着のないまま、一応の終結を見ることとなる。

## あとがき

　筆者は団塊の世代である。大学時代は、燎原の火のごとく全国を席巻していた大学紛争の真っ只中であり、ノンポリではあったが否応なくその雰囲気は感じていた。いわゆる「片手に『平凡パンチ』、片手に『朝日ジャーナル』」を、地で行く学生時代であった。教育学を専攻していたのではあるが、卒業論文のタイトルは、「産業社会における社会階層構造」であった。そこでは、ダーレンドルフの紛争理論やマルクスの疎外論などを必死に渉猟した。教育にも関心はあるが、教育を動かす大きな力をもっと知りたいという気持ちだった。今にして思うに、結局この気持ちから離れることはなく、本書も何が教育を駆動しているのかを探る試みとなっている。

　筆者は既に、『現代若者の就業行動』(学文社、2004) と『科学理論の社会学』(学文社、2009) を世に問うているのであるが、必ずしも教育をストレートに扱った書ではない。もちろん筆者の中で、それらは広義の教育論的範疇には入るのであるが、敢えて各論的なテーマを追っかけたものだった。その意味で今回の本書は、宿題であった教育をターゲットとする遅まきながらの仕事、という位置づけである。もとより大それた課題にどこまで迫れたか、不安は多々ある。教育は、もともと理念と現実が交錯する世界である。解は無いのかも知れない。しかしそれを言ってしまえば、身も蓋もない。

　では日本という社会ではどうなのか。筆者が思うに、結局のところ人生は偶然の連続である。静かに時の流れる昔の村落共同体ならともかく、技術革新とグローバル化プラス政治的にも混迷し激動する今の時代、先を読めないキャリアを強要されているのが我々である。にもかかわらず、日本では硬直した学齢主義、学歴主義、学校歴主義が過ぎるのではないか、と思う。キャリアは必要に応じて柔軟に変えられる、そして変えられたキャリアを社会が正当に評価する、そうした寛容さがもっと求められて良い。この点では文部科学省をはじめとする教育政策当局は、ドラスティックな変革にズバリ踏み

込むべきである。小出しの弥縫策では、所詮は時代の流れの後追いでしかない。そして日本の教育を陰で動かす財界・産業界は、採用や採用後の処遇において旧来からの通念を抜本的に見直す必要があろう。雇用する側と雇用される側の力関係には圧倒的な格差がある分、雇用する側の責任は大きいと思う。そして多くの国民にみられる「仕方がない」（ウォルフレン）意識については、政治家等のリーダーの在り方が問われるところであろう。多くの若者が「仕方がない」「まっ、いいか」との意識を持たされるような社会では、教育がうまく為されるはずはないからである。

　本書は、既に発表したものと新たに書き下ろしたものとで構成されている。必要に応じて多少の修正は行っているが、できるだけ原型を留めるようにした。以下は、初出の一覧である。（タイトルは、いずれも原タイトルで記載している。）

　　序章　　書下ろし
　　第1章　「教育研究活動の断章から」『社会理論研究』（社会理論学会）第11号、2010年。
　　第2章　「教育崩壊をめぐる問題」『新版・生活問題の社会学』（矢島正見編）学文社、2001年。
　　第3章　「教育における世代論」『教育社会学研究』（日本教育社会学会）第34集、1979年。
　　第4章　「教育論争にみられる今日的課題について」『広島県立大学論集』第11巻第1号、2007年。
　　コラム1　「書評・現代教育の社会過程分析」『教育社会学研究』（日本教育社会学会）第41集、1986年。
　　コラム2　「書評・日本の教育」『大学論集』（広島大学大学教育研究センター）第21集、1992年。
　　コラム3　「書評・学校統廃合の社会学的研究」『教育社会学研究』（日本教育社会学会）第66集、2000年。
　　第5章　「青年将校運動の本質について」『広島農業短期大学研究報告』第6巻第4号、1981年。
　　第6章　「日本占領が育てた知日家」『知日家の誕生』（新堀通也編）東信堂、1986年。
　　第7章　「新制大学における一般教育の導入とその後の経緯」『広島県立大学論集』第8巻第1号、2004年。
　　第8章　「1960年代高校多様化にみる教育政策の迷走」『社会理論研究』（社会理論学会）第13号、2013年。
　　コラム4　「地方短大の生き残り条件」『IDE・現代の高等教育』313号、1990年。
　　コラム5　「書評・大学の経営戦略」『大学論集』（広島大学大学教育研究センター）第20集、1991年。
　　コラム6　「書評・短大に明日はあるか」『教育社会学研究』（日本教育社会学会）第53集、1993年。

第9章　「批判的科学論」『学者の世界』(新堀通也編)　福村出版、1981年。
第10章　「教育社会学におけるミクロ理論とマクロ理論の動向」『広島農業短期大学研究報告』第8巻第4号、1989年。
第11章　「コリンズ理論の教育社会学的検討」『教育学研究紀要』(中国四国教育学会編)第38巻、1992年。
第12章　「日本における科学社会学の状況」『学問の社会学』(新堀通也編)　有信堂、1984年。
コラム7　「教育科学論争」『教職研修・臨時増刊・戦後教育の論争点』教育開発研究所、1994年。

末筆ながら今回の出版の意図をご理解賜り、また種々貴重なアドバイスもいただき、加えて軽妙なトークで熱い思いを語っていただいた東信堂社長の下田勝司氏には、とりわけ厚く御礼を申し上げたい。

平成27年2月26日　　79年目の2.26事件の日に

河野員博

# 事項索引

## 【数字・欧字】

10月事件　102, 103
1000引く198ショック　48
3月事件　102
3系列の均等履修　141
AO入試　51
CIE　17, 35, 36, 120, 122-124, 126, 127, 135-144, 147
GHQ　17, 35, 99, 120-124, 126-128, 130, 133, 135, 140, 189
GI　124, 125, 129
IFEL　142
STS Network Japan　238

## 【あ】

相沢公判闘争　103, 110
アイデンティティ　47, 56, 144, 186, 209, 213, 220, 226, 233
アイデンティティ拡散　47
アカウンタビリティ　9
アカデミック・ハラスメント　33
アクティング・アウト　115, 116
アクレディテーション　135
新しい学力観　46, 69, 71, 73, 78
アメリカ教育使節団報告書　134

## 【い】

生きる力　46, 48, 74, 78
池田内閣　154, 158
いじめ　i, 19, 37, 71, 73, 76, 80
一般教育　27, 35-37, 99, 100, 116, 130-134, 136, 137, 139-147, 157
一般教育課程　131, 143
一般教養　i, ii, 116, 130, 140, 141, 146, 163
一般教養改革　ii
一般労働市場　ii, 31, 85
イデオロギー　9, 11, 12, 33, 67, 71, 74, 158, 165, 169, 193, 198, 200, 206, 209, 217, 224, 231, 232, 244-248

インセンティブ・ディバイド　79

## 【う】

右翼　102, 106

## 【え】

エスノメソドロジー　196, 207, 208, 210
エリート　5, 13, 36, 52, 53, 107, 130, 144, 152, 171-173, 199

## 【お】

オイルショック　71
横断的労働市場　161, 162
応用社会学　221
オピニオン・リーダー　128

## 【か】

階級　55, 193, 206, 212, 224, 225
外国語科目　131, 141, 143
階層移動　206
階層化理論　194, 218, 220, 223, 224
カウンセラー　208
科学革命　193, 197
『科学革命の構造』　197
科学観　195-198, 201, 231, 243, 244
科学技術社会論　238
科学技術社会論学会　238
科学・技術と社会の会　238
科学共同体　196, 199, 200
科学史　197, 229-232, 236-238
科学思想史　229
科学者　32-34, 155, 157, 196-201, 231-234, 236
科学社会学　194-196, 229-238
科学社会学者　195, 231, 232
科学社会学会　238
科学知識の社会学　237
科学的社会主義　32
科学哲学　197, 229, 237, 238
科学の社会学　195-200, 233
科学の認識社会学　199, 200

格差社会　53, 82
学習指導要領　46, 50, 69, 71-73, 75, 78, 152, 162
学生運動　60
『学閥』　232
学閥　232, 235
学問生産性　235
学力格差　47, 79, 154
学力検査　154, 156
学力低下　19, 27, 37, 42, 47-53, 68-70, 73, 75, 79, 80, 137, 188, 191
学力テスト　156
学力論争　38
学齢主義　19, 249
学歴　19, 38, 53, 72, 77, 82, 85, 93, 130, 172, 173, 180, 194, 213, 221, 224, 249
学歴インフレーション　180, 213
学歴貴族　130
学歴主義　19, 249
価値観の多様化　80
価値自由　32, 195, 234
価値自由論　32, 234
価値中立性　246
価値の内面化　205
価値判断排除　79
学級崩壊　i, 19, 27, 37, 38, 42-47, 51-53, 73, 80
学校間格差　152
学校教育　12-15, 37, 38, 42, 46, 51, 67-69, 71, 74, 77, 79-81, 83, 93, 94, 130, 138, 149, 151, 153-156, 159, 162, 163, 166, 190, 212, 223, 225
学校教育制度　12, 13, 14
学校社会学　206
学校体系　134-139, 150
学校統廃合　50, 95-97
『学校統廃合の社会学的研究』　95
学校歴主義　19, 249
『葛藤社会学』　218
葛藤理論　193, 194, 205-207, 211, 213, 217, 218, 220-223, 225
家庭科　163
家庭教育　40, 46, 52, 68
課程制　140
加熱機能　225

カリキュラム　13, 16, 27, 34-37, 69, 80, 99, 130, 132, 134, 143, 145, 152, 162, 207
官界　8
慣行的相互行為の連鎖　211
関心・意欲・態度　69, 76
官僚　5, 9-15, 18, 19, 69, 76, 84, 104, 165-167, 171, 172

【き】

機会均等　77, 130, 139, 173, 174, 206, 223
企業社会　93, 94
企業内教育　93
企業内訓練　155
『菊と刀』　6
岸内閣　154
技術革新　30, 36, 146, 149, 155-157, 161-163, 173, 174, 249
規制緩和　74, 82-84
基礎教育科目　131, 137, 145
キックアウト制　85
機能主義　193, 196, 200, 204-207, 212, 222, 223, 226
帰納主義　197
機能主義的　196, 200
機能主義理論　193, 204-207, 212
技能連携　162
義務教育　38, 39, 46, 50, 76-78, 92, 96, 135, 136, 157
キャリア　5, 19, 29, 32, 62, 63, 82, 99, 120, 157, 173, 209, 220, 249
旧教育基本法　17, 18, 39
求人倍率　ii, 31, 172
旧制高校　35, 100, 139, 143-145
旧制専門学校　137, 144, 151
旧制大学　35, 139, 140, 143-145
旧制大学予科　144
旧制中学　151-153, 171
教育委員会　13, 14, 18, 19, 39, 43, 83, 96
教育改革　18, 50, 70-72, 74, 75, 78, 85, 91, 130, 133-135, 138, 140, 141, 142, 146, 150, 243
教育改革国民会議　74
『教育科学』　245
教育科学研究会　33, 243

教育科学研究会全国連絡協議会 243
『教育科学入門』 244
『教育科学の構造』 244
教育科学論争 33, 67, 243-246, 248
教育課程 131, 132, 136, 137, 140, 142, 143, 152-154, 156
教育観 11, 12, 28, 42, 69, 76, 80, 81, 83, 95, 138, 157
教育基本法 17, 18, 39, 70, 75, 84
教育行政 14, 68, 73, 96, 134, 190
教育サービス 38
教育再生会議 70, 75, 84
教育刷新委員会 17, 35, 136, 138-140, 145, 153, 189
教育資格 220, 223, 224, 226
教育史研究会 33, 243
教育社会学 29, 33, 78, 82, 88-90, 193, 204, 205, 207, 208, 211, 213, 217, 218, 220, 222, 223, 226, 227, 232, 233, 244, 246, 247, 248
教育社会学者 78, 82, 90, 232, 233, 246, 248
『教育社会学の構造』 244, 246
教育社会学理論 193, 208, 211, 217, 222, 223, 226, 227
教育政策 27, 36, 39, 50, 53, 68-71, 74-76, 78, 79, 81-85, 99, 100, 133, 135, 149, 156-159, 163-166, 171, 175, 249
教育制度 11-14, 16, 19, 34, 35, 38, 53, 72, 74, 84, 91, 130, 133, 135, 137, 138, 143, 145, 150, 151, 154, 173, 174, 212, 224, 225
教育勅語 123, 130, 133
教育投資論 149, 156, 165, 172
教育ドミノ理論 84
教育の私事化 170
教育の自由化 72, 77
教育病理 i, ii, 19, 27, 28, 37, 71, 73, 80, 175
教育崩壊 27, 42, 51, 52, 53
教員免許更新制 39, 175
教員免許更新制導入 175
教師 5, 13, 15, 19, 28, 37-40, 42-48, 68, 76, 79, 80, 81, 83, 123, 134, 206, 208, 235, 245
教職大学院 82

近代経済学 32
近代市民社会 68, 81

【く】

クーデター 105, 107, 109, 114
クレーマー 38
グローバル化 4, 11, 30, 41, 50, 71, 74, 249
軍人勅諭 104, 113
君側の奸 105, 114
軍隊内赤化運動 109
軍隊の赤化 108, 109
軍部 3, 9, 10, 101-104, 120, 121

【け】

経営秩序の近代化 161
経営民主化 161
経済界 36, 50, 74, 100, 149-151, 153, 154, 157, 158, 160-163, 166-168, 170, 172-174
経済学 32, 49, 204, 209
経済企画庁 167, 168, 170
経済財政諮問会議 77, 82
経済審議会 149, 154, 155, 157, 159, 160, 166, 167
経済審議会・人的能力部会 149
経済団体連合会 50
蹶起趣意書 104, 108
蹶起将校 107-116
欠損家庭 40
研究過程 201
研究費不正流用 33
言語表現 212
現象学 196, 207
現象学的社会学 207
『現代教育の社会過程分析』 88
権力 5-12, 14, 17, 40, 91, 99, 104, 130, 165, 193, 205, 207, 213, 220, 224, 225, 243, 245, 247
権力構造 5, 8, 10-12, 224
元老 10, 104

【こ】

小泉内閣 18, 74, 75

高学歴難民　82
後期中等教育　100, 149, 150, 155-157, 159, 162, 163, 166, 191
工業科　149, 154, 158, 160, 161, 163
工業高校　150, 151, 155, 158
高校教育　73, 83, 143, 149, 150, 153, 155, 159, 161, 162, 171, 173, 174, 175
高校三原則　150
高校生徒急増対策　160
高校生徒急増問題　158
高校全入運動　158, 160
高校中退　i
厚生労働省　10, 84
構造化の理論　210
構造主義　196, 210, 211
肯定的日本社会論　7
高等学校学習指導要領　152
高等教育　i, ii, 13-15, 19, 35-37, 48, 70, 82, 85, 99, 100, 130, 132-138, 142-144, 146, 151, 156, 175, 182, 187, 188, 190, 191, 212, 213, 235, 237
高等教育行政　190
高等教育の大衆化　48, 137, 143
高度経済成長政策　100, 149, 165
高等師範学校　134
皇道派　103, 115, 116
高度経済成長　i, 3, 6, 12, 19, 36, 39, 51, 53, 71, 99, 100, 145, 146, 149, 150, 162, 165, 171-174
高度経済成長期　i, 6, 12, 19, 36, 39, 51, 53, 71, 99, 150, 162, 171-173
校内暴力　i, 19, 37, 71, 73, 76, 80, 175
公民権運動　209, 226
コールマン・レポート　205
国民所得倍増計画　154-158, 167, 171
国務・陸・海軍三省調整委員会　133
互酬性　213
雇用の流動化　74
雇用流動化　19, 85
雇用労働慣行　18

【さ】

財界　3, 8, 9, 11, 32, 36, 39, 70-72, 74, 82, 100, 113, 131, 133, 145, 146, 150, 161, 162, 166, 173, 250

再生産　193, 206, 210, 212, 225
作戦要務令　113
桜会　102
佐藤栄作内閣　165
左翼　102, 106
産学連携　162
産業界　13, 50, 71, 145, 146, 174, 250
サンフランシスコ講和条約　120

【し】

資格　31, 93, 94, 161, 186, 218, 220, 222-226
資格インフレ　224-226
『資格社会』　218, 222
資格社会　93, 218, 222
士官学校事件　112
自己反省的社会学　200, 202
市場原理　72, 77
〈システム〉　8-20
私生活主義　89
自然科学　32, 33, 193, 195, 197, 198, 201
事前了解　201, 202
実業学校　151, 152
実業高校　150
失業率　ii, 19, 31
実証主義的　196, 199, 247
史的唯物論　243, 244, 247
指導力不足　47
資本主義　7, 9, 11, 74, 80, 101, 206, 243, 244
社会移動　94, 125, 223, 224, 235
社会化　12, 56, 58, 59, 61, 80, 81, 88, 89, 93, 205
社会階層　79, 80, 221, 249
社会科学　14, 16, 29, 32, 33, 193, 195, 198, 201, 202, 204, 211, 230, 244
社会学　16, 27, 29, 32, 33, 57, 61, 78, 82, 88-90, 95-97, 193-202, 204-213, 217, 218, 220-223, 226, 227, 229-238, 244, 246-249
社会学者　57, 78, 82, 90, 195, 231-233, 246, 248
社会教育　68
社会現象　14, 16, 29, 32, 33, 42, 83, 208, 209, 223

社会構造　i, 53, 61, 96, 196, 199, 205, 207, 210, 222
社会人入学　191
社会政策　29
社会的正義　223
社会病理現象　52
社会閉鎖　224
社会理論　193, 201
『ジャパン・アズ・ナンバーワン』　7
主意主義　210
就学前教育　46
『自由からの逃走』　4
宗教　5, 84, 105, 123, 124, 135, 221
集合仮説　211
自由市場経済　225
『自由社会における一般教育』　142
自由主義原理　74
就職活動　ii, 19, 36, 85
就職協定　19, 36, 147
就職氷河期　30
終身雇用慣行　85
終身雇用制　19, 30, 36, 146
自由と責任　4
自民党　39, 164, 165
授業崩壊　44
受験競争　53, 89
受験戦争　71, 73
出席停止　46
小1プロブレム　38, 40, 43, 44, 46
生涯学習　68, 73, 76, 91-94
小学区制　154
商業科　154, 163
『証言日本占領史』　127
将校団　107
少子化　27, 50, 52, 53, 71, 162
象徴的相互作用論　207
少人数学級　38
消費社会　80, 83
情報化社会　31
昭和維新　103, 106, 114
職業科　82, 150
職業課程　100, 149-152, 154, 155, 158, 160-163, 174
職業教育　93, 99, 130, 134, 140, 143-146, 149-151, 157, 159, 162

職業訓練　155, 157, 162
職業大学院　82
初等教育　70, 85
初年次教育　37
辛亥革命　113
新教育基本法　17, 75
「新」教育社会学　207
新教育社会学　222
人材開発テスト　156
新左翼運動　102
『新時代の高等教育』　187
人種　220, 221, 224, 226
新自由主義　3, 30, 39, 71, 72, 74, 75, 77, 83, 84
新自由主義路線　3, 39, 71
新制高校　100, 139, 143, 144, 150-153, 171
新制大学　i, 27, 34, 35, 99, 130-132, 135-137, 139-145, 236
新制中学　153
新卒定期一括採用　ii, 18, 19, 36, 85
新卒労働市場　ii, 31
人的資本論　156, 205
人的能力　149, 155-157, 161
人文科学　32, 140, 141, 193, 195, 230
新保守主義　83, 84

【す】

推薦入試　51, 188
数量化　14, 28
スクリーニング機能　225
頭脳流出　235

【せ】

性　220, 221, 224, 226
政界　3, 8
制限コード　212
政治家　5, 9, 10, 11, 39, 250
政治化された社会　11-13
政党　9, 71, 104, 116, 164, 167, 235
青年将校　99, 101-106, 108-113, 115, 116
青年将校運動　102, 103, 105, 106, 111, 112, 115
精密コード　212

政令改正諮問委員会　150
責任無きもたれあい構造　8
世代　i, 4, 14, 27, 28, 40, 53, 55-63, 68, 99, 101, 105, 130, 149, 158, 159, 167, 171, 172, 206, 249
世代論　27, 55-58, 61, 63, 101, 171
せつな主義　53
戦後民主主義の形骸化　52
潜在的機能　226
専門教育　ii, 35-37, 99, 100, 130-132, 139, 140, 143-147, 151, 152, 159
専門教育科目　131
専門職大学院　175
専門知識　i, 134, 146, 163, 164
占領軍　3, 120, 121, 124, 126, 128, 150

【そ】

総合科目　131
総合制　150, 151
総合的な学習時間　78
相互作用的儀式連鎖理論　221
相互作用理論　193, 207, 208, 212
相対的自律性　224, 225

【た】

体育講義と実技　141
第一次米国教育使節団　133, 135-137, 153, 173
第1次ベビーブーム世代　167
大学院　36, 37, 50, 82, 93, 123, 124, 126, 137, 140, 144, 146, 175, 236, 237
大学院拡充計画　175
大学院教育　37, 93, 146
大学院重点化　37, 82
大学基準　35, 131, 135, 136, 139, 140, 141, 142
大学基準協会　35, 131, 135, 136, 139-142
大学教育　15, 16, 36, 50, 51, 130, 140, 145-147, 187, 237
大学審議会　188, 190
大学生　i, 15, 18, 19, 30, 36, 37, 48-50, 70, 130, 137, 143, 146
大学設置基準　ii, 35, 131, 132, 140-142, 145, 147

大学設置基準大綱化　ii, 35
大学設立基準設定協議会　135, 139, 140
大学設立基準設定連合協議会　140
大学大衆化　145, 146
大学入試　49, 51, 84, 85, 144
『大学の経営戦略』　186, 187
大学紛争　ii, 36, 71, 146, 194, 249
大綱化　ii, 35, 132, 147, 175
対抗文化論　229
大衆社会　89
大衆消費至上主義社会　i
大衆消費社会　80, 83
大正デモクラシー　3, 102
タウンミーティング　18, 39
タウンミーティングやらせ事件　39
脱学校論　223
脱産業社会　31
単位制　140, 144, 152
団塊（の）世代　4, 40, 53, 158, 159, 249
単線型学校体系　139
単線型教育制度　151, 173, 174
『短大に明日はあるか』　189

【ち】

知価社会　31
知識社会学　61, 237
地方教育委員会　14, 18, 40
地方軍政部　135
チャーターリング　135
中1ギャップ　38
中央教育審議会　73, 75, 131, 150, 157, 159, 166
中央教育審議会答申　73, 75, 131, 150, 159, 166
中空国家・日本　20
中産階級　212
中退　i, 175
中等教育　i, 14, 46, 70, 72, 100, 135, 149-151, 155-157, 159, 160, 162, 163, 165, 166, 169, 171, 175, 191
中途退学　19, 37
『超大国・日本の挑戦』　7

【つ】

『通産省と日本の奇跡』　7

## 【て】

ディレッタンティズム 230-232
適格者主義 156, 158, 169, 171
天皇 9, 10, 73, 104-106, 113, 114, 122, 123, 133

## 【と】

ドイツ青年運動 62
統帥権 101, 109, 114
統帥権干犯問題 109
統帥権の干犯 114
統制派 103, 115, 116

## 【な】

内閣府 18
内部労働市場 162
内務省 10, 14, 165, 171, 172
永田刺殺事件 103
『なにわざを。われはしつつか。』 248

## 【に】

『日米逆転』 7
日米経済摩擦 5
『日本改造法案大綱』 105, 111
日本側教育家委員会 35, 134, 136-138, 145
日教組 39, 158, 164, 165, 169, 171
日経連 72, 74, 145, 150, 151
日本経団連 19
『日本／権力構造の謎』 6, 7
日本的雇用慣行 ii, 77, 162
『日本の教育』 91
『日本の経営』 7
『日本の成長と教育 ― 教育の展開と経済の発達』 156, 165, 172
『日本封じ込め』 7
日本見直し論 7
日本論 5, 6, 7, 15
ニューディール派 120, 121, 128

## 【ね】

ネオ・ウェーバー学派 211, 212
ネオ・ウェーベリアン 193, 217, 222, 223
ネオ・マルクス主義理論 206

ネオ・マルクス理論 222, 223
年齢 19, 28, 40, 56, 58-60, 62, 68, 85, 121, 152, 157, 191, 220
年齢主義 19

## 【の】

農業科 163
能力主義 153, 156-158, 161, 172, 174

## 【は】

パーソナリティ 57, 61
背後仮説 234
ハイタレント 157
パターン・ボーイズ 122
発展志向型国家経済 8
ハビトゥス 212
パブリッシュ・オア・ペリッシュ 34
パラダイム 29, 193, 196-200, 229, 236, 237
反科学論 198, 229
反ニューディール派 120, 121, 128

## 【ひ】

否定的日本社会論 7
批判的科学論 202, 229
批判的合理主義 197, 198
批判的理論 201, 202

## 【ふ】

ファシズム 106
複線型教育 130, 151, 154, 173
普通科 82, 150, 154, 160, 163, 174
普通課程 100, 149-152, 154, 155, 160, 161, 163, 170, 173, 174
普通教育 150-152, 159
不登校 i, 19, 37, 71, 73, 76, 80, 175
フラット化する世界 30
フランクフルト学派 201
プロ教師の会 79, 83
文化資本 212, 221, 222
文化的再生産 212
文教族 164, 165
紛争理論 249

## 【へ】

米国教育使節団 133, 135-137, 147, 153,

索 引 259

173
ベトナム反戦闘争 226
偏差値 49, 93, 163, 182

【ほ】

法科大学院 82
法務省 10
保護者 i, 28, 38, 40, 68, 77, 78, 96
ホモ・ソシオロジクス 209

【ま】

マートン学派 196, 199
マクロ経済学 204
マクロ社会学 204, 209, 210
真崎教育総監罷免 103
マスコミ 8, 30, 33, 37, 42, 67, 101, 164, 167
マルクス経済学 32
マルクス主義 193, 205, 206, 207, 210, 213, 222, 224, 225, 230, 243, 244
マルクス主義者 224, 225
マルクス主義社会学 210

【み】

ミクロ経済学 204
ミクロ社会学 204, 209-211, 218, 221, 222
ミスコンダクト 33, 34
ミスマッチ i, 27, 30, 31, 187
身分集団 194, 220, 221, 223-226
民科 231
民主主義 3, 4, 17, 18, 52, 84, 88, 134, 231
民主主義の形骸化 4
民族 225, 226

【め】

メリットクラシー 224, 226
メンバーシップ 18, 223

【も】

文部官僚 14, 76, 165, 166, 171
モラトリアム 31, 63
文科省 32, 39, 40
モンスター i, 38

モンスター・ペアレンツ i
文部科学省 10, 13, 14, 18, 19, 39, 40, 46, 49, 69, 74, 75, 83, 84, 249
文部省 14, 39, 47, 48, 71-74, 76, 77, 94, 96, 100, 131, 133-135, 138, 139, 141, 142, 145, 149, 151-153, 156-174, 189
文部省の解体 141
文部大臣 39, 123, 136, 138, 157, 158, 159, 164-166

【ゆ】

唯物史観 231, 244
唯物論 206, 243, 244, 247
有効求人倍率 ii, 172
ゆでガエル理論 41
ゆとり教育 27, 30, 38, 46, 47, 50, 52, 53, 67-71, 73-83, 85, 175
ゆとり教育政策 53
ゆとり教育路線 47, 50, 53

【よ】

幼稚園教育要領 46
予期せざる結果の仮説 210
吉田茂内閣 164
吉田内閣 138
四大教育指令 135

【ら】

ライフサイクル 58, 59, 61, 236

【り】

リーマン・ショック 30
陸軍士官学校 107, 115
陸軍青年将校 102
陸軍幼年学校 107
リビジョニスト 5-8
リベラルアーツ i, 35-37, 144
理論社会学 232
臨時教育審議会（臨教審） 39, 72, 73, 76, 77, 94, 132
臨時行政調査会 76

【る】

類型制 152
ルサンチマン 60, 62

## 【れ】

冷却機能　225
レディネス　115, 116
連字符社会学　221

## 【ろ】

労働移動　161, 173
労働市場　ii, 19, 31, 84, 85, 161, 162
労働者階級　206, 212
労働省　10, 84, 167, 168
労働生産性　172, 173
ロンドン軍縮条約　102
論文不祥事　19

## 【わ】

和魂　233
和魂X才　233

# 人名索引

## 【あ】

相沢三郎　103, 106, 109, 110, 116
アイゼンシュタット、S.N.　59, 60, 62
アベグレン、J.　7
安倍能成　138
阿部美哉　186
天城勲　165, 172-174
荒木万寿夫　103, 157-159, 164, 165
有田喜一　159
有本章　235
アルチュセール、L.　206
アレン夫人　125
安藤輝三　102, 104, 110, 111
イールズ、W.C.　140
池田勇人　149
石澤靖治　7
磯部浅一　102, 111, 112
市川昭午　91-94
伊東俊太郎　231
イムボデン中佐　127
イリッチ、I.　223
ウィード女史　126
ウィグルスワース、E.F.　140, 141, 143
ウィンド、H.　124
ウェーバー、M.　32, 33, 79, 212, 222, 223, 226
上田修一　236
ヴォーゲル、E.　7
ウォラー、W.W.　206

ウォルフレン、K.v.　ii, 3, 5-18, 20, 250
ウォロノフ、J.　16
内田樹　83
ウッダード、W.P.　123
エマーソン、J.K.　124
エリクソン、E.　63
オア、M.T.　17, 18
大岸頼好　102
大蔵栄一　102, 103, 112, 167, 168
大崎仁　138, 141
大達茂雄　164
大野昭男　57
緒方信一　171
岡野清豪　164
岡本薫　19, 69, 84
奥田真丈　165
オルソン女史　125
オルテガ、J.　61

## 【か】

カーン、H.　7
海後勝雄　243-246, 248
片桐雅隆　236
勝田守一　243-246
加藤節　138
カミングス、W.K.　235
苅谷剛彦　48, 78-80, 82
北一輝　104, 111-113
ギディンズ、A.　209-211
城戸幡太郎　145

清原少尉　111
キングストン、P.W.　222
ギンティス、H.　206
グールドナー、A.W.　195, 200-202, 234
クーン、T.　197, 198, 236, 237
久冨善之,　88
グラムシ、A.　206
栗原安秀　102, 110, 111
桑原作次　243
ケーディス、C.L.　127
ケディー、N.　208
劒木亨弘　165, 166
小泉一雄　122
河野寿　111
コーザー、L.　218, 221
コールマン、J.　205, 209, 223
小玉敏彦　237
ゴッフマン、E.　221
小林文人　58
小林友一　105
小林行雄　171
児美川孝一郎　i,
コリンズ、R.　193, 209, 210, 212, 217, 218, 220-227
コンスタンチーノ、A.　127

【さ】

齋藤隆夫　116
坂井中尉　111
サッチャー、M.　72
シーボルト、W.　123
シェーラー、M.　60
シェルスキー、H.　61
清水義弘　168, 170, 174, 189, 244-248
シャグノン大佐　127
シュパック、H.　124
ジョンソン、C.　7, 8
ジョンソン大佐　124
新富康央　235, 236
新堀通也　232
末松太平　102, 116
菅波三郎　102
鈴木侍従長　104
ストッダード、G.D.　134, 137
ストラー、N.W.　196

スミス、P.　15
諏訪哲二　79-81, 83, 84
柴谷篤弘　233

【た】

ダーレンドルフ、R.　198, 218, 221, 249
高原健吉　61
竹山道雄　105, 106, 115
田崎末松　105
田中勝　111, 235
田中義男　171
土持法一　134, 137
筒井清忠　105
ディルタイ、W.　55
ティルトン、C.G.　123
デービス、K.　58, 59
テクスター、R.B.　125
デュルケム、E.　204, 205, 210, 212, 220, 221, 246
寺﨑昌男,　131, 141
寺脇研　76-78, 82

【な】

内藤誉三郎　156, 165, 171
中曾根康弘　72
永田鉄山　103, 109
中野秀一郎　235
中山茂　230, 231, 236
中山伸樹　237
成田克矢　246
南原繁　35, 136-139, 144
西田税　102, 110-112
二関隆美　59
ニュージェント中佐　123

【は】

ハーグリーブズ、D.　207
パーソンズ、T.　205
バーンシュタイン、B.　193, 212
橋爪大三郎　78
橋本近衛師団長　110
秦郁彦　105, 138
パッカード、H.　124
ハドレー女史　123
ハバーマス、J.　201

ハマーズリー、M. 211
早坂泰次郎 56, 57, 61
林大将 110
林八郎 105
バワーズ少佐 123
判沢弘 105
バンス、W.K. 124
菱村幸彦 169, 171
日高六郎 57, 58, 61, 62
ヒックス中尉 126
ビッソン、T.A. 123
広重徹 231, 236
ファイヤーアーベント、P.K. 197
ファローズ、J. 7
ブードン、R. 223
フェラーズ准将 122
フォイヤー、L.S. 60
深沢健次 236
藤井信幸 146
藤原彰 108
ブラウ、P.M. 209
ブラウン、D. 124
ブラッティ、V. 126
フリードマン、T. 30
ブルーム、S.S. 196, 199
ブルデュー、P. 212, 217, 222, 224, 225
プレストウィッツ、C. 7
フロム、E. 4
ベネディクト、R. 6
ヘンダーソン中佐 122, 123
ベン・デービッド、J. 195
ホイットレイ、R. 199
ボーシャン、E.R. 125
ホームズ、L. 140
ホール、R.K. 137
ボールズ、S. 206, 224
ポパー、K.R. 197, 198, 200

【ま】

マーチンズ、H. 199
マートン、R.K. 196, 199, 200, 232, 236, 237
マーフィー、R. 222, 225

前川喜平 165, 175
マグレール、T.H. 141, 142, 143
真崎大将 110
マッカーサー、D. 7, 122, 128, 129, 133
松本清張 105, 110, 111, 236
マリンズ、N.C. 199
マルクス、K. 32, 193, 205-207, 210, 212, 213, 221-225, 230, 243, 244, 249
マルケイ、M.J. 199, 200
丸山真男 105, 106
マンハイム、K. 56, 61, 88-91
ミッチェル、R.H. 125
宮原誠一 243
ムーア、R.A. 125
宗像誠也 243, 245, 247
村上陽一郎 231, 233
村中孝次 102, 106-114,
モンゴメリー中尉 125

【や】

矢川徳光 243
八木淳 165
八代尚弘 77, 82
安嶋彌 166
山県有朋 9, 10, 17, 96
山田昌弘 82
山野井敦徳 235
ヤング、M.F.D. 207
吉田茂 150, 164

【ら・わ】

ラウエル中佐 127
ラウチ、J. 16
ラカトス、I. 197
リッジウェイ、M.B. 150
レーガン、D.W. 72
ロイヤル陸軍長官 121
ワインガルト、P. 199
若林敬子 95
和田小六 139, 140
渡辺治 83, 84
ワナメーカー、P.A. 134, 137

著者紹介

河野　員博（こうの　かずひろ）

| | |
|---|---|
| 1949年 | 広島市生まれ |
| 1980年 | 広島大学大学院教育学研究科博士課程後期中退 |
| 現　在 | 県立広島大学教授 |
| 専　攻 | 教育社会学、現代日本社会論 |
| 主　著 | 『教育社会学』（共著）福村出版、1989 |
| | 『学校淘汰の研究』（共著）東信堂、1989 |
| | 『現代学校教育の社会学』（共著）福村出版、1994 |
| | 『新版・生活問題の社会学』（共著）学文社、2001 |
| | 『現代若者の就業行動』（単著）学文社、2004 |
| | 『21世紀における新しい教育実習の探求』（共著）学術図書出版社、2005 |
| | 『科学理論の社会学』（単著）学文社、2009ほか |
| 訳　書 | 『不就学のすすめ』（共訳）（P.Goodman）福村出版、1979 |

### 戦後日本の教育構造と力学──「教育」トライアングル神話の悲惨──

2015年3月15日　初　版第1刷発行

〔検印省略〕
定価はカバーに表示してあります。

著者Ⓒ　河野員博　　発行者　下田勝司　　印刷・製本／中央精版印刷株式会社

東京都文京区向丘1-20-6　郵便振替00110-6-37828
〒113-0023　TEL (03)3818-5521　FAX (03)3818-5514

発 行 所
株式会社　東信堂

Published by TOSHINDO PUBLISHING CO., LTD.
1-20-6, Mukougaoka, Bunkyo-ku, Tokyo, 113-0023, Japan
E-mail : tk203444@fsinet.or.jp　http://www.toshindo-pub.com

ISBN978-4-7989-1292-9 C3037　Ⓒ Kazuhiro KONO

東信堂

|  |  |  |
|---|---|---|
| 東京帝国大学の真実——日本近代大学形成の検証と洞察 | 舘昭 | 四六〇〇円 |
| 大学史をつくる——沿革史編纂必携 | 寺﨑昌男・中野実・別府昭郎 編著 | 五〇〇〇円 |
| 国立大学・法人化の行方——自立と格差のはざまで | 天野郁夫 | 三六〇〇円 |
| 転換期を読み解く——潮木守一時評・書評集 | 潮木守一 | 二六〇〇円 |
| 大学再生への具体像〔第2版〕 | 潮木守一 | 二四〇〇円 |
| フンボルト理念の終焉?——現代大学の新次元 | 潮木守一 | 二五〇〇円 |
| いくさの響きを聞きながら——横須賀そしてベルリン | 潮木守一 | 二四〇〇円 |
| 戦後日本の教育構造と力学 | 河野員博 | 三四〇〇円 |
| 「教育」トライアングル神話の悲惨 | | |
| 日本の教育経験——途上国の教育開発を考える | 国際協力機構編著 | 二八〇〇円 |
| 新版 昭和教育史——天皇制と教育の史的展開 | 久保義三 | 一八〇〇円 |
| 近代日本の英語科教育史——職業系諸学校による英語教育の大衆化過程 | 江利川春雄 | 三八〇〇円 |
| 資料で読み解く南原繁と戦後教育改革 | 山口周三 | 二八〇〇円 |
| 自己形成者の群像——新しい知性の創造のために | 宮坂広作 | 二八〇〇円 |
| 子どもが生きられる空間——生・経験・意味生成 | 髙橋勝 | 二四〇〇円 |
| 流動する生の自己生成——教育人間学の視界 | 髙橋勝 | 二四〇〇円 |
| 子ども・若者の自己形成空間——教育人間学の視線から | 髙橋勝編著 | 二七〇〇円 |
| 文化変容のなかの子ども——経験・他者・関係性 | 髙橋勝 | 二三〇〇円 |
| マナーと作法の社会学 | 加野芳正編著 | 二四〇〇円 |
| マナーと作法の人間学 | 矢野智司編著 | 二〇〇〇円 |
| 〈シリーズ 日本の教育を問いなおす〉 | | |
| 拡大する社会格差に挑む教育 | 西村和雄・大森不二雄 編 | 二四〇〇円 |
| 混迷する評価の時代——教育評価を根底から問う | 西村和雄・倉元直樹・木村拓也 編 | 二四〇〇円 |
| 教育における評価とモラル | 戸田忠雄・西村和雄・大森不二雄・木村拓也 編 | 二四〇〇円 |

〒113-0023 東京都文京区向丘1-20-6
TEL 03-3818-5521 FAX 03-3818-5514 振替 00110-6-37828
Email tk203444@fsinet.or.jp URL:http://www.toshindo-pub.com/

※定価：表示価格（本体）＋税